シンボル of 聖なる秘儀

民族・宗教・古代
祭祀・神話・聖霊

ロバート・アドキンソン 編
乙須 敏紀 訳

GAIA Books *in Japan*

Sacred Symbols

Peoples, Religions, Mysteries

CONTENTS

宗教

仏教 326

道教 404

キリスト教 480

秘儀

マンダラ 560

聖なる性 634

タロット 710

All cover illustrations can be found inside this book.

First published in the United Kingdom in ten small-format editions in 1995, 1996 and 1997 by Thames & Hudson Ltd, 181a High Holborn, London wc1v 7qx

www.thamesandhudson.com

This edition published in 2009
Published by arrangement with Thames & Hudson, London

This edition first published in Japan in 2011
by Sunchoh Shuppan, Tokyo.

イントロダクション

古代より伝承されてきた聖なるシンボルには、「人間とは何か」という根源的な問いかけに対する答えの核心がひそんでいる。合理主義と消費主義に支配され、常に視覚的な斬新さを追い求めている現代西洋文明のただ中にあってさえ、人々に共有されてきたシンボルは、われわれの精神的、情感的風景の基礎を形作っている。宇宙と、その内部に存在する人間の関係を体系的に解き明かしたいという衝動は、人間の本性に根ざしたものであり、原初の人類から、現代に生活するわれわれまで、時代を超えて共有されている。

宇宙と人間存在の関係を解明し、体系的に統一するという、時代を超越し連綿と受け継がれてきた人間の営為を、画像によって集大成したものが本書である。本書は、世界中の、真に偉大な影響力を持つ聖なるシンボルと標章を、民族、宗教、秘儀の3つのカテゴリーの下に網羅した。この3つのテーマにそって展開されるシンボルの世界は、多様性と驚きに満ちている。東洋と西洋のさまざまな文明、古代から現代までの多彩な文化が、それぞれのシンボルの中にまさに凝縮されている。そしてそれらのシンボルは、ただ図像にとどまることなく、祭祀、神話、霊性としても表象されている。どの文化、文明も、固有の光と影を有しており、人々を魅了してやまない。そこには、人間存在の最も根源的な元型が顕示されている。

人類の黎明期、人々は世界のすべてを、生命《いのち》のあるものも無いものも、自然なものも、超自然的なものも、シンボルをとおして解釈した。生と死、そして再生は、常に人々の身近に存在し、その絶えることなく続く変容——現世から来世への道、新しい一日と新しい春の誕生——は、物語として語られ、シンボルとして象徴化された。それらの物語は、祭祀、美術、舞踏、生贄、仮面、ヒエログリフ、護符、呪物崇拝、建築、音楽などに形を変え、生活の隅々までを定義した。それらの表象は、共同体を、その共同体独自の物語、とりわけ開闢神話（天地創造神話）と一体となって、強固に団結させる役割を果たしてきた。

古代エジプト人は、シンボルを用いて、宇宙と、そこに内在する万物の力を表現した。神々と人間、天地創造と冥界、善と悪の戦い、生と死など。ケルト人は、自然世界のすべての要素には、固有の精霊が宿っていると考えた。またアメリカ両大陸の先住民もそのように考えたが、彼らにとって風景は、静的なものではなく、多くの精霊が生き生きと活動する躍動的なものであった。彼ら先住民は、共同体の生き残りを賭けた英雄的な戦いという文脈の中で、シンボル、神話、絵画をとおして、あるときはそれらの精霊を尊崇し、あるときはその怒りを鎮めてきた。マヤ人は、重層的な意味を持つ濃密な世界に生きていた。マヤの図像体系では、家、トウモロコシ畑、巨大なワニ、そしてカメさえもが、地上を意味する。荘厳な演出による宇宙的な祭祀のなかで、自然現象と超自然的な現象が常に交流していた。

世界中の宗教が、その信仰体系を伝道するとき、宇宙の力を伝達し、より奥深い、より神秘的な真理を顕現するために、シンボルを用いる。仏教においては、全能なる唯一の創造主は存在せず、その複雑な教義体系の多くが、美術、建築をつうじて、また仏陀自身の生涯の説話をとおして、分節化され、教示された。仏教美術は、シンボルと、象徴的なジェスチャーに満ちあふれている。瞑想にあるとき、仏陀は両手でディアーナ・ムドラという瞑想の手印を結んでおり、また仏陀が右手を地面に向けて指し伸ばしているとき、それは悟りを表している。さらに、仏陀が日傘の下で腰かけているとき、その日傘は、涅槃に達したときに仏陀の頭上を覆っていたイチジクの樹をシンボル化している。このようなシンボル言語は、包括的で大らかな信仰である仏教の非教条主義的教えを伝達するとき、人々の心に大きな共鳴を呼び起こす。

道教もまた、全能の神を持たない宗教である。それどころか、それは組織的な宗教でもなければ、また十分に体系化された哲学でもない。しかし道教には、数百年をとおして発展してきた非常に豊かな図像体系があり、図像のひとつひとつが、深遠な思想を表している。宇宙の対立する要素——陰と陽、男と女、生と死、光と影、引き潮と満ち潮、天と地——の調和のとれた相互作用を強調する道教の世界観は、心の奥底にある直観の琴線に触れる。

キリスト教は、仏教や道教にくらべ、より厳格な信仰体系を有しているが、それにもかかわらず、そこにも非常に豊かなシンボルの世界が広がっている。まずなによりも、イエス・キリストの受難と殉教そのものが、すべての人間の苦悩の象徴である。神の子羊、聖霊としての白鳩、最後の晩餐のパンと葡萄酒、それぞれの聖人を表す象徴的な持ち物など、それらのエンブレム（視覚的な表象）は、2000年という長い歳月をとおして繰り返し行われてきた祭祀、礼拝のなかで、そして無数に制作されてきた美術作品の中で、深い共鳴を獲得してきた。

シンボルの中には、民族、歴史、宗教を超越して普遍的に存在しているものがある。洋の東西を問わず、時代を超えて人々を魅了するマンダラは、人間実存の偉大なシンボルの1つである。ユングはマンダラを、集合的無意識から生まれる元型の1つであり、荒廃した精神を救済する手助けとなる治療的道具と見なした。その同心円的構造は、宇宙的であると同時に微視的であり、宇宙の物理的構造を暗示すると同時に、心のさまざまな状態をつうじて最後に悟りの中心、絶対意識へと至る、諸個人の魂の旅を表現している。マンダラは、ヒンズー教や仏教では、瞑想の焦点であり、すべての現象、経験の統合のシンボルである。そして、その聖地とみなされているヒンズー教や仏教から遠く離れた多くの文化においても、マンダラに相当するものが多数存在している。

性は、真に普遍的な根源的な営みであり、すべての文化、文明において、繁殖と豊饒のシンボルとなっているだけでなく、宇宙を形作り、動かす、基本的な力の合一を象徴している。「母なる大地と父なる天空」、「陰の地と陽の天」等々。性の原理は、誕生、死、転生、再生という宇宙的循環の原動力として、繰り返し表現されてきた。

本書を締めくくるのは、複雑で、謎に満ちたタロットのシンボルの世界である。タロットは、それが最初に現れた15世紀以来、合理的な解釈を拒み続けてきた。秘儀や占いと結びついているその神秘的な図像は、現在でもわれわれの想像力をかき立てる力強い意味を保持している。

本書で探求する不朽のシンボルの数々は、人間の文化と習俗の顕著な多様性を示している。しかしそれらのシンボルは、ある信仰体系と、他の信仰体系の相違を際立たせるというよりは、むしろ、創造的精神によって人間実存の根源的な真理を表現したいという、人類全体に共通する普遍的な本能を示しているようにみえる。

民族

Peoples

古代エジプト

シンボルが織りなす世界

古代エジプトの人々の目には、世界のすべてがシンボル的に表象された。彼らに食糧をはじめとする生きる糧をもたらす太陽やナイル川から、動物世界——野生のものであれ家畜であれ——まで、すべての事物が隠れた意味によって染められていた。彼らの建築物、な

かでも葬送の儀式にかかわる建築物は、複雑な意味と寓意で満たされている。シンボルは、その最も深いレベルで、エジプト人が世界の本質——天地創造、来世、そして善と悪の戦い——を探求し、表現するための大いなる道具であった。

p.14と上：古代エジプトの彩色ヒエログリフとシンボルの数々

古代エジプト

最後の先王朝時代（紀元前3000年頃）

初期王朝時代（紀元前2950～2650年）
第1王朝……紀元前2950～2750年
第2王朝……紀元前2750～2650年

古王国時代（紀元前2650～2175年）
第3王朝……紀元前2650～2575年
第4王朝……紀元前2575～2450年
第5王朝……紀元前2450～2325年
第6王朝……紀元前2325～2175年

第1中間期（紀元前2175～1975年）
第7～8王朝……紀元前2175～2125年
第9～10王朝……紀元前2125～1975年

中王国時代（紀元前2080～1755年）
第11王朝……紀元前2080～1940年
第12王朝……紀元前1938～1755年

第2中間期（紀元前1755～1539年）
第13王朝……紀元前1755～1630年
第14～17王朝……紀元前1630～1539年

の年代記

新王国時代（紀元前1539～1069年）

第18王朝……………………紀元前1539～1292年
第19王朝……………………紀元前1292～1190年
第20王朝……………………紀元前1190～1069年

第3中間期（紀元前1069～657年）

第21王朝……………………紀元前1069～945年
第22王朝……………………紀元前945～715年
第23王朝……………………紀元前830～715年
第24王朝……………………紀元前730～715年
第25王朝……………………紀元前800～657年（クシュ王朝）

末期王朝時代（紀元前664～332年）

第26王朝……………………紀元前664～525年（セイテ王朝）
第27王朝……………………紀元前525～404年（ペルシャ）
第28王朝……………………紀元前404～399年
第29王朝……………………紀元前399～380年
第30王朝……………………紀元前380～343年
第31王朝……………………紀元前343～332年（ペルシャ）

グレコ・ローマン時代（紀元前332～紀元後395年）

プトレマイオス朝 ………紀元前332～30年
ローマ帝国 …………………紀元前30年～紀元後395年

神々からの贈り物

古代エジプトの文字言語は、きわめてシンボル的であり、神々そのものと非常に深い結びつきを有している。絵を描くことと、文字を書くということが、どれほど密接に結びついていたかは、古代エジプトでは、“描く”も“書く”も、同じヒエログリフで表されていたことからわかる。ヒエログリフ文書では、神々は、それぞれ固有のシンボルによって表されている。たとえば、ホルス神はハヤブサによって、イシス神は玉座によって、セト神は矢のような尻尾を持つ砂漠の動物によって、アヌビス神はジャッカルによって表される。また、神々以外のものを表すヒエログリフも、多くがシンボル的で

ある。たとえば、“歩く”は2本の足によって、“家”は下辺に開口部のある長方形で表される。

トト神は多くの姿――トキの頭部を持つ神、ヒヒ、月の神――で表されるが、古代エジプト人にとってこの神が重要であったのは、それが文字の神であり、書記官の守護神という役割を有していたからである。文字は神々から直接もたらされた贈り物だと信じられていた。ヒヒの姿をしたトト神は、しばしば、跪きかしこまっている書記官を指導している姿で表されている。

前頁：ネフェルタリ王妃の墓に描かれているヒエログリフ（エジプト、ルクソール近郊）

左：トキの頭部を持つトト神の小像

混沌と宇宙

天地創造と生命力を表すシンボルと神々

古代エジプトの宗教的文書には、天地創造に関する数々の記述が残されているが、その内容は、それが発見された場所によって、かなり異なっている。ヘリオポリス神話では、泥沼のような混沌から1つの丘が現れたと述べられている。別の神話では、世界の始まりのとき、原初の水に浮かぶロータス（睡蓮）の花があり、それが開き、その中心から太陽が生まれたと記されている。言葉を発することにより天地が創造されたとする神話も多く見られる。メンフィスの神話では、天地創造の神プタハは、ただその考えを声に出して言うことによって、宇宙を創造した。

ヌト

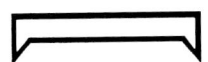

ヌトは、天空の女神であり、すべての天体の母である。あらゆるものがその口から入り、再び子宮から出てくる。彼女は、“自らの子豚を食べる雌豚”と記されることもあった。次頁の見開きの絵に見られるように、ヌトは、体を折り曲げ、彼女を支えている父である大気の神シューと、兄であり夫でもある大地の神ゲブの上に、覆いかぶさる姿で描かれる。宇宙の循環をつかさどる女神であるヌトは、復活再生の考えと深く結びついている。王族の豪華な石棺（サルコファガス）の蓋の裏や、それを納めた埋葬室の天井や壁には、体に星を散りばめた女神ヌトの図像が多く見出される。

第21王朝のパピルス文書に描かれている天空の女神ヌト

テフヌト

ある最古のエジプト神話では、ヌンという混沌とした原初の水から丘が現れ、それが地上になったと記されている。その丘の頂に、自らを生む神であるアトゥムが現れ、それが男神の大気の神であるシューと、女神の湿気の神であるテフヌトを生んだ。こうして世界に二元性がもたらされ、両性による循環が始まった。その後、アトゥムは太陽神ラー(レ:Reともいう)と同一視され、テフヌトは太陽神の娘とされた。第19王朝のパピルス文書(次頁)では、テフヌトは、“アンク”と呼ばれるシンボルを手にしているが、それは冥界の審判者の1人であることを示している。ここではテフヌトは、牡羊の頭部で描かれているが、ライオンの頭部で描かれることもある。

次頁:生命《いのち》をもたらす露の女神テフヌト(第19王朝フネフェルのパピルス)

牡牛アピス

古代エジプトでは、牡牛はその最強の生殖能力から、生殖、豊饒のシンボルとして広く崇められ、天地創造の神や原初の水、さらにはナイルの氾濫までもの化身となった。創造する生命力の象徴とみなされることによって、牡牛はまた、エジプトの王と同一視され、新王国の多くの王が、“力強い牡牛”、“ホルスの牡牛”と称された。

前頁：創世と再生の神として描かれている牡牛（第20王朝の棺の絵）

右：牡牛アピスの青銅像（末期王朝時代）

ああ汝、己の太陽面より輝く者よ、汝地平線より出現する活ける霊魂よ・・・

彼は7の牝牛と、彼等に属する牡牛との名を知る、汝等菓子と麦酒と光とを、下界の食物を給与せらるる霊魂に与うるものよ。

『エジプト死者の書』第148章（邦訳『世界聖典全集上・下』田中達訳、世界聖典全集刊行会より）

太陽と月

蒼穹の太陽の通り道は、天空の女神ヌトによって表される。その手の指先は西の地平線に、足のつま先は東の地平線に触れている。ヌトは、すべての天体を顕現する神であり、太陽神ラーの母親である。ラーは、太陽が沈む夕べ、母親ヌトのもとに呑みこまれ、朝に復活再生する。こうしてヌトは、復活と再生のシンボルとなる。ヘリオポリス神学では、ヌトは、大気の神シューの娘であり、大地の神ゲブの妹である。月は、"夜に輝く太陽"であり、"ホルスの眼"と呼ばれる天空の神の左眼である。月は、たいてい三日月の上に載った円盤の形で表され、月の神コンスの頭上に戴かれている。

前頁：石棺の置かれた埋葬室の天井に描かれた壁画。夜、太陽がヌトの体を航行している（第20王朝）

左：人間の形をした月の神イアフの青銅小像。"ホルスの眼"を左手で捧げ持っている（末期王朝時代）

石灰岩に彫られた王家の人々(第18王朝)

万歳汝太陽面よ、汝は日々に地平線上に昇り給うものなり。
願わくば汝、汝の光線もて勝利を得たるオシリス=アニの面の上に輝き給え。
何となれば彼は汝に対し、讃美の歌を黎明に歌えばなり。
且つまた彼は讃美の言葉をもて夕暮に汝を没せしむればなり。
願わくば勝利を得し者たるオシリス=アニの霊魂をして
汝と共に天に出で来たらんことを。
また願わくば彼がその通路を不休なる天のすべての星の間に切り開き得んことを。

『エジプト死者の書』第15章

次頁:生命《いのち》をもたらす光線を浴びている母親(第26王朝)

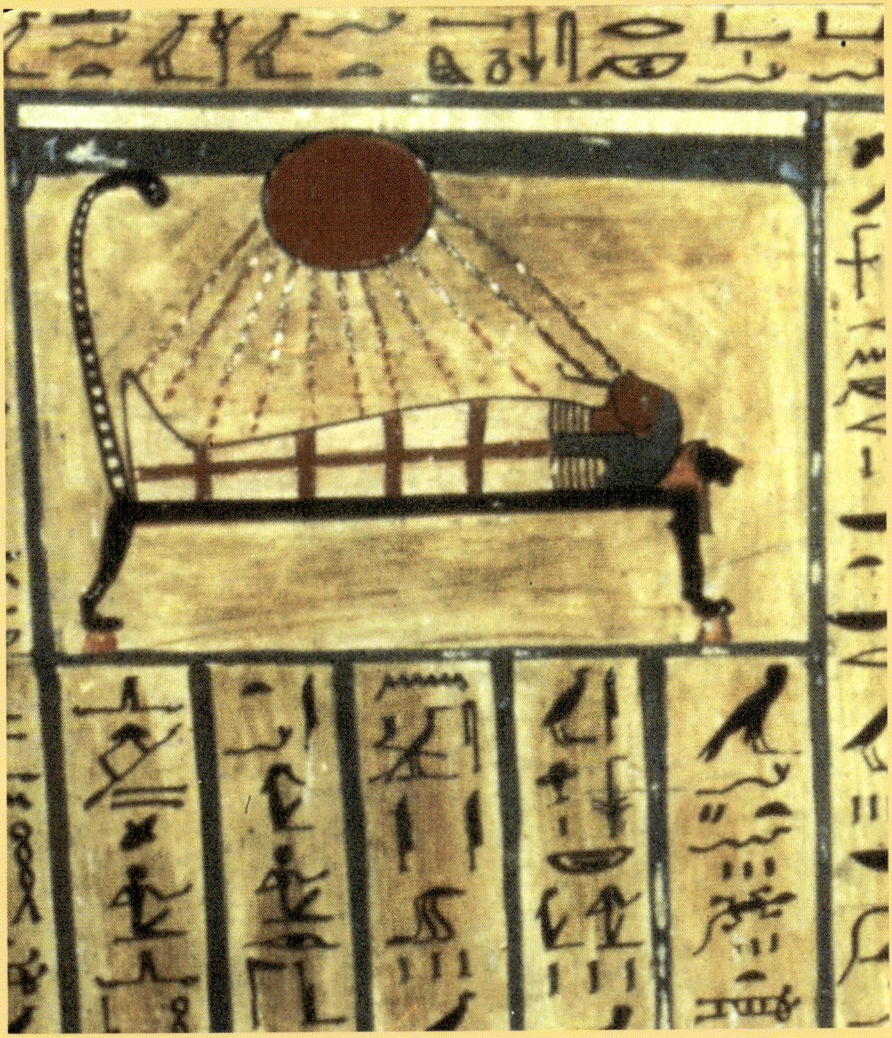

オシリス

“永遠に朽ちない王”、あるいは“全能なる王”を意味するウンネフェルという称号を与えられたオシリスは、古代エジプトのシンボル体系の中でも、最も大きな広がりを持つものの中心に位置している。彼は最初、生命《いのち》を育む水であるナイル川——“オシリスの流れ”と呼ばれている——や、トウモロコシと深いつながりを持つ豊穣の神であった。父であるゲブから地上の支配権を譲り受けると、彼はエジプトに葡萄栽培と農耕を導入した。しかしこの成功は、弟であるセトの妬みを買うこととなり、オシリスは罠にはめられ、殺されてナイル川に流されてしまう。こうして、ナイル川の氾濫と、それによってもたらされる新たな実りと収穫がシンボル化された。オシリスは死んだ後も、遺体をバラバラに切断され、再びナイル川に流されたと信じられているが、これはただ、オシリスの遺体を祀っていると主張する神殿が数多くあることから生まれた神話なのかもしれない。

ああ、勝利を得たる
オシリス＝
ウンネフェルよ、
汝ヌトの子よ、
汝セブの長子よ、
汝ニフ＝ウルの都に
おける王よ、
汝アビドスの主よ、
汝諸霊魂の強き者よ、
聖なる姿の主よ。

『エジプト死者の書』
第128章

次頁：
トゥトアンクアメン王
——オシリスの化身——が、
“開口の儀式”を
受けている場面。
それは、死者を冥界に
迎え入れる儀式である
（トゥトアンクアメン王の
埋葬石室の壁画）

オシリスとホルス

オシリスの葬送主となった2人の妹神、イシスとネフティスが、
オシリスのシンボルである“ジェド柱”(“オシリスの背骨”)を、その翼で守っている

天空の王者であるハヤブサは、ホルスの化身であり、神聖なる王権のシンボルである。ここではそのシンボルが、太古の呪物崇拝の1つであり、素朴な豊穣の祭祀の道具である“ジェド柱”の上に君臨することによって、王権の支配と勝利が象徴されている。柱は、その建築的な意味から、安定を連想させるが、興味深いことに、それは新王国の始まりとともにオシリスのシンボルとなり、オシリスの背骨とみなされるようになった。屹立する柱は、セトに対するオシリスの勝利を象徴している。

右：太陽の円盤を戴くハヤブサが“ジェド柱”の上に載っている

マアト

この女神がいなければ、創世と永続的な再生の全過程は無意味である。彼女は万物の存在を支配する法則——正義、真理、世界秩序——を象徴し、裁判官は、“マアトの神官”と考えられた。生命《いのち》の循環は、この女神の存在なしには不可能であっただろう。彼女はまた、父である太陽神ラーに捧げられる食べ物であり飲み物でもあった。マアトは常にダチョウの羽根をヘアバンドに挿した姿で描かれ、ダチョウの羽根は、正義と真理のシンボルとなった。

次頁：正義と真理の象徴であるダチョウの羽根をヘアバンドに挿しているマアト

生命《いのち》の樹

古代エジプト人にとって樹木は、特にナツメヤシとシカモア（エジプトイチジク）は、生命《いのち》をもたらす水のあるところに育つことから、生命《いのち》そのもののシンボルとなった。なかでもシカモアは、特別重要な意味を持ち、天の東の門には、雲を突くように高く伸びる2本のシカモアの樹が立ち、太陽神ラーは毎日その間から昇ると考えられた。ナイル渓谷では、樹木崇拝が広くおこなわれており、神々の多くが樹木から生まれたと信じられていた。たとえば、ホルスはアカシアから、ラーはシカモアから、ウプウアウトはタマリスク（ギョリュウ）から。また樹木の女精霊を、天空の女神であるヌトやハトホルと同一視した図像も多く残されている。女神たちは、鳥の姿をして現れた死者の霊魂に、水や果実を与えている。

『東部の諸霊魂を知るための章』

我は2本のトルコ玉のイチジクの樹を知る、この2本の間にラーはその姿を現す、このラーがシュウの諸支柱の外に出で、東部の主の門、すなわちラーの通過すべき門に向いて大股に進むときのことなり。

『エジプト死者の書』第109章

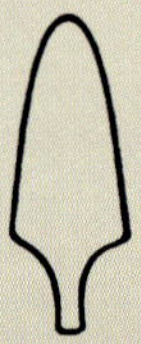

次頁：女神イシス
（トトメス3世の墓室の
壁画）

生命《いのち》の水

古代エジプトにおいて、水が豊かなシンボル体系の中心にあったのは少しも不思議ではない。水は、何ものにもまして、この国の生命《いのち》の源そのものであった。水は、万物が生成する原初の物質であり、すべてを浄化し、再生産するシンボルとなる。穀物の神であるオシリスはまた、ナイルの水の支配者でもある。彼は毎年平野を覆う氾濫をつかさどっているが、氾濫はエジプトの大地の肥沃さと農耕にとって不可欠のものであった。イシスもまた、この役割を担っている。

『下界において水を飲むの章』

願わくばオシリスによりて、大なる洪水の開かれんことを。また願わくば地平線の主テフチ――ハアピによりて、開通者なる我が名により、大淵の開かれんことを。願わくばセトの肢体を支配するごとく、水路の支配権が我為に与えられんことを。我は天に進む。我は獅子神ラーなり。我は牡牛なり。我は腿を喰えり、而して我は屍体を分割せり。我はセケト――アアルの諸湖の中を巡回せり。始めもなく、また終わりもなき無限の時間は我ために与えられたり。我は永遠を相続す。而して無限は我に授与せられたり。

『エジプト死者の書』第62章

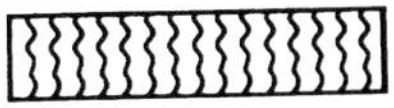

前頁：冥界で水を飲む死者（第20王朝）

生命《いのち》の川

ここではナイル川は男性として人格化され、ナツメヤシの茎を手にしているが、その茎は、毎年起こるナイル川の氾濫をシンボル化したものである（次頁）。魚は一般に不浄のものとされていたが、チカダイだけは、卵を口の中に抱卵し孵化させることから、再生のシンボルとして広く崇められた（下）。

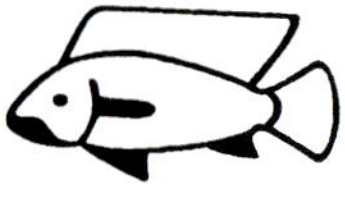

生命力

創造する力、生命力は、人間ひとりひとりのレベルでは、“カー”として表現される。2本の腕を上に伸ばした形でシンボル化されている“カー”は、人間の分身である。それは人間の精神的、霊的な力を具現化している。2本の腕が示す防護の姿勢は、それを身に付けている人の精霊を邪悪な力から守るためのものである。人は各人の“カー”と共に生まれ、“カー”はその人のそばに絶えず付き添い、その人の死後も生き続け、元の冥界へと戻る。“カー”は、その存続のために食べ物を必要とし、墓に供える食べ物だけでなく、人が普段食べる物も、“カー”に与えるためのものと考えられた。最も初期の信仰形態では、“カー”は男性の性的能力だけを象徴するものであったが、いつしか、すべてを包含する意味を持つようになった。

前頁：
カーのヒエログリフの
形をした頭飾りを付ける
ホル王（第13王朝）

権力と秘められた力

権威のシンボルと幸運のシンボル

スフィンクスとピラミッド。
それは、古代エジプトに
おいて、地位と権力を
最も強力に象徴する
二大シンボルであった

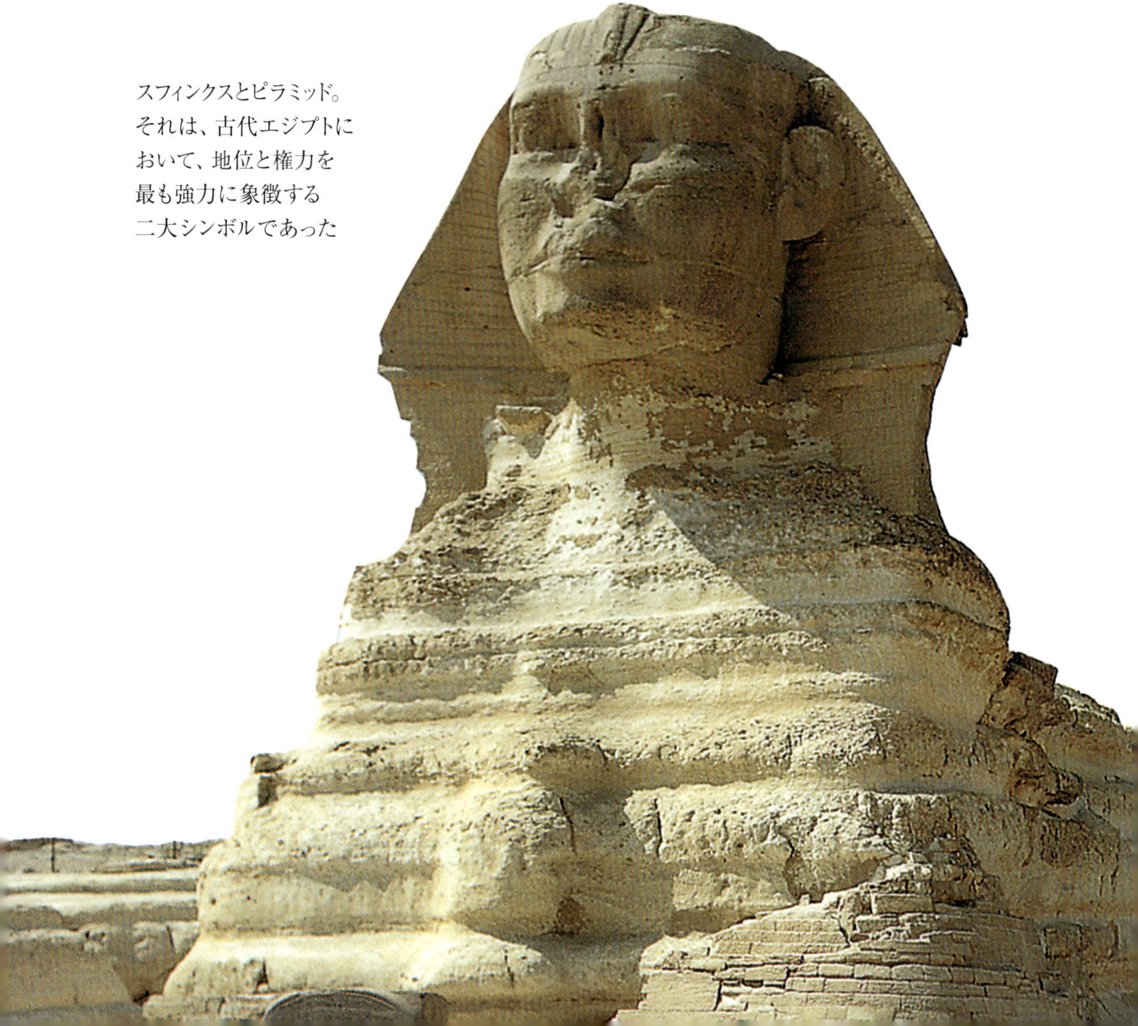

神々と王の権力と威信は、頭飾りから護符にいたる、人間的なシンボルの精緻な体系をとおして表現された。王権を最も偉大な形でシンボルとして具現化しているものが、スフィンクスである。それは堂々としているが、慈しみに満ちている。

王冠

エジプト王が頭に戴く王冠は、滋養の源泉とみなされ、王はそれをかぶることによって、その力を自己に転移させ、支配者となることができると考えられていた。エジプトは、上下2つの地理的、文化的領域によって区分されていたので、エジプト王は、上エジプトの支配者であることを示すロータス(睡蓮)の花をシンボル化した“白冠”と、下エジプトの支配者であることを示すパピルスをシンボル化した“赤冠”を合体させた“二重冠(セケメティ冠)”をかぶっていた。時代の変遷につれて王冠は形を変え、2枚のダチョウの羽根の冠や、黄金で豪華に装飾された“青冠(ケベルシュ冠)”など、さまざまな種類のものが残され、描かれている。王冠はまた、太陽神の眼や王を包む光彩としての意味も有していた。

前頁：ハゲワシとコブラをあしらった黄金の頭飾りをかぶったオシリス神の姿をしたトゥトアンクアメン王

頭飾り

エジプトの神々は、それぞれ動物と深いつながりを有しており、そのつながりは動物の頭部をした神々の図像として、壁画や彫像など、いたるところに表現されている。権力は、頭飾りを与えることによって分与され、その形はそれを身に付けている者の地位を表した。ナイルデルタ地帯の住民の間での邪悪のシンボルは、セト神であったが、セト神は、一部レイヨウ(インパラ、ガゼルなどのウシ科の偶蹄類)、一部アリクイの架空の動物の頭部をした人間の姿で表された。

上：アムン神の彫像。牡羊の角を持ち、頭に二重冠を戴いている(第20王朝)

ツン―ハアト[後部が引き延ばされたもの]は第2アアリトの守門者の名なり、セ―ケト―ラ[顔の変わりしもの]は警戒者の名なり、而してサベス[燃やすもの]はその伝令者の名なり。

『エジプト死者の書』
第144章

次頁：冥界の第二の門を描いた埋葬室の壁画に見られる動物の頭部をした人物像

ハゲワシの頭飾り

戦いに臨むとき、エジプト王は白い頭飾りの上に載ったハゲワシによって守護された。白い頭飾りは、上エジプトの国家的女神であるネクベトのシンボルであり、ネクベト自身も、ハゲワシの頭飾りをかぶっていることによって識別される。驚いたことに、ハゲワシはまた、冥界においても守護の役割を果たしている。末期王朝時代になると、ハゲワシは女性の本質を象徴するようになり、その一方で、スカラベ甲虫が男性の本質を象徴するようになった。ハゲワシは、上エジプトとネクベトを象徴する動物として、王権を示す特別重要なシンボルとなり、王族の墓に多く描かれている。ハゲワシはまた、テーベの民に崇拝された女神ムトを象徴する聖なる動物でもあった。

次頁：守護のシンボルであるハゲワシの頭飾りをかぶったネフェルタリ王妃

アンク

この古代エジプトのシンボルは謎が多く、その起源は明らかではない。その形から、性的な含意があるという説もあるが、サンダルのひもの形を表しているという説もある。生命と抗しがたい力のシンボルであるアンクは、生命の基本的要素としての空気と水を表し、神々から王に授けられる。アンクが、神々やそのつながりのある動物の手に握られている絵が多く見られる。アンクはまた、エジプト人にとって最も力強い護符であり、その霊力は古代エジプトの歴史をつうじて生き続け、コプト時代には、キリスト教のシンボル体系の中に組み込まれた。

前頁：オシリス神を意匠化したアンクを手に持つ女神ハトホル（テーベ、第20王朝）

上：アンクの形をした金箔のほどこされた鏡箱

シェンの輪

始まりも終わりもないその完全な形から、“シェンの輪”は、最も簡潔に永遠を表すシンボルとなった。その円い形はまた、太陽円盤とも深いつながりがあり、動物に抱かれたり、ハヤブサなど太陽と関係の深い鳥の鉤爪につかまれた形で描かれることが多い。この“魔法の輪”の護符は、さまざまな病気から身を守ってくれると信じられ、人々の間で絶大な人気があった。

『紅玉髄瑪瑙の締金の章』

願わくばイシスの血、
イシスの力及び魔力が、
この大なる者を保護する力となり、
また彼の忌嫌することを
彼に為すものより、
彼が保護せられんことを。

『エジプト死者の書』
第156章

次頁：
永遠のシンボルである
“シェンの輪”に
手をかざしている
女神イシス（第18王朝）

ハヤブサの頭部をした神を見守っている両眼。
全体が防御盾の形をしている

ホルスの眼

ハヤブサの神ホルスの右目は、太陽神を象徴する“ラーの眼”、そして左目は、月を象徴する“ホルスの眼”と考えられていた。ホルスの眼については、次のような記述がある。「その眼を開くとき、世界は光で満たされ、その眼を閉じるとき、暗闇が支配し始める。」その神聖なる眼のシンボルは、まぎれもない守護の象徴である。そのためホルスの眼は、無数の宝飾品、特にお守りに、意匠化されている。また棺の左側面に2つの眼を描く風習があったが、これには、死者が前方を見ることができるようにという祈りの意味が込められていた。

『ウジャト[ホルスの眼]を将来するの章』

トトの神はウジャトを将来せり。而して彼はその退去せし後、これを休息せしめたり、ああラーよ。それは荒天によりて甚だしく悩まされたり、されどトトはその荒天より退去せし後、これを休息せしめたり。我は健全なり、而してそれも健全なり。また信仰の主ネプセニも健全なり。

『エジプト死者の書』
第167章

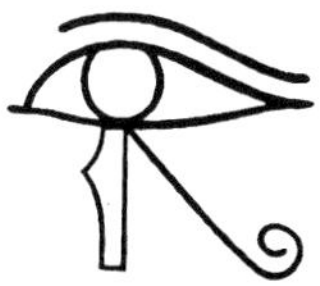

動物崇拝と自然信仰

自然から生まれたシンボル

古代エジプト人にとって、身のまわりの自然世界とそこに生きるものたち——動物、鳥、花——は、それ自体よりももっと大きな自然現象を表象するシンボルと考えられた。糞を転がすスカラベは、太陽という球を転がしながら天空を行く太陽神の化身であった。ある宇宙観では、ハヤブサの両翼は偉大な天の蒼穹を表し、斑点のついた羽の下側は空を表すと考えらえた。

次頁：人間の足を持つ歩く蛇サーター。創世と神秘のシンボル

ヒ　ヒ

上：ホルスの眼を持つ彩色陶器（ファイアンス）製のヒヒ像

次頁：太陽神の誕生を礼賛しているヒヒを描いた葬祭装飾具

筆記の神であるトトと深いつながりを持つヒヒは、エジプト美術では、書記と同じ役割を持つものとして登場する。そのような場面で現れるヒヒは、三日月や太陽円盤を頭に戴いていることが多いが、それはトトが最初月の神であり、また、ヒヒが毎朝あげる鳴き声は、早朝の太陽を礼賛するものと信じられていたからであろう。トト神はヘルモポリスを中心に広く崇拝され、やがてその地方の神と習合し、ヒヒの姿をとるようになったと考えられている。

我はトトなり、完全の書記生にしてその双手は純潔なり、
2角の主にして邪悪を破壊されしむるものなり、
正義と真理との書記生にして罪を忌み嫌うものなり。
見よ、彼は法律の主、知恵と理解との言を発する者、
その言は2つの陸地を支配する者たるネブ―エル―チェルの神の葦筆なり。

『エジプト死者の書』第182章

猫

エジプト最古のシンボル体系に現れる猫は、ナイルデルタ地帯のジャングルに住む野生の猫だったようだ。新王国時代に入ると、牡猫は太陽神の化身とみなされ、雌猫は太陽の眼を象徴するものとされた。飼い猫は、女神バステトを象徴する聖なる動物であり、バステトはたいてい、猫の頭部を持つ女性の姿で描かれた。

左：猫の姿で表された女神バステトの青銅像（末期王朝時代）

女神バステトを象徴する
聖なる動物と
考えられた飼い猫は、
死ぬとミイラにされた

スカラベ

精緻な技巧を尽くしたスカラベの腕輪（テーベ、トゥトアンクアメン王の墓の埋葬品）

動物の糞から生まれると信じられていたスカラベは、自らを生み出すもののシンボルとなった。その糞の球は、卵と幼虫を守り、その生きる糧となるものである。スカラベは、太陽、それゆえ、生命《いのち》をもたらす熱や光と関係し、その陶製の置物が、生命復活のシンボルとして、しばしば死者といっしょに埋葬された。また、太陽を押して空を進む役割から、スカラベは朝の太陽を象徴する神であるケプリの化身とみなされた。甲虫の姿をしたケプリは、東の地平線から太陽を出現させる(右)。強靭な生命《いのち》の神であるケプリはまた、再生のシンボルとなった。

我は形なき物体より
存在するに至れり。
我はケプリの神の如く
存在するに至れり。
我は発芽する物の如く
発芽せん。
而して我は自ら亀の如く
己を装えり。
我はすべての神の
胚種よりなる。

『エジプト死者の書』
第83章

ハヤブサ

シェンの輪とアンクを鉤爪でつかんでいる黄金のハヤブサの胸飾り

あまりにも多くの神がハヤブサと関係していることから、ハヤブサの絵はそれだけで"神"を表すようになった。その王者らしい飛翔と攻撃的な性格から、ハヤブサは、神々の王であるホルス神と、神聖なる王権そのものを象徴する自然界のシンボルとなった。その他、戦争の神であるモントゥ、太陽神ラー、葬祭の神ソカルなどもハヤブサの姿をしている。ホルスの最も古い図像は、いっぱいに伸ばした両翼で天と地を守護しているハヤブサの姿をしている。

右：ハヤブサの神ホルスの青銅像
（第26王朝）

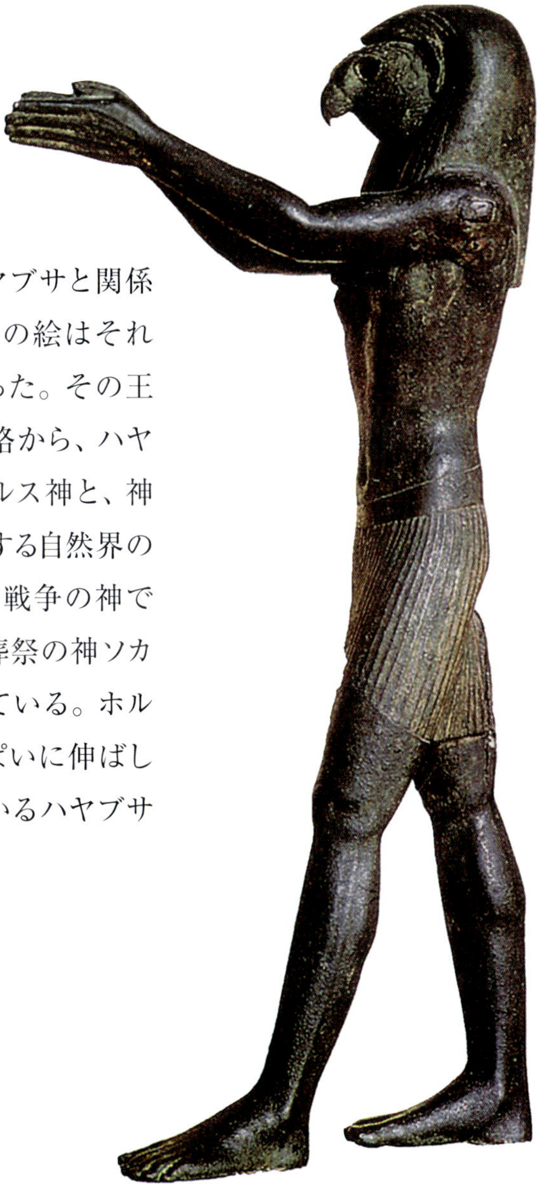

トキ

聖なる鳥トキは、月の神であり、書記の守護神であるトト神の化身として、特別な崇拝の念を持って敬われた。トト信仰の中心的都市であったヘルモポリスでは、何千という数のトキのミイラが祀られている。羽冠のあるトキはまた、変容のシンボルでもあった。

左：トキの頭をしたトトが、オシリスに“永遠に朽ちない生命《いのち》と支配”のためにアンクなどのシンボルを捧げている。(『エジプト死者の書』呪文183)

右：金箔をほどこした木に金と銀の頭部と脚を接いだ、トキのための棺

ハゲワシ

ハゲワシの女神ネクベトをあしらったアアホテプ王妃の腕輪

コブラ

コブラは元来太陽のシンボルと考えられ、多くの神々と結びついていた。代表的なものが、デルタ地方の町ブトの、女神ワジェトの象徴となったもので、コブラはこの女神をつうじて、下エジプトの標章となった。

『蛇サタに変化を作すの章』

我は歳月を重ねたる蛇サタなり。我は日毎に死し、而して生まれ変わる。我は蛇サタにして、世界の際極部に住するものなり。我は死し、而して生まれ変わる。而して我は一新し、而して我は日毎に若返る。

『エジプト死者の書』第87章

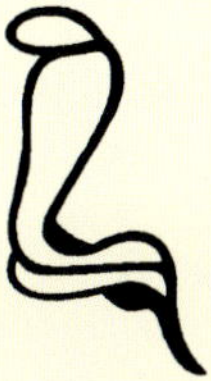

下エジプトの赤冠を戴く、立ちあがるコブラ（金の延べ板から制作、末期王朝）

ワニ

ワニはデルタ地帯のいたるところに姿を見せる危険な動物であったので、混乱の象徴とみなされ、邪悪な神セトと関係づけられた。ワニの獰猛な姿は、古代エジプト人のシンボル的思考に、きわめて強烈な印象を刻印し、『エジプ

大地の神ゲブの化身であるワニと向かい合ってナイル川の水を飲む女神官
(パピルス文書、第21王朝)

汝退け、ああ東部に住める鰐魚よ、汝は己等の汚物を食う者等を食いて活く。
何となれば汝に忌むべきものは、我腹中に有ればなり。我は進む、我はオシリスなり。

『エジプト死者の書』第32章

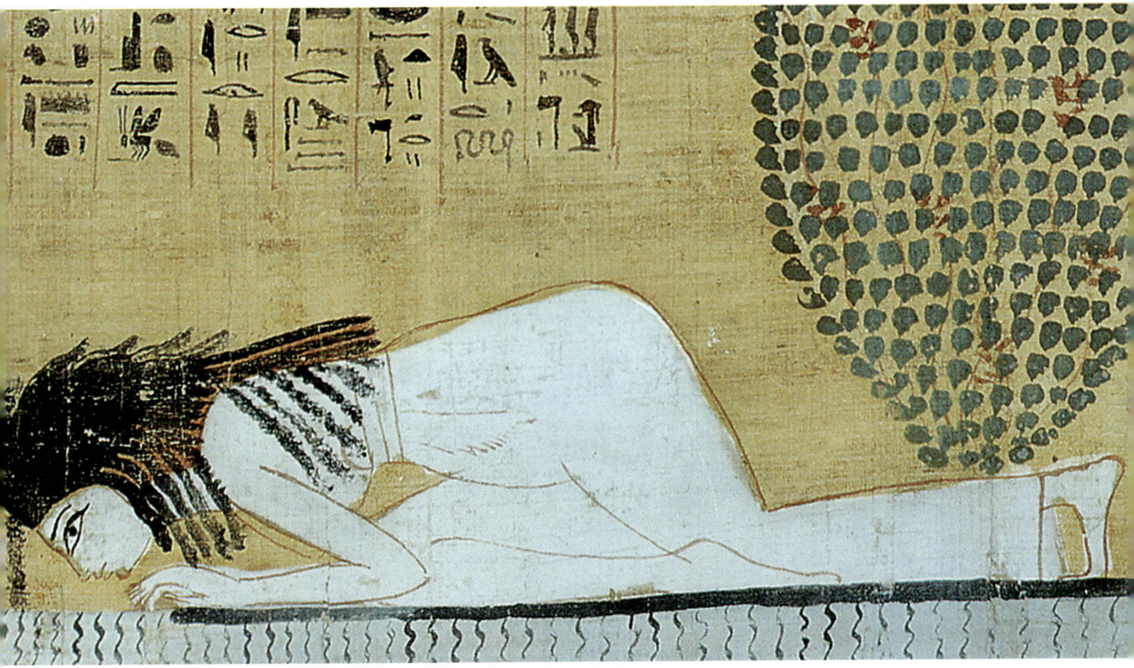

ト死者の書』の中にも、この爬虫類を撃退するための多くの呪文が記されている。しかしその一方で、ワニは太陽神と同じように水の中から現れることから、生命《いのち》と再生の力という、より肯定的な意味で信仰されることもあった。

『蓮華［睡蓮］に変化をなすの章』

我はラーの鼻腔に属する聖美より発生せる純蓮華なり。
我は我途を作れり、而して我はホルスなる彼を絶えず尋ね求む。
我は田園より出で来れる純粋者なり。

『エジプト死者の書』第81章（甲）

ロータス
(睡蓮)

朝太陽が東の空から昇るとき、ロータス(睡蓮)も花開き、光の復活を礼賛する。そのためこの花は、夜の闇から再び現れる太陽のシンボルとなり、太陽神ラーと関係づけられた。『エジプト死者の書』では、太陽神ラーは、ロータスの花芯から立ち上がる黄金の青年の姿で描かれている。こうしてこの花、特に青色のロータスは、再生のシンボルとなった。トゥトアンクアメン王の頭部が青いロータスから出現しているのは(左)、蘇りを意味し、また、ロータスの象嵌(下)は、埋葬室でよく見られる装飾モチーフであった。

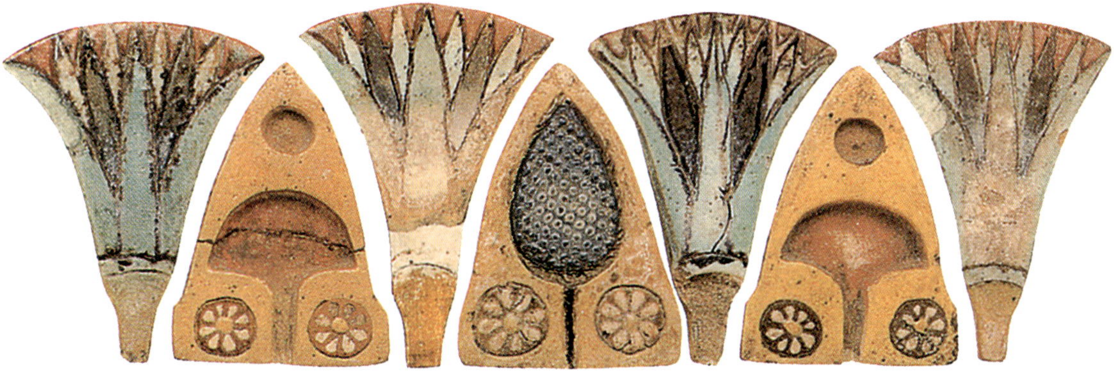

来世
死のシンボル

ギザの大ピラミッド
（第4王朝）

古代エジプト建築——特に神殿と墓所——は、シンボル的な意味を有していた。原初の水から現れた原初の丘をシンボル化したものとも考えられているピラミッドは、太陽と深く結びついている。

アヌビス

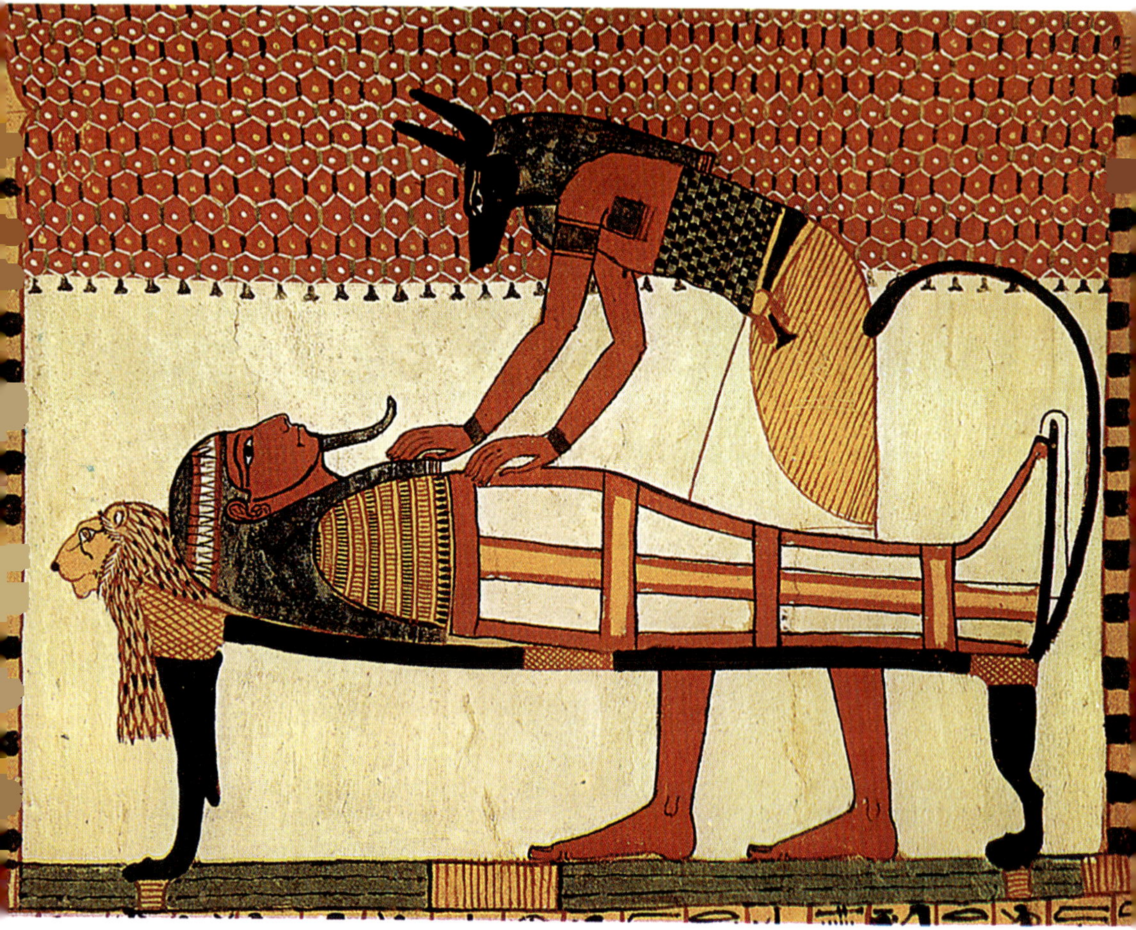

貴族センネジェムに防腐処置をほどこすアヌビス(第19王朝)

多くがイヌ科——犬またはジャッカル——の姿で表されるアヌビスは、オシリスにその地位を取って代わられるまでは、死者の神であった。彼は墓地ネクロポリスと深いつながりがあり、“神聖な場所(霊場)の神”として知られていた。死者が無事ミイラ化することを祈り、邪悪なものを追い出すために、墓所には、アヌビスの像を安置したり、その姿を壁画に描いたりした。

『下界において空気を呼吸し、水を支配するに至るの章』

彼は我をして神々がその顔を発見せし殿堂に向いて出発せしむ。「諸霊魂の集会者」は我船の名なり。…願わくば我に数杯の牛乳と共に、数個のパン、数杯の飲料及びアヌビスの神殿における肉の与えられんことを。

『エジプト死者の書』第58章

右：死者の神アヌビスの木像
(末期王朝、スタッコを塗り顔料で彩色)

扉と階段

シンボルとしての扉は、二面性を有している。それは遮断を意味することもあれば、入口を意味することもある。エジプト美術では、扉はこの両方の意味で使われている。実際の墓や神殿では、扉はさまざまなシンボルで装飾されているが、多くが、ある状態から他の状態への移行——天上世界への、あるいは冥界の最も深い場所への移行——を表現している。墓の扉が開かれたままの状態で描かれていることがあるが、これは死者の霊魂が、埋葬されている遺体に自由に近づくことができるということ、そして死者の“カー”が、意のままに往ったり来たりできるということを象徴的に示している。

移行、上昇、下降のシンボルとして、階段、梯子は扉同様に重要である。古代エジプトの墓はすべて、地表から内部の埋葬室へと下る階段が備わっている。

前頁：
貴族の礼拝堂の内部（第6王朝）

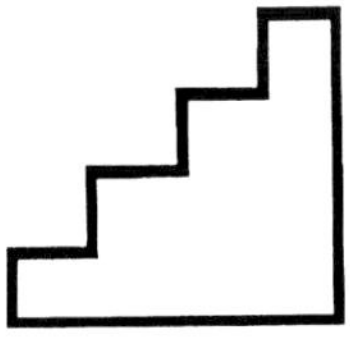

祠　堂

“ペル・ウル”または“カル”と呼ばれる上エジプトの祠堂は、いつしか南エジプト全体を象徴する標章となった。祠堂の、至聖所の奥の特別な部屋には神の像が安置されていたが、それは祭祀の行列や儀式のときに持ち出されていたようだ。一方、“ペル・ヌウ”と呼ばれる下エジプトの祠堂は、ドーム型の屋根とその両脇の高い柱が特徴であるが、それは“ペル・ウル”の斜めになった屋根と、丸くくびれた軒下の形と対照的である。死者が冥界で迷うことがないように墓に納められた『門の書』には、中にいる神の姿が見えるように扉を開けられた12個の“ペル・ヌウ”が並んでいる絵が描かれている。そして祠堂の列の上には、それらを護衛するシンボルとして、巨大な蛇が横たわっている。

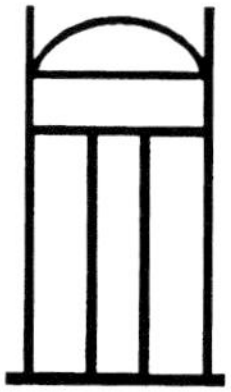

次頁：トゥトアンクアメン王の墓から出土した上エジプトのペル・ウル型の祠堂（第18王朝）

ケルト

“ケルト”という言葉から、英雄的半神とアーサー王の恋物語に彩られたヨーロッパ西端の島々の文化と神話を思い起こす人も多いだろう。しかしそれは、19世紀に興った、いわゆる“ケルティック・リヴァイヴァル”の見方にすぎない。歴史はもっと複雑である。現在の学説では、“ケルト人”は、もともとアルプスの北側に住んでいた諸部族の大きな集団で、その後、東と南に移住していったと考えられている。西方ケルト人がキリスト教に改宗する前の1000年間、この好戦的な人々は、祭祀と、それと結びついたシンボリズムで充溢した独特の生活様式を発展させていた。ケルトの民にとって、自然世界のすべてのものが、固有の精霊を有していた。キリスト教の浸透とともに、ケルトの多神教的神々は、自然にその新興宗教のさまざまな聖人と融合していった。

p.90：青銅の人物像（フランス、ブレー、紀元前1世紀～紀元後1世紀）

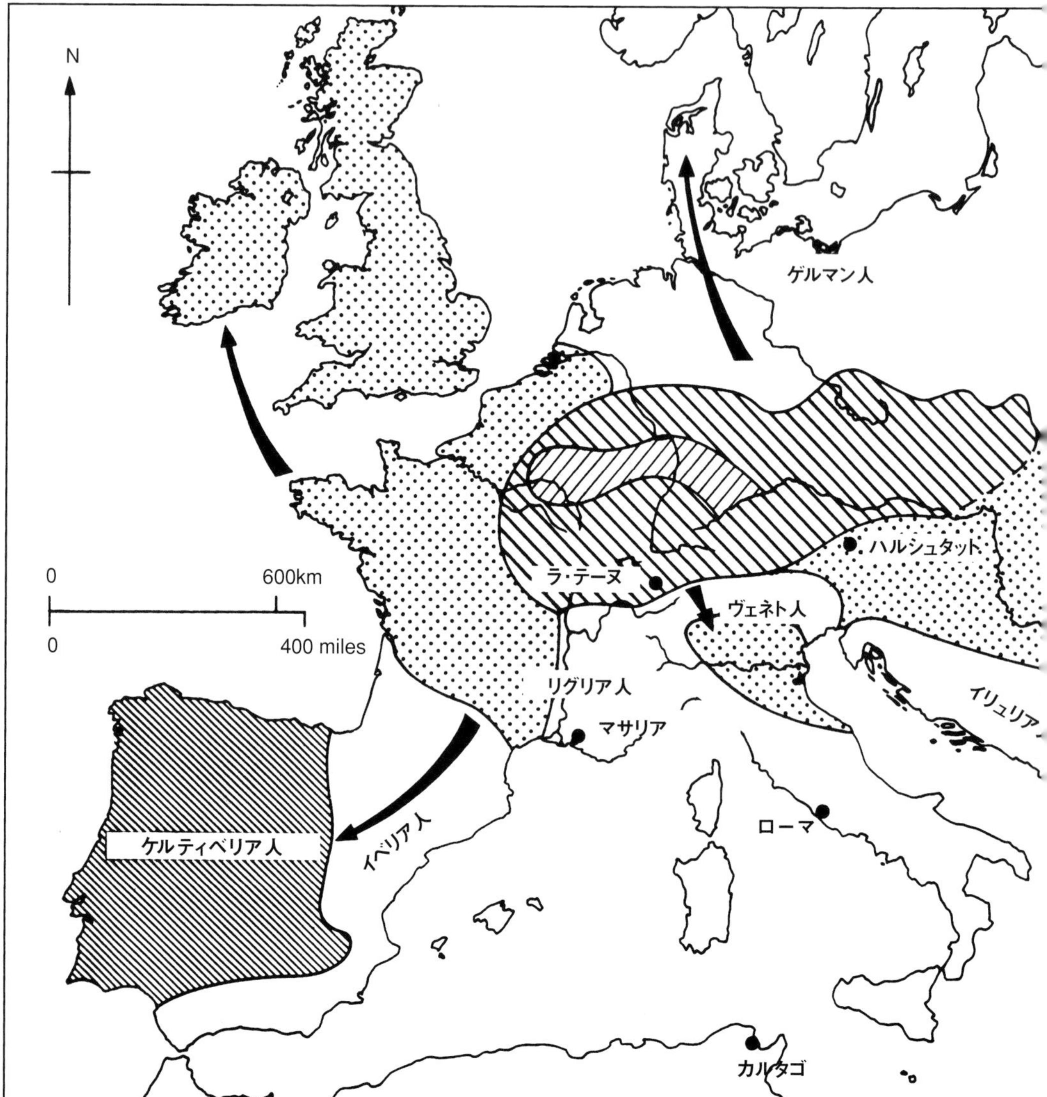
N
0
600km
0
400 miles
ゲルマン人
ハルシュタット
ラ・テーヌ
ヴェネト人
リグリア人
マサリア
イリュリア人
ケルティベリア人
イベリア人
ローマ
カルタゴ

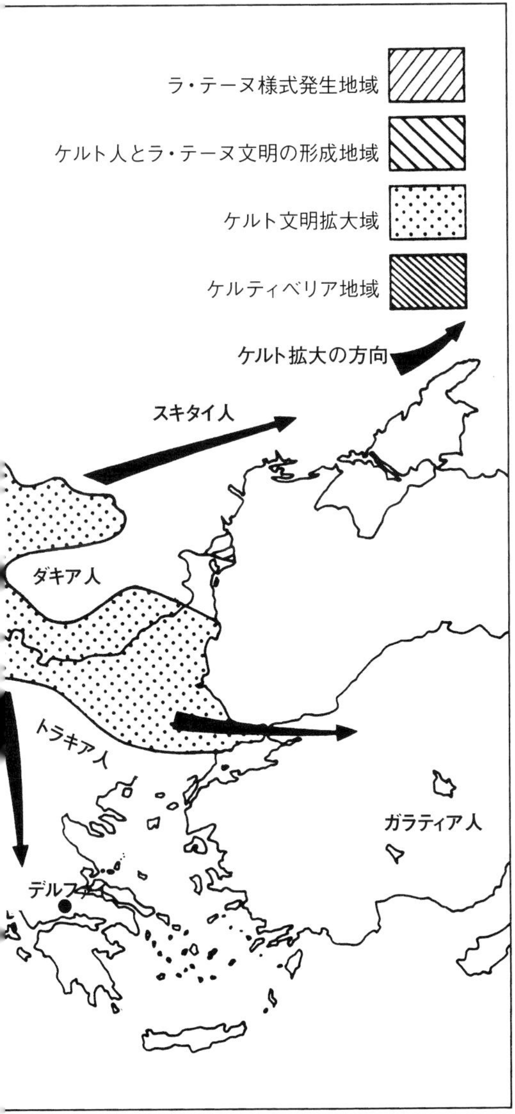

左：紀元前5世紀から、紀元後1世紀にかけて、ローマ人が征服するまでケルト人が居住していたヨーロッパ諸地域

聖なる

ケルトの祭祀とシンボリズムの中心には、荘厳な自然がある。湖、川、沼沢地、泉など、自然そのものに捧げられた供物が多く発見されている。また丘陵地帯では、山の神々を礼賛する祭祀が頻繁に行われた。厳かな雰囲気の木立や森の開けた場所など、霊感を強く震わせる場所は、小さな祭殿や、男根を彷彿とさせる屹立する巨石によって、他と区別され、神域とされた。

ケルト世界全体に見られる巨石モニュメントは、聖なる土地

スコットランド、オークニーの"リング・オブ・ブロッガー"。もともとは60個の立石で輪が造られていた

風景

の結界として用いられ、その起源は、宇宙の樹を地上で表現しようとする試みであったと考えられている。ブリテン島に多く残されているケルト人以前の巨石構築物もまた、祭祀の場所として構築されたものであろう。初期キリスト教時代、アイルランドとスコットランドの修道士たちは、凝縮された偉大な自然の力を体感するために、荒涼とした場所を探し求めた。

スタンディング・ストーン（立石）

西はアイルランドから東は中央ヨーロッパまで、ケルトの民が生活していた地域全体で、聖なる場所の多くが、屹立する巨木や巨石の柱で結界が印された。強烈なエネルギーの表現形態であるその形は、おそらく、ケルトの民にとって最も尊厳なもののシンボルであった“樹”を模倣したいという衝動的願望の表れであったろう。また、それらのモニュメントの中には、明らかに男根を連想させるものがあり、それによって強烈な始原の力を表現したいという意思があったとも感じられる。それらの多くが、荒涼とした開けた土地に立てられているが、人々が遠くからでも認識できるランドマークの役割を果たしていた可能性もある。巨石群の中には、アイルランド、ゴールウェイ州にある鉄器時代の遺跡タロ・ストーン（前頁）のように、精巧な文様が彫られたものもある。それには、ケルトの装飾様式を代表する紋様である渦巻紋様が彫られている。

聖地タラ

アイルランド、ミース州のタラの丘は、聖地であると同時に王の土地であり、新石器時代の終わりからキリスト教時代まで、アイルランドのケルトの民にとって非常に重要な意味を持つシンボルであった。鉄器時代に砦が築かれていたその丘は、その後、アイルランドを治める王の玉座が置かれるようになった。丘陵の頂には、2基の環状の濠が連結した、想像力をかき立てる独特の地形が残されており、そのうちの1つの中心には、“運命の石”として知られている“リア・ファール(Lia Fáil、「立石」)”が立っている。その石は、真に王に値する者が触れると、雄叫びをあげると伝えられている。

アイルランド神話に語られている古い伝説によると、いかなる者であれ、最初にその土地の女神の1人と結婚しない限り、タラの地を治める人間の王となることはできない。アイルランド、コノート地方の偉大なる女神メイブは、9人の王と結婚したと伝えられている。

山の女神

アイルランド、ケリー県には、“ダー・ヒーヒ・アナン(Dá Chich Anann「アヌの両の乳房」)”と呼ばれている2つのお椀を伏せた形の丘が並んで隆起している(前ページ)。ケルト人の多神教の根底には、アニミズム(精霊信仰)があり、多くの神々が森羅万象と結びついて生まれてきた。特に山のような高い場所は、祭祀が行われる重要な場所であった。ユピテル(ジュピター)のケルト的形態ともいうべき山の神もおり、特にピレネー山脈一帯で崇拝されていた。

アイルランドに残るケルト神話は、呪術と禁忌に満ちた数々の伝説で豊かに彩られているが、その主な理由は、この地がローマ帝国の支配下になったことがないという歴史的事実にある。伝説の中で、しばしばダヌーまたはダナーと混淆されているアヌは、豊穣の女神、“トゥアター・デ・ダナン(ダヌーの女神の民の母親)”であり、地上を支配した神々の最後の世代である。

生命《いのち》の水源

水は、そのすべての顕現において、ケルトの民を魅惑した。神話、祭祀、シンボリズムによって構成される1個の全体的宇宙が、海、湖、川、泉、湧水、沼などの水界を中心に形作られた。青銅器時代以降のケルティック・ヨーロッパ全域にわたって、精緻な技巧を凝らした器や宝飾品、武器、さらには人間や動物の生贄さえもが、湖や川、沼に奉献された。水の、見るからに自然発生的な動き、特に地面から湧き出るその様子は、ケルトの民にとっては、超自然的な力の発現と感じられたに違いない。そのため、重要な水源地や泉のほとりには、治癒を祈願するための祈祷所が建立された。地表から湧き出る水はまた、異世界との交信の顕現とみなされていたのかもしれない。

ローマン・ケルト（ローマ支配下のケルト文化）時代に、水の神に関連した多くの信仰が生まれた。バース出土のケルティック・ネプチューン（上）と、ノーサンバーランド州ハイロチェスター出土の水の女神（次頁）など、水の神に捧げられた石の彫刻が多く発見されている。

ケルト様式“生命の樹”の現代的デザイン

生命《いのち》の樹と死

1本の大樹であれ、木立であれ、ケルトの民が樹に対して特別な尊崇の念を抱いていたことは、樹に捧げられた祭殿が多く発見されていることや、樹が、多くの聖地の中心にある立石と密接なつながりを持っていたことから明らかである。樹はまた、その根を地下世界に張り、その枝を天空に伸ばすことから、地下と地上と天上の3つの世界を結ぶものと考えられていたようだ。また、ユトランド半島（デンマーク）の泥炭層から発見された“グンデストルップの大釜”（p.111）には、樹と狩猟の関係が精巧な彫金技法で描かれている。そこでは、一群の戦士が、牡鹿の神であるケルヌンノスとつながりのある聖なる樹を運んでいる。タキトゥスは、ケルトの民と樹に関連したより凄惨な、血なまぐさい記述を残している。それによると、ドルイド（ケルト社会の祭司）は、人間の生贄を聖なる林に捧げたという。

神と人間の変容

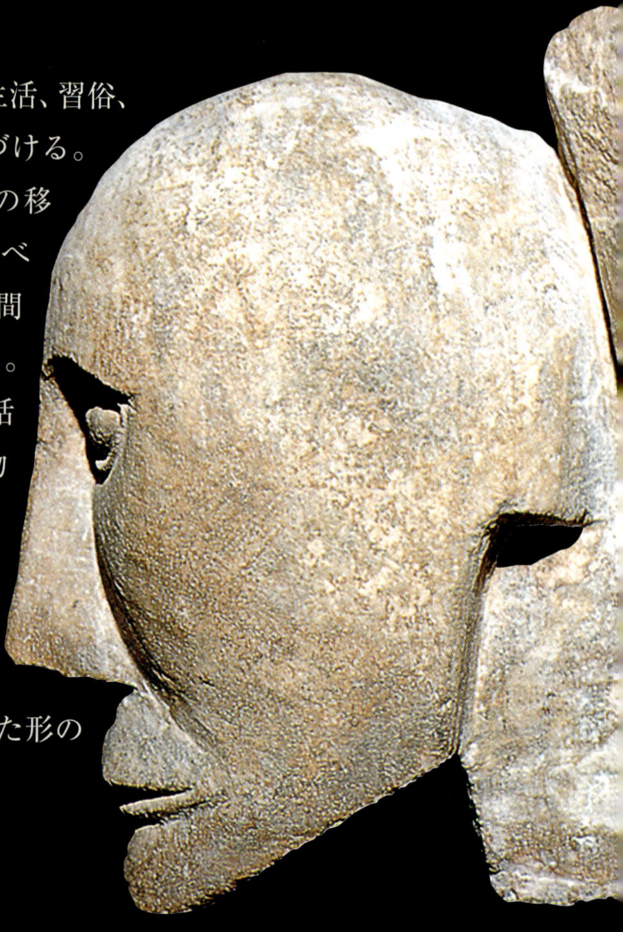

流動と変容が、ケルトの生活、習俗、呪術的シンボリズムを特徴づける。それはおそらく、ケルトの民の移動の歴史の反映であろう。すべての物が、そしてすべての人間が、他のある物に変容しうる。アイルランドとウェールズの神話は、かつて人間であった動物や、ある時は人間、そしてある時は動物の姿をした神々の話で満たされている。ケルト文化を特徴づけるこのような多義性は、すべてが人間に似た形の

複数の頭部を持つ人形、仮面、頭飾りとして表現されるまでになった。
時に、生贄という形の儀式的暴力の発現となる、最後の変容としての
死は、異世界での再生開花へと続く長い生命の
旅のほんの小さな中断とみなされた。

勇士と戦争の神の2つの頭部を持つヤヌス（2つの顔を持つ神）の頭像（フランス、ロックペルテューズ）

戦いの神と勇士

ケルト・シンボリズムの複雑な多義性は、勇士崇拝の中に明確に表れている。ケルト人は、戦う人間たちの姿を図像化しながら、同時に戦いの神や女神を顕現させたが、それは人間と神の連続性を象徴している。また、より特徴的なことは、戦士が必ずしもすべて男性ではないということである。とはいえ、女性の戦士が描かれる場合は、常に戦いの女神としてであり、その姿の中に、攻撃性と性的エネルギーが結合している。それは特にブリテン島において顕著に見られる。ガリアの金貨（次頁上）には、並んで走る2頭の馬と、そのうちの1頭に誇らしげにまたがる、ベルトとマントだけを身にまとった裸体の女性が描かれている。アイルランドの神話では、戦いと関係のある女神たち——バドゥブ、マッハ、モリガン、ネヴァン、レブ——は、同時に豊穣の女神でもあった。

次頁下：聖なる樹を運ぶ戦士たち、動物の頭飾りを付けているものもいる（“グンデストルップの大釜”に彫金された図）

戦いを連想させる服装をし、武具を携えてはいるが、戦いに現れるケルトの女神たちは、必ずしも戦いそのものに直接参加しているわけではない。彼女たちの役割は、変身によって戦争に干渉することである。亡霊の女王モリガンは、狼、雌牛、ウナギに変身して、何度もアルスター（アイルランド北東部）の勇士クフーリンの前に現れた。

青銅製の祭儀用馬車（紀元前6～7年）

狩猟するものとされるもの

ケルト神話では、狩猟するものとされるものの間には、ある濃密な関係があり、シカやイノシシなどの獲物は、狩猟の神そのものと同じくらい崇拝された。野獣は、死ぬと永遠の命を授かるとされ、各地のケルト神話には、魔法の力を持つシカやイノシシが、その追跡者を死へと牽引し、異世界へといざなう話が多く残されている。またガリアやブリテン島には、狩猟の男神や女神を、ローマ神話のディアナ（ギリシャではアルテミス）と習合させた図像が、多く残されている。

アイルランド神話の中のフィニア神話群の英雄フィンと、彼の狩猟騎士団フィアナの行動には、狩猟で見せる神わざ的能力とは対照的な人間臭さがみられる。フィンの一行がスライゴー州ベン・バルベン山に住む魔法の力を持つイノシシを狩りに出かけたとき、フィンの恋敵であったディルムッドがそのイノシシに大けがをさせられてしまう。そのときフィンは、命を救うことができる魔法の水をディルムッドに与えることを、結局は拒んだ。

母なる女神

古代世界ではどこでも、豊穣と多産が常に祈りの中心にあったが、ケルト社会もその例外ではなかった。万物を生み出す太母神という観念は、ケルトの地全体をとおして、図像や神話の中にくりかえし表現されている。多くの場合、そのような女神は、豊穣のシンボル――果実、パン、トウモロコシ――にかこまれ、3人並んだ姿で(3という数字はケルト人にとって最も神聖で、霊力のある数字である)描かれている。中には、そのうちの1人が赤ん坊を抱いているものもある。それらの女神はまた、小さな泉からアクア・スリス(現在のバース)の大きな温泉まで、聖なる水源と深く結びついており、それらの場所では、“スレウィアエ”と呼ばれた。アイルランドの豊穣の女神は、多くの場合、メイブのように、戦いの女神でもあったが、彼女は9人の王の世継ぎを身ごもった。

次頁：3人の太母神の像
(フランス、ヴェルトー)

男根像

三女神が多産の女性的原理を象徴するものだとしたら、男根はその男性的原理の最も力強い象徴である。そしてそれは、他のケルトのシンボルと同様に、人間と神の、両方の含意を有している。戦いの神は、時にその男根を勃起させているが、それはその性的能力を誇示していると同時に、戦いの女神同様に、大地の豊穣を象徴している。

チョーク質の岩盤に刻まれた、有名なドーセットの“サーン・アバスの巨人（前頁）”は、大きな棍棒を振りかざしているが、おそらくこの巨人は、この地方の豊穣と多産を祈る祭儀の中心となるものであったろう。また、それはヘラクレスを表したものだという見方もある。

ケルトの伝統行事ベルテンの日（5月1日）には、サーン・アバスの村の人々は、巨人の頭の上、丘の頂に立てられた高さ20mのメイポールのまわりで踊り続けたといわれている――20世紀の始め頃まで、この豊饒の祭りは行われていた。

首(頭部)…

切り落とされた人間の首(頭部)は、最終兵器にもなることができた。女神王妃メイブの9人の配偶者のうちの1人であるアルスターの伝説の王コンホバルは、レインスターの王メス・ゲグラの頭部から作られたブレイン・ボール(脳みそに石灰石を混ぜ、硬化させたもの)によって殺された。

…そして首狩り

ケルト人の風習の中で、ローマの著述家にとって最も衝撃的であったことは、彼らが――少なくとも戦いにおいて――首狩り族であったという事実である。ケルトの戦士が敵の首を刎ねるのは、勝利の証しのためだけではなかった。彼らは、人間の首には聖なる力が宿っており、それを持ち歩くことで、自らを守る力が得られると信じていた。またケルトの神殿の扉には、頭蓋骨が飾られていたが、それは精霊を守護するためであった。ケルトの神々は、不釣り合いなほど大きな頭部をしていたが、さらに重要なことは、2つの顔を持つ双頭の神（ヤヌス）が多いということである。それは一度にあらゆる方向を見ることができる神の力を象徴しているのであろう。南フランスのロックペルテューズから出土した有名な像は、人間と神の、それゆえ戦士と戦いの神の両方の顔を持ち、それらがガチョウのくちばしによってくわえられている(p.108～9)。

上：横顔のレリーフが刻印されたケルトのコイン　**前頁**：石灰石の人頭像（紀元前3～2年、ボヘミア）

3つの頭

ケルトの民にとって、“3”という数字は、きわめて縁起の良い数字であった——少なくともゲルマニア、ガリア、ブリテン島においては。ケルトの図像体系には、この“3”を基本としたものが少なくないが、その中でも最も頻繁に現れるのが、3つの人間の頭部——霊力のシンボル——が合体した図像である。ケルトの伝承文学では、“3”という数字の繰り返しは、強化、増進を意味した。たとえば、太母神はたいてい3人並んで現れた。また、1人の神の全体像や頭部を描くときも、3つの顔——1つは正面を、他の2つは左右を向いた——で描くことは、けっしてめずらしいことではなかった。

次頁：テラコッタの花瓶を飾る3つの顔を持つ神（フランス、パヴェ、紀元前2世紀）

変容する頭部

ケルト文明の特徴である祭祀とシンボリズムの世界は、仮面や頭飾りに色濃く投影されている。祭祀の様子を詳しく知る手掛かりはけっして多いとはいえないが、考古学的調査によって、祭祀の最中、人々は特殊なかぶり物や仮面を身に着けていたことがわかっている。革の頭巾の上に、青銅製の王冠や、鎖の頭飾りをかぶっていたようだ。王冠のなかには、数個の小さな人間の顔の複製で装飾されているものもあるが、顔全体を覆う仮面はそれほど多く発見されていない。その仮面はおそらく、祭司が超越的存在へと変容していくことを象徴的に示し、祭祀の行進のあいだ、神性のシンボルとして、顔の前に掲げられていたことであろう。

前頁：牡羊の角のある冠をかぶった人間の顔の仮面（青銅製のフラゴン〈ワイン注ぎ容器〉の取っ手飾り、ドイツ、クラインアスベルク、紀元前5世紀）

中世ウェールズの物語を収集した『マビノギオン』の中には、変容にまつわる魅惑的な物語が多い。魔法使いのグウィディオンは、兄ギルヴァエスウィが、叔父のマスに仕えていた乙女のゴエウィンを誘惑することができるように、魔法を使って、マスと、ダベドの王であるプライデリの間に戦争を惹起させた。2人の策略に気づいたマスは、自ら魔法を使い、この2人の甥を、1年目は牡鹿に、2年目はイノシシとカラスに、3年目は雄と雌の狼に変身させた。

神聖なる動物

神、人間、そして動物へと相互に変身することができる能力は、ケルトの図像体系を貫く不変の主題であった。動物界と大地の実りを支配する神であるケルヌンノスは、多くの場合、牡鹿の角を付けて現れる。彼はまた、再生復活のシンボルである蛇とも深いつながりを有している。愛の神オェングスの愛人であるカーエルは、1年おきに白鳥の姿に変身する。

前頁：人間の顔をした馬（青銅製ワイン・フラゴンの細部、ドイツ、ラインハイム紀元前5～4世紀）

究極の生贄

ケルト人が血なまぐさい生贄の儀式を頻繁に行っていたという話は、多くがローマの著述家の著書からきている。詩人マルクス・アンナエウス・ルカヌスは、マルセイユのある聖なる森について、その森のすべての木は生贄の血で赤く染められていたと書いている。またタキトゥスによれば、アングルシー島（ウェールズ）の林には、ドルイドの死の儀式で犠牲になった血まみれの遺体がうずたかく積まれた祭壇があったということである。人間の生贄を捧げる、もう1つのよく用いられた方法が、枝で編んだ大きな籠（“ウィッカーマン”）に人を入れ、生きたまま燃やすというものであった。あらゆる種類の動物が生贄に捧げられたが、特にイノシシが好まれたようで、儀式の最中に生きたまま土に埋められた。とはいえ、生贄の儀式——生から死への究極の変容——はまた、異世界での不死の生命を得る最も即時的な方法でもあった。

次頁：“グンデストルップの大釜”に描かれたこの光景の解釈の1つとして、その小さな人間は生贄を表し、大釜に投げ入れられているところだというものがある

シンボルとなった

動物を生贄として捧げることは、ケルトの世界ではあたりまえのことであったが、その一方で動物は、野生のものであれ、家畜であれ、非常に厚く崇拝された。ケルトの信仰は自然世界に深く根ざしており、さまざまな動物が信仰の対象として図像化された。体の一部が獣、一部が人間の神として。またいくつかの動物種は、超自然的な徳性を具現化するものとして神格化された。牡鹿は、男

動物たち

らしさの、イノシシは攻撃性の、そして馬は、優雅さと力強さの象徴として。これらの動物はすべて、人々にこよなく愛されるシンボルとなった。また家族の一員でもあった犬や牛も、厚い崇敬の念を持って遇された。

馬の持つ神性を雄大な姿で表現した、110mの長さでチョーク質の大地に刻まれた絵（オックスフォードシャー、アフィントンの丘）。アトレバトス族の氏神的シンボルとして、一族と土地の加護を祈願して造られたものであろう

イノシシ

ケルトの図像と神話には、野生のイノシシが頻繁に登場する。背中の剛毛を逆立たせ、いまにも攻撃をしかけてきそうなイノシシを意匠化した金貨やトランペット、兜の紋章などが、イングランドからハンガリー、ルーマニアまでの広い地域で発見されている。その獰猛さから戦士のシンボルとなったのは当然のことであるが、イノシシが象徴する意味はもっと広い。その動物はケルトの民の最も一般的な狩猟の獲物であった。そのため、イノシシは、狩猟の神と特別深い関係を築いた。アルデンヌ地方の狩猟の女神アルデュイナは、短剣を片手に野生のイノシシの上にまたがって登場する。イノシシはまた、祭典と祝宴のシンボルであった。なぜならその肉は格別な御馳走だったから。

青銅のイノシシ像（ハンガリー、紀元前2世紀）

牡牛

青銅の牡牛像（チェコスロバキア、
ブランスコ、紀元前6世紀）

戦士であるケルトの民にとって、攻撃性と強さは、何ものにもまして尊い徳性であった。そしてその徳性は、彼らの間で最も大きな力を持つ動物シンボルと関係の深いものであった。飼い慣らされていない牡牛（ブル）は、ケルトの民が定住したヨーロッパのすべての地域で彼らの崇拝の的であった。またその一方で、その好戦的な象徴化と釣り合いをとるかのように、去勢された牛（オックス）は、農耕的豊饒のシンボルとなった。牡牛（ブル）はまた、多産のシンボルでもあった。ドルイドの多産の儀式において、白い牡牛が生贄にされたという記録が残っている。

犬

犬は、ケルトのシンボル体系においては、主に3つの領域と関係がある。狩猟、治癒、そして死である。なかでも、治癒の領域で犬の果たす役割は興味深い。ケルトの民は、ある種の病気は、犬の唾液を処方すると治癒すると信じていた。狩猟と犬の関係はいうまでもない。ケルト・ヨーロッパ全域で、男の、あるいは女の狩人に随伴し、獲物を追う手助けをしたり、狩人を獣から守ったりしている犬の図像が見つかっている。北海沿岸部で広く信仰されたオランダの女神ネヘレニアは、とても優しい顔つきをした犬を連れた姿で描かれていることが多い。その犬は女神を守護する役目を果たしている。犬と死の関係は、犬が異世界に住む動物であることと明確につながっている。『マビノギオン』では、地下世界の神アラウンは、耳の赤い白い犬の群れを伴って登場する。

次頁：ウサギとともに描かれた犬（『ケルズの書』800年頃）

...icaelus est dabit
se ...
...amque uitas hom...

...uenit & pulsanti ap...
...R ...
...uobis homo quemsi...

馬

馬は、速さ、美しさ、優れた性的能力のシンボルであるだけでなく、ケルトの人々の信仰と深く結びついている。丘の上に描かれた巨大な絵から石像まで、ケルト世界全体が、聖なる馬の図像で満ち溢れている。馬は、ケルトの太陽神と深く結びついており、馬の背にまたがった太陽神が、ガリアやゲルマニア西部の石柱に多く刻まれている。ケルトの馬の神の中で最も有名なものは、騎馬隊の守護神である豊穣の女神エポナであろう。鉄器時代の金貨には、馬にまたがった、あるいは騎馬車を操るその女神の図像を描いたものが多い。馬は、ケルトの多くの神話や伝説にたびたび登場するが、それは馬が生来持っている徳性によって、ケルトの民から深く尊敬されていたことの証しであろう。

左：馬は、ケルトの貨幣鋳造で好んで用いられたモチーフだった

馬の頭の形をした青銅製の騎馬車の取付金具（イングランド、紀元前1～紀元後1世紀）

牡羊の頭部をかたどった金の腕環の細部（ドイツ、紀元前5世紀）

牡羊

動物の強さと攻撃性を崇敬するケルトの民にとってのもう1つの重要な動物である牡羊は、特にローマン・ケルト時代に厚く崇拝された。とりわけ、ガリアとブリテン島でその傾向は顕著であったが、そこでは牡羊は、ローマ神話を直接継承して、ローマの神メルクリウス(マーキュリー)と深いつながりを持った。しかし牡羊は、ケルトの民にとっては、もっと純粋に好戦的な意味を象徴するものであったようだ。というのも、牡羊はしばしば戦いの神に随伴して登場するからである。
牡羊のシンボル体系のなかで、特に興味深いものが、牡羊の頭をした蛇で、それはケルトの民の思考の多面性、柔軟性をよく表している。しばしば鹿の角を頭に付けた神ケルヌンノスといっしょに登場するこの奇妙な合成動物は、牡羊が象徴する豊穣と攻撃性のシンボル体系と、蛇が象徴する地下世界と再生のシンボル体系を統合して作られたシンボルであろう。

牡鹿

“すべての鹿の王”である、角を持つ神ケルヌンノスは、おそらくケルトの動物神のなかで最も厚く崇拝されたものであろう。“グンデストルップの大釜”（次頁）の板の1枚に描かれたケルヌンノスは、牡鹿や、牡羊の頭をした蛇を伴い、豊穣と多産のシンボルにかこまれながら威光を放っている。ここでは牡鹿は、単なる男らしさや攻撃性のシンボル以上のものに昇華している。その角は、まるで大樹の枝のように誇らしく広げられ、それにより森の王であることが暗示されている。また落葉性の樹種と同じように、春に自然に落ち、秋に最も大きくなるその角は、生長——衰退——生長という自然の循環を象徴している。イノシシ同様に、牡鹿もケルトの民の大切な獲物であった。

鷲

ローマとの強い融和性を示すもう1つのケルトの動物シンボルが、天空の神ユピテル（ジュピター）の標章である鷲である。ローマン・ケルト時代に、ケルトの太陽神はローマの神々と習合し、鷲を含む標章を受け継いだ。翼を広げた時のその堂々とした姿、どんな鳥よりも高く飛翔するその能力によって、この鳥は当然のことながら、天空の支配者の随伴者となる。『マビノギオン』では、神の戦士スェウ（「熟練の腕を持つ輝ける者」の意味）は致命的な傷を負うが、すぐに鷲に変身し、ユピテルの聖なる樹であるオークの樹で傷を癒した。

前頁：鷲と馬——ケルトの2つの聖なる動物（ケルトの金貨）

諸物に

祭祀に用いる道具、否、日常生活の小物でさえ、ケルトの世界では、多神教的なシンボルで満ち溢れている。金銀の装身具は、聖なる意味を持った意匠で飾られ、車輪やスワスティカ、渦巻紋様は、太陽や雷を支配する天空の神の隠喩であった。

首環《トルク》は、権威のシンボルであり、多くが神々の図像によって装飾されている。大釜《コルドロン》は特に重要な意味を持

宿る精霊

ち、部族の最も大切な祭器であった。アイルランドの神話には、豊穣の大釜の話がよく出てくるが、コルドロンは祭儀の饗宴のために使われていたようだ。

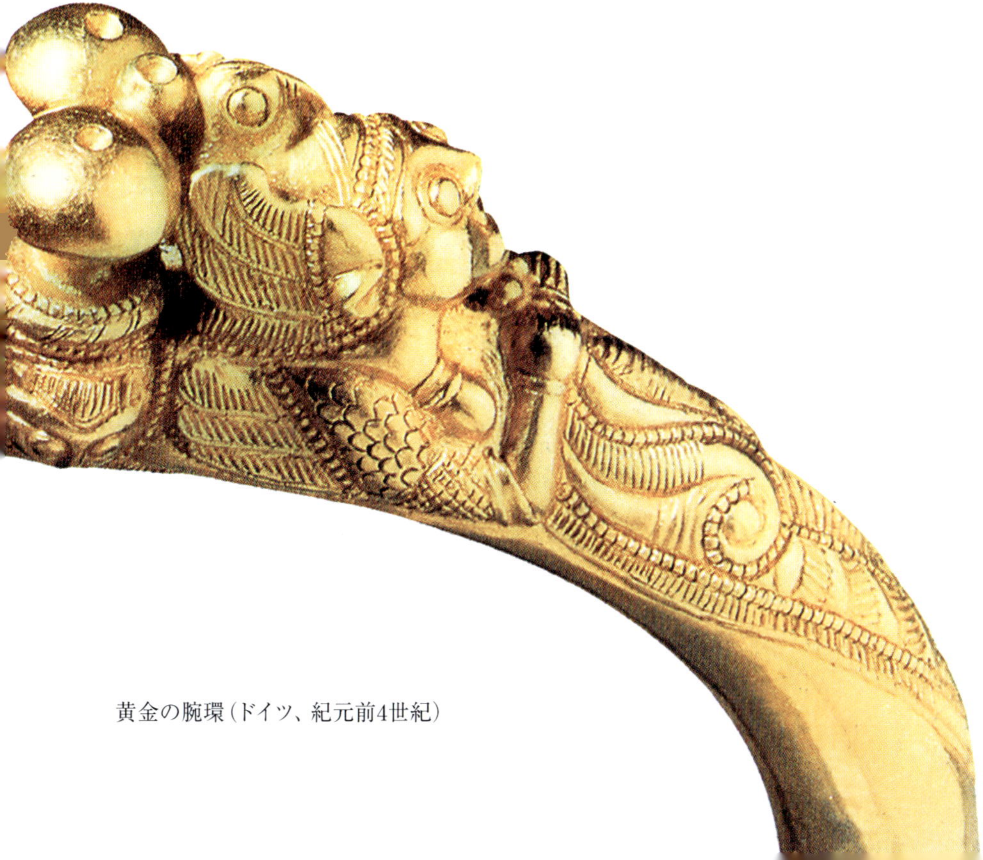

黄金の腕環（ドイツ、紀元前4世紀）

船

船に関係する祭祀やシンボリズムは、ヨーロッパ北西部のすべてのケルト部族に共通する。金や銀で作られた模型の船が、神々に、特に海や水に関係する神々に捧げられた。彼らにとって、航海の水路は、異世界へと向かう霊魂の旅に思えたのかもしれない。魔法と幻術の力を持つアイルランドの海の神マナナン・マクリルは、騎馬車を操るポセイドンのように大波の上にまたがり、ケルトの英雄たちを海の底の異世界へと導いた。

次頁：小さな黄金の船（大きな金銀細工の宝物の一部、北アイルランド、デリー州、ブロイターで出土、紀元前1世紀）

復活の大釜《コルドロン》

祭儀の料理に使う大釜は、単なる容器ではなく、異世界と交信するための中心的な祭器であった。それは再生と復活の饗宴を演出した。ケルト神話のなかには、魔法の大釜《コルドロン》に関するものが少なくない。それによると、アイルランド人は、ある特別な大釜を持っており死んだ兵士をそれに投げ入れ、一晩煮ると、次の日には再び起き上がって、戦いに出ていくことができたと伝えられている。“グンデストルップの大釜《コルドロン》”は、数多くの神々や象徴的図像で編まれた一大叙事詩である。そこでは、顎鬚を生やした神は2人の侍者にかしずかれ、太陽車輪の神は幻想的な動物を従えている。この大釜《コルドロン》は1891年に、デンマークのグンデストルップの泥炭層から発見されたもので、銀製で、部分的に金鍍金されている。最大直径は69cmである。この大釜《コルドロン》が、いつどこで作られたかは、まだ不明のままである。

上：“グンデストルップの大釜《コルドロン》”（デンマーク、1〜2世紀、銀製、一部鍍金：銀はガリアからデンマークまでの地域で産出されたもの）
前頁：“グンデストルップの大釜《コルドロン》”に描かれた2人の侍者にかしずかれる顎鬚を生やした神

火炎

ヨーロッパ北部の寒冷の地に生きる人々にとって、火は特別重要な意味を持っている。火炎は屋外の闇を遠ざけ、一族の住処に温かさをもたらす。穀物の生長の始まりと終わりを祝う、ベルテネ(5月1日)やサウェン(11月1日)のようなケルト暦の特別な日には、大かがり火が焚かれ、壮大な祭儀が催される。また、キリスト教以前も以後も、夏至の日は特別神聖な日として、火祭りで祝われる。ユリウス・カエサルを含むローマ時代の著述家は、ケルトの生贄の儀式に火が使われることに大きな衝撃を受けた。神々に生贄を捧げる儀式は、一族の長老であり、聖職者であるドルイドによって取り仕切られた。時には、何人もの人間の生贄が、枝で編んだ巨大な人間の形の籠、“ウィッカーマン”に閉じ込められ、生きたまま焼かれることもあった。

次頁：映画『ウィッカーマン』(1973年)のワンシーン

2本の角のある青銅製の兜
（イングランド、紀元前150～50年）
その大きさからして、実用ではなく、
祭儀用に用いられたと考えられる

兜

好戦的なケルトの民にとって、戦闘に使う武器や武具は、いうまでもなく崇敬の対象であった。神々に捧げる供物として、貴重な武具が湖や沼に投げ入れられた。また、武勲の誉れ高い勇者は､戦いのときの甲冑姿のまま葬られていたようである。兵士の墓からは、青銅製や、鉄に青銅を組み合わせた兜が多く発見されている。しかしケルト人にとって、人間の頭部は霊的な意味で特別な重要性を持っていたため、兜は単なる武具に留まらないシンボル的意味を有していたようである。ケルトの発掘品には、角のある兜をかぶった人物像が多く描かれているが、それらはおそらく、人間の姿をした角のある神のもう1つの表現方法であったのだろう。

S型紋様

後期ケルト美術を特徴づけるあの繊細かつ複雑な組紐紋様は、ケルトの民が、その全歴史を通じて渦巻紋様に強く魅了されてきたことの、最も洗練された表現である。多神教時代において、S型紋様と螺旋のシンボルは、天空と太陽の神々と関係があった。太陽の神は、時にS型の物体を手に持った姿で図像化されているが、それはおそらく雷光を象徴しているのであろう。

龍の胸飾り（青銅に釉薬、イングランド、1世紀）

スワスティカ

古代世界全体を通じて生き続けた偉大なシンボルの1つであるスワスティカは、幸運と太陽の恵みの標章として、普遍的な広がりを見せている。この模様はケルト人が定住したすべての土地にみいだされ、もう1つの力強い太陽のシンボルである、スポーク付きの車輪とともに石に刻まれていることが多い。

首環《トルク》

“グンデストルップの大釜”に描かれた神々のなかで、最も力強く存在感を示しているのが、小枝の出た鹿の大角を頭に付けた“角のある神”、ケルヌンノスであるが、彼は首環《トルク》を首に巻くだけでなく、もう1つ手にも持っている。それはおそらく、首環《トルク》が権威と地位のシンボルであったからであろう。高貴な身分の人々は、首環《トルク》を巻いたまま埋葬されていた。また首環《トルク》や金貨が大量に埋蔵されているのが発見されているが、それらはおそらく神への供物として捧げられたものであろう。

前頁：黄金の首環《トルク》（イングランド、紀元前75年頃）：この首環《トルク》は非常に精巧に作られており、金と銀の合金（琥珀金）が使われている。直径は20cm

車輪

太古より北ヨーロッパのケルト世界の多神教的シンボルであった輻《スポーク》のある車輪は、ローマン・ケルト時代までには、太陽と太陽の神々を表す特別なシンボルとしての地位を確立していた。その時代の墓の中から、車輪の模型が多く出土しているが、死者が異世界への旅を順調に辿れるようにという祈りを込めて入れられたものであろう。また神への供物として車輪の小型模型を川や湖に投げ入れる儀式もあったようである。ケルト版のユピテル(ジュピター)は、特に車輪と関係が深かった。ユピテルを祀る神殿には、車輪とともにスワスティカ(どちらも太陽のシンボル)の意匠も多く見られる。

次頁：“グンデストルップの大釜”に描かれた車輪の絵

キリスト教

ローマ帝国の衰退に乗ずるかのように北方ヨーロッパ民族の大移動が起こると、ケルト文化の支配領域は縮小を余儀なくされた。西方へと侵入するゲルマン民族に押されて、ケルト文化は最終的に沿岸部に閉じ込められた。ちょうどこの時期、ケルト部族の間に、特にアイルランドにおいて、キリスト教が広まり、その影響の下、非常に装飾的な独特の美術が花開いた。しかし一方で、伝統的

ケルト

なケルト紋様も、この新しい宗教の息吹を受けながら、『ケルズの書』(下)のような写本のなかに、新たな隆盛を見せた。ケルトの不滅のシンボルは、弱まるどころかより一層力強く、新しい宗教の図像体系のなかに受け継がれていった。

十字架

十字架は、キリスト教化以前の時代から、ケルトの民の信仰上のシンボルであったが、キリスト教の図像体系と教会における礼拝儀式は、他の多くの信仰様式とともに、ケルトの多神教的宗教と自然に融合していった。その結果、十字架はケルト美術の中心的モチーフとなった。特にアイルランドでは、キリスト教時代に石造十字架の絶頂期を迎えた。またケルトの伝統的な金銀細工や宝飾技術も、新しい宗教のなかに新たな表現の場を見出した。この12世紀に作られたオークと青銅の十字架（次頁）は、キリスト教会の最も重要な聖遺物の1つ「真実の十字架」を納めるために、アイルランド上王トゥールロッホ・オコーナーの命で作られたものである。

祠堂・聖遺物箱

ケルトの民は、宗教儀式をたいていは自然のなか——ドルイドの生贄のための聖なる木立など——で行っていたが、儀式のための、多くが非常に簡素な建築物も建てていた。そうした建築物は、共同体の全員で行う祭儀——そのような祭儀は多くの場合戸外で行われた——のためのものではなく、特別な秘密の儀式のためのものであった。祠堂のあった場所からは、大量の武具や動物の遺骸が発見されている。非常に狭い限定された場所や物体に、宗教的儀式とシンボル的な表象を凝縮させるというケルト人の特質は、そのままキリスト教時代の西方ケルト美術のなかに継承された。

前頁：ストウ・ミザルの聖龕（青銅の聖遺物箱で、装飾祈祷書が納められていた。アイルランド、11世紀）

ケルト“カーペット”

キリスト教の信仰体系のなかに、多神教時代のモチーフとシンボリズムを融合させる動きは、7世紀に制作された『ダロウの書』の、いわゆる“カーペット・ページ”（次頁）のなかにその最高の表現を見た。またそれ以外のページでも、ケルトの伝統的な組紐紋様や三つ葉、ケルト・ノットが、四福音伝道者のシンボル的な図像を装飾している。とはいえ、人と動物の図像はけっして写実的ではなく、まさに初期の前キリスト教的様式のままである。また“カーペット・ページ”には、初期のケルトの金銀細工との強い類似性も見られる。

ケルズの書

ケルト世界最高の芸術作品といっても決して過言ではない『ケルズの書』(800年頃)は、精巧なシンボリズムの大鉱脈である。もちろん、四福音伝道者のキリスト教的シンボルは描かれている。すなわち、聖マタイのシンボルである“人”、聖マルコの“ライオン”、聖ルカの“仔牛”、そして聖ヨハネの“鷲”である。しかしこれらのシンボルは、見事なまでにケルトの紋様――太陽のシンボルであるロゼット(円花飾り)、渦巻紋様、組紐紋様、ケルト・ノット――のなかに編み込まれている。またケルトの動物シンボル――魚、ハツカネズミ、雌鶏、蛇、龍、鳥――も、あらゆる機会をとらえて登場している。

上：『ケルズの書』に描かれた群像の一部
前頁：『ケルズの書』の、キリストを表すギリシャ語の最初の2文字XP(キー・ロー)を組み合わせた装飾ページの一部

アメリカ先住民

最初の遭遇

16世紀初めにヨーロッパの探検家が初めて足を踏み入れた土地、そこは未開の土地なんかではなく、さまざまな部族からなる、100万人を超す人々が生活する巨大な陸塊であった。大西洋と太平洋に挟まれた北米大陸には、多様で豊かな文化が息づき、神話や祭祀、シンボリズムによって鮮烈に自己を表現していた。

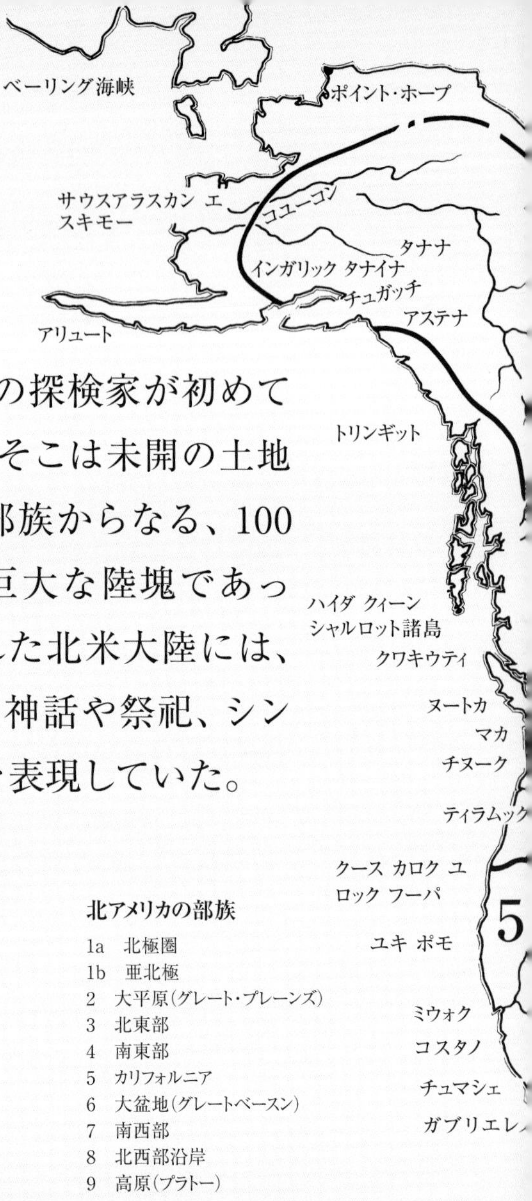

左：羽根の頭飾りをかぶった平原部族の首長。鳥の羽根は天へと昇る力の象徴であった

北極海
ースアラスカン
スキモー
マッケンジー
エスキモー
コッパーエスキモー
セントラル エスキモー
ポーラー エスキモー
グリーンランド
イースト
グリーンランド
エスキモー
ウェスト グリーンランド
エスキモー
バフィンランド エスキモー
ケープ ドーセット
1a
カリブー エスキモー
ドグリブ
イエローナイフ
チョネ
スレーヴ
カスカ
チペワイアン
ビーヴァー
ハドソン湾
ラブラドール エスキモー
ナスカピ
ベオスック
モンターネ
ミクマク
サーシー
スワンピー クリー
1b
クリー
オジブワ
プレインズ
クリーク
8
クテナイ
プレインズ
オジブワ
フラットヘッド
9
ブラックフット
アシニボイン
ミズリー川
マンダン
ネ・ペルセ
ヒダーツァ
アルゴンキン
オタワ
ヒューロン
アブナキ
ペノブスコット
マサキューセッツ
メノミニー
ヤンクトナイ
ダコタ
フォックス
ウィネバゴ
クロウ
アリカラ
テトン ダコタ
ヤンクトン
ダコタ
ポタワトミ
イロコイ
モヒカン
ピクォート
デラウェラ
ショショニ
シャイアン
サスケハノック
ナンティコーク
アイオワ
オハマ
ポーニー
マドウ
エリー
マイアミ
6
アラパホ
3
ヴァージニア アルゴンキン
グレート ベースン
ミズリー
イリノイ
ノース キャロライナ アルゴンキン
モノ
2
ショーニー
チェロキー
タスカローラ
カンサ
ナバホ
パイマート
ホピ
タノ
カイオワ
オセージ
カトーバ
ユチ
ミシシッピー川
ケレス
コマンチ
モハベ
ズニ
ウィチタ
チカソー
クリーク
クサボ
カドー
タノ
チョクトー
ピマ
アパッチ
4
7
リオグランデ
トンカワ
ナチェズ
ビロキシ
パパゴ
ティムチャ
アタカパ
チティマシャ
セミノール
カリフォルニア湾
メキシコ湾
カルサ

儀式とシンボル

伝統的なアメリカ先住民の世界では、神話と信仰は密接不可分な関係にある。そしてその視覚的要素が、儀式とシンボルである。外的証拠から、儀式と信仰の中心にあるものが見えてきた。大地とそこに住む人間の創造、精霊との交信による自然が欲しているものの探求、そして人間的尊厳と力の獲得である。部族の繁栄を願って、ブラックフット族の“メディスン・パイプ”のような儀式の道具、動物、そして場所に、象徴的な意味が付与された。

カリフォルニア・マイドゥ族の創世神話では、原初の海に筏《いかだ》が浮かび、その上に、一匹の亀と秘密結社の父がいた。そこに、亀に呼ばれた地の精霊がやってきて、大地を創造した。

前頁：春一番の雷鳴が轟くとき、メディスン・パイプが包みから取り出される。それはブラックフット族の一族のお守りである

北西部沿岸のスキーナ川。キックサン族にとってこの川は、、精霊との交信を行う神聖な場所である

マイドゥ族の創世神話では、地の精霊はコヨーテの助けを借りて、最初に人以外のあらゆる動物を作り、最後にふたりの人間、ひとりは男、ひとりは女を作った。

聖地

アメリカ先住民のシンボリズムの最大の特徴は、自然に対する畏敬である。自然世界のすべてのものに精霊が宿り、生命《いのち》が息づいている。また、衣服や人工的な道具にも、シンボル的な意味がある。なぜならそれらは、その原材料である動物や植物の精霊を受け継いでいるからである。そして大地そのものも、精霊とシンボルによって躍動している。山岳、渓谷、砂漠、河川、湖、そのすべてに聖地があり、そこで人々は宇宙エネルギーと交信し、部族の健康と繁栄を確かなものにする。

部族の創世神話

アメリカ先住民の創世神話は、部族ごとに異なっているが、共通して登場する2つのシンボル的な動物がいる。コヨーテと亀である。コヨーテはたいてい、世界の創造主である“老人《オールドマン》”とともに登場する。もう1つの共通するテーマが、ある動物が原初の海に飛び込み、海の底から泥を持ってきて大地を創造するというものである。

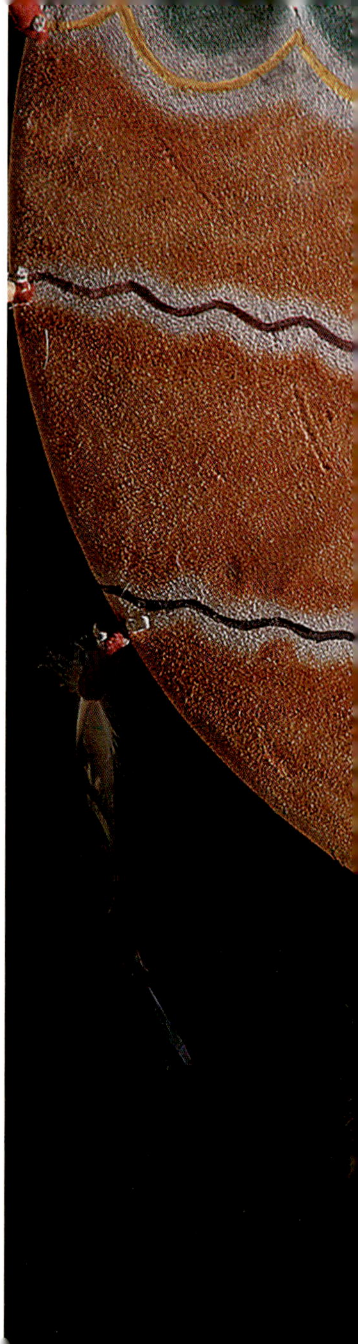

亀をあしらった盾（次頁）と小物入れ（左）：大平原のシャイアン族

オーキーパ

次頁：大平原、マンダン族の“オーキーパ”の儀式の一部“ブルダンス”の絵（探検家であり画家であるジョージ・カトリン画、1832年）

神話と伝説は、部族の歴史、さらには世界そのものの歴史を子孫に伝えていく最重要の手段であった。大平原の各部族は、有名な“太陽の踊り《サンダンス》”の儀式を通じて、世代から世代へと彼らの世界観を伝えていった。その中でも、最も過激な儀式が、マンダン族の“オーキーパ”である。世界とそこに生きるものの創造と、マンダン族の苦難の歴史が、その儀式の中に秘められている。勇気ある若者の胸や背中に鷲の爪や串を刺し、それにバッファローの革紐を繋ぎ、彼らを高く吊り上げる儀式のなかに、部族を確立するための苦難の歴史が象徴されている。

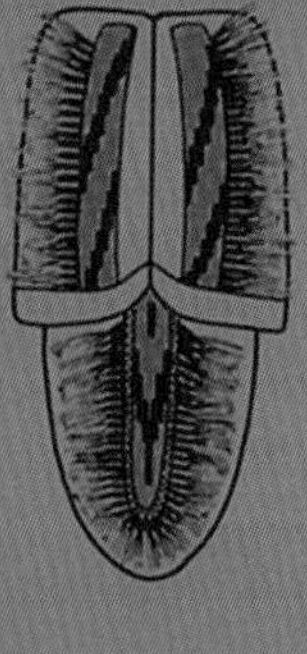

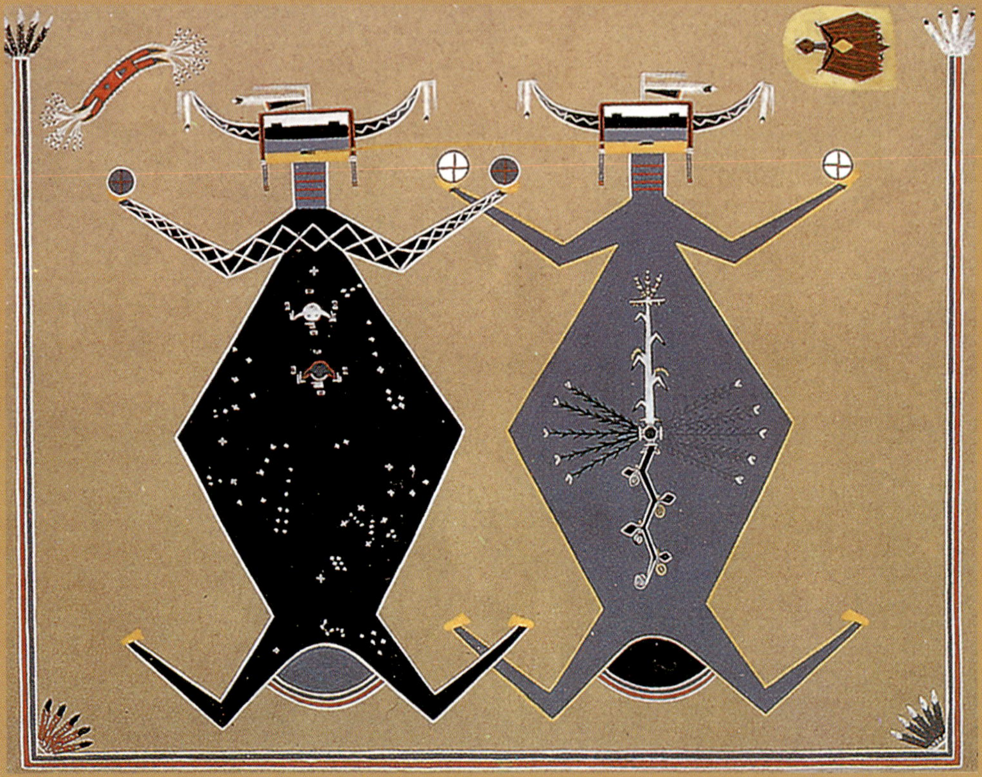

上：父なる天空（黒）と母なる大地（青）。ナバホ族の砂絵の一部、治癒の儀式“シューティングウェイ”を祝うために描かれる

母なる大地・父なる天空

アメリカ先住民の神話と伝説の多くが、原初の神について語っている。北西部沿岸の諸部族の“創造主”、高原部のネズ・パース族の“父なる太陽”、平原部のクロウ族の“老人《オールドマン》”または“最初の働き手”など。また、天と地の交合、あるいは、太陽によって象徴される男の原理と、大地とその実りによって象徴される女の原理の交わりの物語も多く含まれている。アパッチ族の大精霊ウゼンは、大災害の後、世界に再び人間を生み出す力を有していた。ナバホ族の砂絵や織物では、“父なる天空”は、太陽やその他の天体によって表され、“母なる大地”は、大地の恵みで表された。

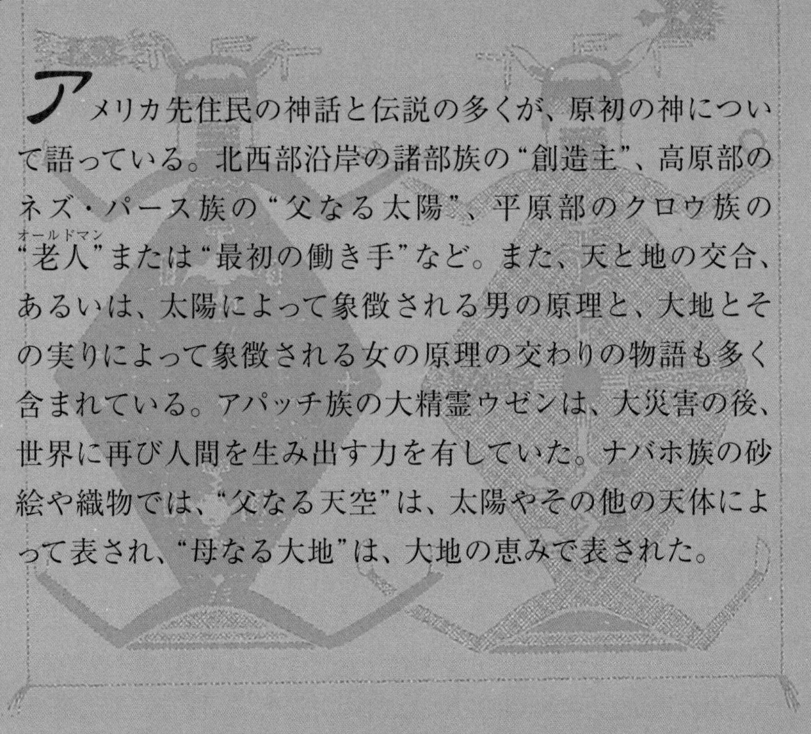

ズーニー族の神話では、創造の神アウォナウィロナは、最初太陽の姿をしていたが、雲を造り、その後その雲からの雨で海を造った。海は太陽の光と交わり、“母なる大地”を生み出した。

太陽の踊り《サンダンス》

プレーンズの他の部族の多様な“太陽の踊り《サンダンス》”のなかにも、マンダン族の“オーキーパ”によく似た自己を傷つける儀式が多く見られる。若者たちは、皮膚や筋肉に串を通され、高く吊り上げられるが、それは勇気の証しであると同時に、太陽の恵みに感謝して、肉体の苦しみを捧げる行為でもある。1年のうち太陽が最も高く上り、昼間が最も長い6月に行われる“太陽の踊り《サンダンス》”は、これまでの太陽の恵みに感謝し、その恩恵が未来永劫続きますようにと願う儀式である。

チェロキー族は太陽を女性とみなし、蒼穹のもう一方の側に住んでいると考えた。しかし彼女の娘は、地上の真上の空に住み、母である太陽は毎日彼女を訪れ、そこで娘との夕食のために、しばし運行を止める。

前頁：革に描かれた“太陽の踊り《サンダンス》”儀式の模様（グレートプレーンズのスー族のものとみられている）

二元性

南西部のアパッチ族とナバホ族の神話では、“母なる大地”は双児の男の子を生み、彼らに陸地と人々を生み出す手伝いをさせた。マヤの双児の英雄神が有名であるが、創造神話には双児の男の子が登場するものが多く、双児はしばしば、世界を動かす主要な原動力となる。カリフォルニア州南部のディエグェノ族の創世神話では、原初の塩の海から2人の兄弟が現れ、最初大地を、次に月と太陽を、そして最後に男と女を生み出した。

右：モゴロン族の陶器に描かれた2人のシンボル的な人物。男と女の原理、あるいは生と死を描いたものと思われる。宇宙の力の二元性という観念は、多くの民族に共通するが、それは自然の二面性と、そこに住む人間の生活の激しい明暗から発するものであろう。

北東部のメノミニー族の神話では、彼らの英雄神マナボゾにはオオカミの姿をした双児の兄弟がいた。その2匹のオオカミは、湖の氷が割れたとき溺れ死んでしまった。マナボゾの悲しみの声はさざ波となり、それが地上に多くの丘を生み出した。

天上の星

北アメリカ先住民の神話では、天空の力は特に重要であり、その中でも、明けの明星と宵の明星の力は圧倒的である。大平原に宇宙論をもたらしたのは、おもにポーニー族であったが、彼らは占いと予言に、シカ革に描いた天空の地図を用いた。19世紀の初め頃まで、ポーニー族は、宵の明星に対する明けの明星の勝利を象徴するために、人身御供を捧げる儀式を行っていた。部族の中から1人の少女が選ばれ、宵の明星の化身とされる。彼女の心臓は矢で射抜かれ、その結果、天の運行が明けの明星の支配の下に行われることになる。

前頁：19世紀のゴーストダンスの衣装。それは北アメリカ先住民の文化を守るための儀式であった（大平原、アラパホ族）

雷神鳥《サンダーバード》

次頁：ゴーストダンスの衣装の背に描かれた雷神鳥《サンダーバード》。その姿は、織り手が夢の中、あるいはトランス状態にあるときに、現れたものなのだろう

高原部のチルコティン族は、雷を天空の偉大な首長と考えた。彼には3人の娘がいたが、その娘たちは地上の若者のあこがれの的であった。しかし若者が娘に言い寄ろうとすると、雷神はいつも魔法を使い、その若者を熊のねぐらへと誘い、殺してしまう。

世界中どこでも、雷鳴はシンボルとしてきわめて重要な意味を付与されており、その力と影響力を、原初の天地創造の衝撃に次ぐものだと考える民族も多い。一般に雷の精霊は、雷鳴を轟かせ、雷光を発生させ、雨を降らせる大きな鳥の姿をしていると考えられていた。ただ、北部のパイユート族だけは、アナグマの姿をしていると信じていた。雷神鳥《サンダーバード》のなかには、偉大な超自然的力を象徴する2本の大きな角を生やしたものもある。たいていその巣の場所は、部族の支配地域内の険しい山岳の中の秘密の場所にあるとされた。

木とトーテム

プレーンズの各部族の村の中心には、儀式とダンスのための広い空き地があった。そこには“最初の男”や部族の先祖を象徴するトーテムである、1本の大きな聖なる杉の木がそびえていたかもしれない。多くの部族で、木や柱には、霊力を高めてくれる偉大な力が宿っていると考えられていた。イロコイ族の5つの部族の同盟が設立されたとき、それを象徴するために大きな“平和の樹”が彫られ、5部族会議の中心となるトーテムとして、オノンダガ族の領地内に立てられた。また、北東部の部族の中には、“平和の樹”は“創造主の亀”の甲羅から直接生えた世界軸《axis mundi》であり、世界のあらゆる事象に関係していると考えるものもあった。

前頁：北西部沿岸のトーテム・ポール。下は、そこで最も高くそびえるチムシアン族のトーテム・ポールの一部で、首長の精霊名である“荒野の男”を表している

精霊の力《スピリチュアル・パワー》

アメリカ先住民たちは、自分達取り巻く世界は邪悪にも狂暴にもなりうるということを深く悟っていた。そのような苛酷な環境の中で生き残り、さらには繁栄することができるように、人々は、まわりに棲む精霊の怒りを鎮めるために、さまざまな儀式を行った。精霊は、自然現象や場所の精霊のように、抽象的なものの場合もあれば、つながりの深い動物といったより具体的な化身となって現れる場合もあった。それらの動物たちは、どれも特殊な能力を持ち、人々は、その能力が自分に乗り移るようにと、その動物の力を象徴する体の一部を着衣に飾ることを好んだ。

次頁：バッファローの角と捕食鳥類の羽根を飾った戦いの被り物。それらの動物の精霊の力《スピリチュアル・パワー》が自分に乗り移ることを願ったもの（グレートプレーン、ブラックフット族）

自然の精霊

生きているものもそうでないものも、外部世界のあらゆる現象には精霊が宿っている。ツニ族やホピ族が有名であるが、南西部の部族の神話には、自然現象を擬人化した精霊が頻繁に登場し、穀物の作柄や降雨を支配し、宇宙の運行の秩序を守った。それらの精霊に感謝し、部族の健康と豊作を祈願するために踊りが捧げられる。すべての人々が、自然の中に息づく精霊たちに畏敬の念を抱いていた。暴風雨などの自然災害を引き起こす邪悪な精霊もいるが、人々に好意的な精霊もいる。シャーマンはそれらの精霊を呼び出し、自らの魔術的な力を増強してもらうために、それらの精霊を呼び出した。

前頁：ツニ族のカチーナ人形。ツニ族やホピ族の人々にとって、カチーナ人形は精霊そのものであり、部族に半年ほど滞在した後、家のある山へと帰っていくと信じられていた。健康と雨をもたらしてくれるカチーナ人形には、しばしばダンスや祭礼が捧げられる

“不死の妖精”と“小人”

チェロキー族やチョクトー族などの南東部の諸部族は、1830年代にアメリカ政府によって故郷を追われ、オクラホマへ強制的に移住させられた。移住の旅は非常に苛酷で、彼らはそれを“涙の旅路”と呼んだが、その凄絶な日々を慰めてくれたのが、彼らの豊かな文化的遺産であった。荒野で死にかけた先祖が、善い精霊である“小人”に助けられたという伝説が夜ごと語られ、その“小人”が食べ物と衣服を持ってきてくれるに違いないと人々は信じた。彼らを助けてくれるもう1つの味方が、“ヌンネイ”たちであった。普段は湖や岩に住む不死の妖精であるが、彼らが自分たちを白人の手の届かない遠い場所に連れて行ってくれると信じていた。しかしその願いは虚しかった。

次頁：ブーガーダンスのときにチェロキー族がかぶっていた仮面。その踊りは、敵の部族を怖がらせるためのものであったが、やがて白人を怖がらせるためのものとなった

鷲と鷹

ノースウェストのハイダ族の遺体安置所には、天に向かってまっすぐ伸びる1本の柱がある。その上には1羽の木彫りの鷲が止まり、辺りを睥睨している。それは、アメリカ先住民文化におけるこの偉大な鳥のシンボル的意義を象徴している。それより南のホピ族には、鷲の天国と呼ばれる場所があり、鷲はそこで卵をうみ、雛をかえした後、再び地上に舞い戻ってくると信じられていた。

プレーンズのスー族は、鷲や鷹の羽根で武具を飾り、頭飾りを作ったが、それは猛禽の獰猛な攻撃力を身に付けるためである。鷲や鷹は、全能の雷神鳥《サンダーバード》と並んで多くの部族と深く結びついていた。チェロキー族の鷲の羽根のマントは、それを身にまとう人に、鷲のように遠くを見通す眼力を付与すると信じられていた。

戦いの決意を示す時、鷲にちなむものが好んで用いられた。アワビの螺鈿の目を持つ鷲の冠(上、北西部沿岸、チムシアン族)と、グレートプレーンズ・アラパホ族の最後の首長イエロー・カーフの鷲の羽根の頭飾り(次頁)。どちらも武勲の象徴である

CHIEF SHAKES
COMMUNITY
HOUSE
SITE OF
FORT ST. DION

熊

北アメリカに生息する動物はすべて、各部族によって何らかのシンボル的意味が付与された。多くの動物が人々の日常生活からかけ離れたところで生息しているが、人々の手助けをし、食糧や衣類などの生活必需品を提供する、人と密接な関係にある動物も多くいた。その最たるものが熊であった。カリフォルニアの部族のなかには、熊は人間と親密な関係にあるため、その肉は食べず、毛皮だけを衣服に利用するという部族もあった。その毛皮を身に付けることによって、熊の美徳が与えられると信じられていた。北西部沿岸の部族は、狩猟の前に熊に供え物を捧げ、狩猟後もその頭と毛皮を、部族全体で丁重に祀った。

前頁：チーフシェイクス島のある部族の精霊の館の入り口。母なる熊のトーテムの子宮を表している（北西部沿岸、トリンギット族）

北アメリカの部族の伝説には、動物と結婚した人間の話が多く残されている。バッファローの妻になったもの、熊やシカの恋人、鷲やクジラと結婚した男たちなど。ブラックフットの伝説には、熊の恋人になった娘の物語がある。彼女は熊と愛し合っているところを発見され、熊は家族に殺されてしまう。娘は復讐を誓い、とうとう自分の家族全員を殺してしまった。

狼

非情な殺し屋、狼もまた、平原部の各部族の神話の主人公であった。ブラックフット族の神話では、狼は天地創造で大きな役割を果たした。原初の“老人《オールドマン》”は、狼を使って大地の形状を造り上げた。狼が泥の上で立ち止まるたびに、そこに谷ができ、それ以外の場所が山や平原になった。北西部沿岸の諸部族の冬の儀式“クルックワナ”は、成人の儀式であるが、それは精霊となった狼によって統率されていると考えられていた。

次頁：狼の頭部の木彫
(800〜1400年ごろの非常に古いもの)

神聖《serpents》なる蛇と邪悪《snakes》な蛇

オハイオ州の段丘の上にあるサーペント・マウンドは、北アメリカの中でも最も興味深い場所の1つである。長さ500m近くにわたって顎を大きく開け、体をくねらせて半球状の墳墓を呑み込もうとしている蛇が、地形に刻まれている。その記念碑的な造形から、このグレート・サーペントが、アメリカ先住民のシンボリズムの中心に位置していたことがうかがえる。チェロキー族などの南東部の部族の間では、グレート・サーペントは“ウクテナ”と呼ばれ、邪悪な一面も持つが、貴石の運び手であり、シャーマンがその貴石を魔術に使うと、彼の死後も、その大地に繁栄がもたらされ続けると信じられていた。

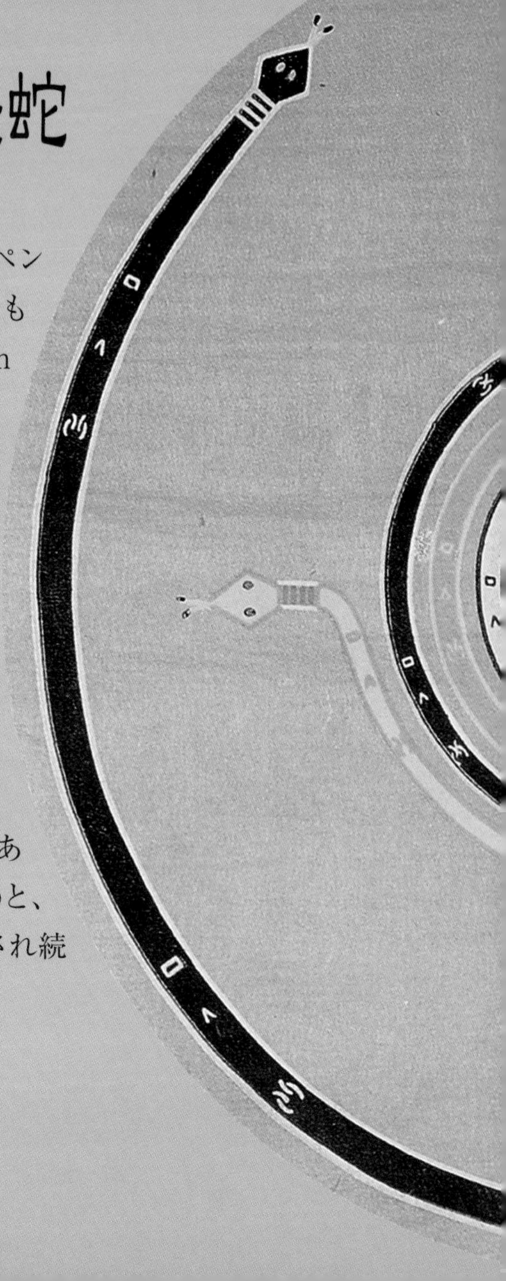

左：ナバホ族の砂絵。蛇の中でもガラガラヘビが特に、南西部の部族の間で崇敬された

上：夏の降雨を呼ぶスネーク・ダンスのために蛇を集めているホピ族のシャーマン

バッファロー

平原部に生きるアメリカ先住民にとって、白人移民の西方への移動がもたらした最大の苦難の1つが、バッファローの絶滅であった。平原部の先住民にとって、バッファローは大地の恵みそのものであった。はるか昔から、バッファローは、その肉と毛皮によって、食肉、衣服、住まいを提供してきた。馬が北米大陸に現れるずっと前から、1年に1回、または半年に1回、部族の全員――男も女も、子供も老人も――が参加して、バッファローの群れを檻の中に、あるいは断崖に追い詰める大掛かりな狩猟が行われていた。

前頁：バッファローの絵で装飾されたラトル（ガラガラのような鳴り物）。ラトルは動物の鳴き声に似た音を出し、参加者たちは儀式の中でそれを鳴らすことによって、その動物の精霊を呼び出す（大平原）

コマンチ族の神話では、バッファローをこの世に出現させたのは、コヨーテであった。もともとバッファローは、ある“老婆”とその若い従妹の所有するものであったが、コヨーテはある小さな動物といっしょに彼らの檻の中に侵入し、その小さな動物の唸り声でバッファローを怯えさせた。こうしてバッファローは、檻を破り地上の世界に棲むようになった。

ワタリガラス

天地創造に大きな役割を果たす動物として神話に登場するもう一方の脇役が、ワタリガラス――トリックスター――であり、北西部沿岸の多くの部族によってまさに偶像化されている。文化英雄《カルチャー・ヒーロー》である彼は、第二の創造主という地位を占め、太陽、月、星をはじめ、多くの基本的な要素をこの世に出現させる。しかしその一方で、トリックスターと呼ばれるように、彼はおどけ者でもあり、食べ物と性に異常なほどの執着を見せる。そしてその結果は、たいていの場合、大きな屈辱を味わうことになる。あるときワタリガラスは、ペトレルという名の不死の人を騙すことに成功し、彼の泉の水をおおかた飲んでしまう。激怒したペトレルは、彼を木の上に追い詰め、下から火を付けた。煙でいぶされたワタリガラスは、その時以来、黒い羽のままとなってしまった。

次頁：陶製の小箱（チャールズ・イーデンショウ作、19世紀後半）。蓋のワタリガラスは、人でもあり鳥でもある形をしている。作者は北西部沿岸、ハイダ族の著名な彫刻家

枝角のある動物たち

優れた霊的力を持つとされ、偉大なシンボル的意味を付与されたもう1つの動物が、枝角のある大型動物――シカ、カリブー(トナカイ)、エルク(ヘラジカ)――である。カリフォルニア州北西部の部族の"ホワイト・ディアスキン・ダンス"は、世界の新生を祝う儀式で、人々は2週間にわたって踊り続ける。平原部の戦士の間では、雄のエルクは、若者が望みうるすべてのことを象徴した。美しさ、強さ、そしておそらくは、意のままに女性を魅惑する能力。こうしてスー族では、エルクは求婚の儀式で大きな役割を演じることとなる。さらに北に上り、北極圏のイヌイット族では、カリブーは食肉の主要な源として厚く崇敬されている。

前頁：3頭のカリブーを彫り込んだ木製の大皿(北極圏、イヌイット族)

馬

馬が平原部の部族社会に登場したのは、比較的新しいことである。しかし馬はすぐに、北アメリカ大陸中心部の最強の部族のための偉大なシンボルとなった。馬の登場は、それまで定住して農耕を行っていた人々の多くを、バッファロー狩猟遊牧民に変え、ついには1876年のリトル・ビッグホーンの戦いで証明されたように、彼らを世界最強の軽騎兵にした。北米大陸に最初に馬を持ち込んだのは、南西部に入植したスペイン人たちで、先住民の間では、グレートベースンと高原部の部族が最初に馬を狩猟に使い始めた。その後、馬は人々の崇敬を集め、ネズ・パース族をはじめとして、人々の信仰の力強いシンボルとなっていった。

ネズ・パース族は、アメリカ先住民の中でも最も早く馬を手に入れた部族で、現在でもその血統が続いている“アパルーサ”という馬種を作り上げた。

次頁：馬泥棒の光景を描いた革絵（大平原）

水界の生き物たち

水とそこに棲む生物たちも、多くの創世神話に彩りを添えている。南東部の部族の神話では、原初の泥をこねて大地を創造したのはタガメであり、火をもたらしたのはミズグモであった。また内陸部にもかかわらず、ダコタ族の間では、深い水の底にすむ邪悪な精霊が恐れられ、それは雷神鳥の敵であると信じられていた。海に棲む生き物を中心とした豊かな広がりを持つシンボリズムの世界を築き上げたのは、当然のことながら北西部沿岸の部族の人々であった。トリンギット族とハイダ族の人々は、シャチを崇拝し、海で溺れ死んだ人は、シャチに変身すると信じていた。

前頁：シャチの頭部をあしらったシャーマンのラトル（北西部沿岸のハイダ族）

亜北極圏のタールタン族の伝説によると、ある漁師の妻が、誤って1頭のシャチを殺してしまった。怒ったシャチたちは彼女を海の底に引きずり込み、奴隷として働かせた。漁師は、なんとかサメを味方につけ、妻を救うことができた。

善なる大地

アメリカ先住民の神話と伝説、そしてシンボリズムには、大地の恩恵に対する感謝の念が血流となって脈々と流れている。動物、植物、そして大地そのものが固有の精霊を宿し、そこに棲む人間たちと交流している。自然のすべてをシンボル的に表象するこのような世界観は、おそらく平原部の先住民の間で最も強烈であっただろう。なぜなら彼らを取り巻く大自然は、山岳も、渓谷も、大河も、そしてそれらの頭上に広がる空も、すべてが圧倒的な力強さに満ち、同時に野生の生命を育む慈愛に満ちているからである。それらすべてが、宇宙の力のシンボルそのものである。

前頁：大平原の豊かな大地（ワイオミング州のアメリカ先住民居留地）

聖なる山

森羅万象を神話化する営みは、自然のすべてを生きものとみなし、山などの特別な自然の造形物には霊的力が凝縮されているとする高みにまで達した。モンタナのブラックフット族にとっては、チーフ・マウンテンは、原初の創造主である“老人”が、その力を“大精霊”に見せつけるために造った山である。オレゴン州のカユース族の伝説では、休火山マウント・フッドが原初の火の場所である。

次頁：モンタナ州北部のチーフ・マウンテン。ブラックフット族は、精霊と交信したいとき、この山を訪れる

出現

部族がこの世に現れた最初の場所は、部族の神話の中心をなす。それはまさにその部族の存在証明であり、当然特別な場所が指定された。南西部の砂漠に生きるホピ族にとっては、彼らの出現の場所はグランド・キャニオンであり、彼らの先祖は死ぬとそこに帰り、またそこに行くと、彼らの創造主と話ができると語り継がれていた。ナバホ族も、同様の出現神話を持ち、出現を感謝する祈りは、ブレッシング・ウェイの儀式の一部となっている。

次頁：ナバホ族の出現を祝うブレッシング・ウェイの砂絵（南西部、ナバホ主権国）
次頁見開き：ホピ族生誕の聖なる場所グランド・キャニオン

啓示を求めて

特に平原部の部族の間では、領地内の神聖な高地が、成人の儀式において重要な役割を果たす。居住地内や野営地で浄めの儀式を終えた後、若者たちは、山頂などの人の来ない孤立した場所に身を置き、断食して自然の厳しさを体に刻み、精霊と交信する。啓示を求めるための苦行は、成人してからもしばしば繰り返され、特にシャーマンとしての能力を高めたいときに行われる。部族の居住地内にも、霊的浄化のための特別な小屋《ロッジ》が建てられることがあり、そこでは、自然の素材以外のものはけっして使ってはならない。

前頁：サウスダコタ、ア・ビュートの浄めの小屋《スウェット・ロッジ》の骨組み。成人の儀式を受ける若者は、浄めの小屋《スウェット・ロッジ》の中央の、石が熱く焼かれている炉床を囲んで座る。そこに冷水がかけられ、蒸気が充満し、若者たちの心と体が浄められる。こうして精霊と交信するための準備が整う

滝

山頂などの高い場所に精霊の力が凝縮されているのと同様に、その他の偉大な自然の造形も、多くの部族の伝説の中に統合されている。たとえば、北東部のイロコイ族にとっては、ナイアガラの滝は、悪に対する善の勝利の象徴以外の何物でもない。それは雷神が、セネカ村に絶えず疫病をもたらしてきた邪悪な水蛇を退治する時に造ったものである。雷神の発する稲妻によって絶命した巨大な水蛇の体は、ナイアガラ・リバーの岩床の中に閉じ込められ、川の水は勝利の滝となって絶えずその上に降り注ぎ続けている。

次頁：ナイアガラの滝、善の悪に対する勝利のシンボル

海、そして海

平原部の諸部族の伝説の中に大地の豊かさがシンボル的に集約されているように、沿岸部の部族の神話とシンボリズムの中に、海がもたらす恩恵が象徴されている。水底に棲む神獣の伝説は、沿岸部以外の部族にも数多く残されているが、やはり最も生き生きとした鮮烈な伝説は、北西部沿岸の諸部族の中にある。海が彼らの主要な食糧源であるのだから当然である。トリンギット、チムシアン、ハイダの各部族の神話の中心となっているのは、海の支配者であり繁栄の守護神である、銅の爪と歯を持つ神獣である。銅はこの地域の富の象徴であり、海の豊かさは、コッパー・メイカーと呼ばれる、すべてを支配する超自然的な存在、"偉大なる水底の首長"によってもたらされる。

前頁：ハイダ族の住む北西部沿岸（カナダ）のクイーン・シャルロット諸島。伝説によれば、ワタリガラスが原初の海から飛び立つとき、その飛沫でこれらの島々を出現させた。ハイダ族のシャーマンは、海の神獣（上）を彫ったラトルをよく手にしている

シャーマンと儀式

歴史上最も有名なシャーマンまたは“メディスン・マン”は、テトン・ダコタ族のシッティング・ブルであろう。戦いの指揮官として、神に近い能力を持つ者と恐れらされていたが、1876年のリトル・ビッグホーンの戦いで、クレイジー・ホースと協力して、カスター将軍率いる第7騎兵隊を殲滅させてからは、ますます厚く尊敬されるようになった。平原部での最後の戦いであるウーンデッド・ニーの大虐殺は、1890年の彼の暗殺が直接の原因であった。シャーマンの呪術は、精霊（多くが動物の）を呼び出し、特別な関係を結ぶことによって、その力を部族内に導き入れるためのものである。

お守り（上）もシャーマンの呪術の重要な道具であり、部族内に導き入れたいと願う力を持った動物の精霊をかたどっている。これは人間の頭部を抱く鳥の精霊である。ラトル、ネックレス、熊の爪の頭飾りなども、精霊と交信する力を高める（北西部沿岸、チムシアン族）

メディスン・マン

前頁：2匹の動物の助手を従えるメディスン・マン（エスキモー族）。精霊を呼び出すための太鼓が傍に置かれている

下：メディスン・マンの霊を表す小さな像。霊はメディスン・マンの体を離れ、世界の別の場所へと飛び立とうとしている（北極圏、エスキモー族）

次頁見開き：精巧な模様が刻まれている、メディスン・マンの使う呪術用のパイプ（左）。月の顔のレリーフのあるメディスン・マンの道具箱（右）

深南部から大陸の北端まで、アメリカ先住民社会におけるメディスン・マンの中心的な役割は、一般的なレベルから特殊なレベルまで、部族の健康を見守ることである。一般的なレベルでは、部族を取り巻く環境のシンボリズムを読み解き、意味を伝える——豊作を実現するために天候を予測し、未来を占う。一方、特殊なレベルでは、部族の医師としての役割を果たす。たとえばナバホ族では、メディスン・マンは個人の病気や傷を治すために、呪術的な儀式を行う。

ソウル・キャッチャー

部族全体、あるいは特定の個人の健康上の問題を解決するために、メディスン・マンはさまざまな道具を用いる（おそらく前頁見開きのような箱に入れて運んでいたのであろう）。平原部のロコタ族が有名であるが、聖なるパイプのまわしのみは、平和への希求と、約束の堅持の象徴である。病人を治療するときの最も重要な道具が、ソウル・キャッチャーと呼ばれるもので、病にある人の魂を体に戻す働きをする。病気は魂が体から分離し、浮遊することによって起こり、その魂を体に戻すことによってしか病気は治らないと広く信じられていた。

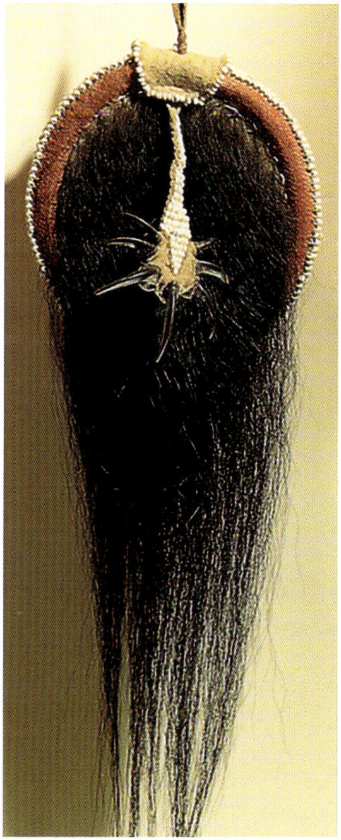

前頁：骨と螺鈿で作られているソウル・キャッチャー（北西部沿岸、トリンギット族）

右：木の輪に広げられた頭皮——最も霊力の高いお守り（大平原）

特別な場所

遊牧を主な糧として移住を繰り返す部族であっても、北アメリカの諸部族は、祝宴やダンス、呪術的な儀式のための特別な建物、ロッジを建てた。そしてその建物の脇には、精巧に作られたトーテムポールが立っていた。五大湖周辺には、グランド・メディスン・ソサイアティーに関連した聖なる場所が多くあるが、それは名前が示すとおり、メディスン・マンの治療に関係していた。しかし儀式的な建物の跡を最もよく示しているのは、ワイオミング州メディスン・マウンテンの環状に置かれた石塊であろう。それは“メディスン・ホイール”と呼ばれ、太陽の踊《サンダンス》りが行われた聖なる儀式の場であったようだ。

前頁：ハイダ族（北西部沿岸）の長屋。彼らは1年の大半をここで過ごし、冬には聖なる儀式が行われた（再建されたもの）

メディスン・バンドル

動物世界の住人の力と強さを部族内に取り込むためには、単なる魂の交信以上のものが必要である。動物たちの特殊な能力は、革、皮膚、羽根、あるいは骨を通して伝達される。そのため、動物や鳥の皮や骨を束にし布で包んだものが、儀式の間、人々の頭上に吊り下げられた。クロウ族は鷲の骨や羽根の入った包みを、ブラックフット族はビーバーのものを、最も価値のあるものとみなした。

上：イタチのメディスン・バンドル（大平原、クロウ族）

次頁：グランド・メディスン・ソサイアティーで使われた精霊をなだめるための仮面（北東部沿岸、イロコイ族）

砂絵

精霊と交信するもう1つの濃密で劇的な方法が、砂絵である。これは北アメリカ大陸では南西部の諸部族独特のもので、特にナバホ・ネイションの砂絵が有名である。ナバホ族は、アメリカ先住民のなかでも、部族全体が比較的成功裡に生き延びることができた部族で、彼らの伝統工芸は現在でも力強く生き続けている。その中でも特に有名なのが、芸術性の高い織物と独特の砂絵である。砂絵は伝統的に彼らの住居(ホーガンと呼ばれる)の床に、砂や炭をおもな材料として描かれる。描かれる主題は、その力を呼び起こしたいと願う精霊の姿である。

前頁：創世神話を象徴する砂絵(20世紀初め、南西部ナバホ族)

究極の儀式

アメリカ先住民の諸部族にとって、ダンスはシンボリズムの究極の表現といえるかもしれない。動物の動きを真似たダンスは、自然の恩恵に対する感謝を表す。またダンスによる先祖の歴史、それゆえ部族生誕の秘密の、再現は、部族の団結を確固としたものにする。またダンスによって、狩猟部族では狩りの成功が、農耕部族では豊作が確固としたものにされる。先史時代、アリゾナ砂漠に興隆したホホカム文明の土器の遺片には、シンボル的な頭飾りを身に付けて儀式的なダンスを踊る人々の姿が描かれている。それは自然の力を擬人化し、その顕現をを懇願する人間の姿であり、北アメリカ先住民の伝説の源流である。

上：ダンスは部族の幸せを願う究極の表現である（ジョン・ホワイト画、ヴァージニア、1580年代）
次頁：先史時代（500～900年）の陶片（南西部、アリゾナ州、ホホカム文明）

マヤ

マヤ文明

スペイン人の征服は、マヤの神官チラム・バラムによって予言されていた。「おまえたちの訪問者、顎鬚を生やした男たち、東から来る男たち、神・主の印を掲げる男たちを受け入れよ。」

現代のマヤ研究家は、古代マヤ人が住んでいた領域をメソアメリカと名づけたが、その用語は、地理的範囲を表すと同時に、ある共通の文化的領域を表す。メソアメリカの諸部族は、260日カレンダー、さまざまな宗教的儀式——放血の儀式や人間の生贄など——と信仰、そして農業、建築、さらには遊戯にまで至る、かなり共通した文化を共有していた。儀式とシンボリズムによって動かされていた社会、マヤ文明は、ユカタン半島の、現在のメキシコ、グアテマラ、ベリーズ、ホンジュラスの領土を含む地域に広がっていた。

次頁：マヤ文明が広がっていた地域。黒点はおもな遺跡のある場所

メキシコ
グアテマラ
ベリーズ
エルサルバドル
ホンジュラス
イスラ セリトス
コムチェン
ジビルチャルトゥン
イサマル
チチェンイツァ
マヤパン
オシュキントゥック
コバ
コスメル諸島
ウシュマル
カバー
トゥルーム
ラブナー
サイール
北部低地
エズナ
メキシコ湾
カンペチェ
キンタナルー
シカランゴ
カンデラリア川
ウシュマシンタ川
ベカン
ホンド川
リオ ベック
セロス
カラクムル
ノームルクエヨ
カリブ海
タバスコ
エルミラドール
リオ アスール
ラマナイ
ナクベ
サンホセ
ウアシャクトゥン
ホルムル
パレンケ
ベリーズ川
ティカル
バルトン ラミー
ピエドラスネグラス
チアパス
南部低地
ヤシュチラン
ボナンパック
パシオン川
セイバル
アルタール・デ・サクリフィシオス
ドスピラス
イサバル湖
北部高地
チコ
キリグア
イサパ
コパン
太平洋
南部高地
カミナルフユ

都市と遺跡

メソアメリカの他の文明（アステカ、テオティワカン）と異なり、マヤ文明は複数の中心を持つ文明として興隆した。このような形で文明が形成された主な理由の1つとして、さまざまな共同体が、非常に高度な、豊かなシンボリズムに基づく言語を共有し、それを通じて交流することができていたということがあげられる。古典期（300～900年頃）には、マヤの領域内に、互いに競い合う都市国家――ボナンパク、カラコル、コパン、ピエドラス・ネグラス、ティカル、そしてついには大都市パランケ――が興った。しかし9世紀には、マヤ文明はすでに急激な崩壊の時期を迎えつつあり、スペイン人が到来する頃には、いくつかの都市が分散的に栄えていたにすぎなかったようである。この時代のマヤの都市の多くが、過去の建構や遺跡の上に積み重なるようにして造られていた。

空から撮影したティカル遺跡（グアテマラ）

都市国家ティカルは、15.5平方kmの広さを有し、神殿から住居まで、約3000の建物が立ち並び、人口は1万人から4万人の間を推移したと考えられている。

時間とマヤ

マヤの歴史は、3つの時代に区分される。紀元前1500年～紀元200年までの先古典期、200年～900年までの古典期、そして900年から16世紀のスペイン人による征服までの後古典期である。

マヤの人々は、2つの暦《こよみ》によって、時間を認識していた。ロング・カウント(長期暦)とカレンダー・ラウンドである。ロング・カウントは、1年(トゥン)を360日とし、それを20日を1カ月(ウィナル)として18カ月に分けるものである。カレンダー・ラウンドは、1年を365日とするハアブ暦と、260日とするツォルキン暦の2種類の暦から成り立っている。

マヤ暦のカレンダー・ラウンドを図式化した絵

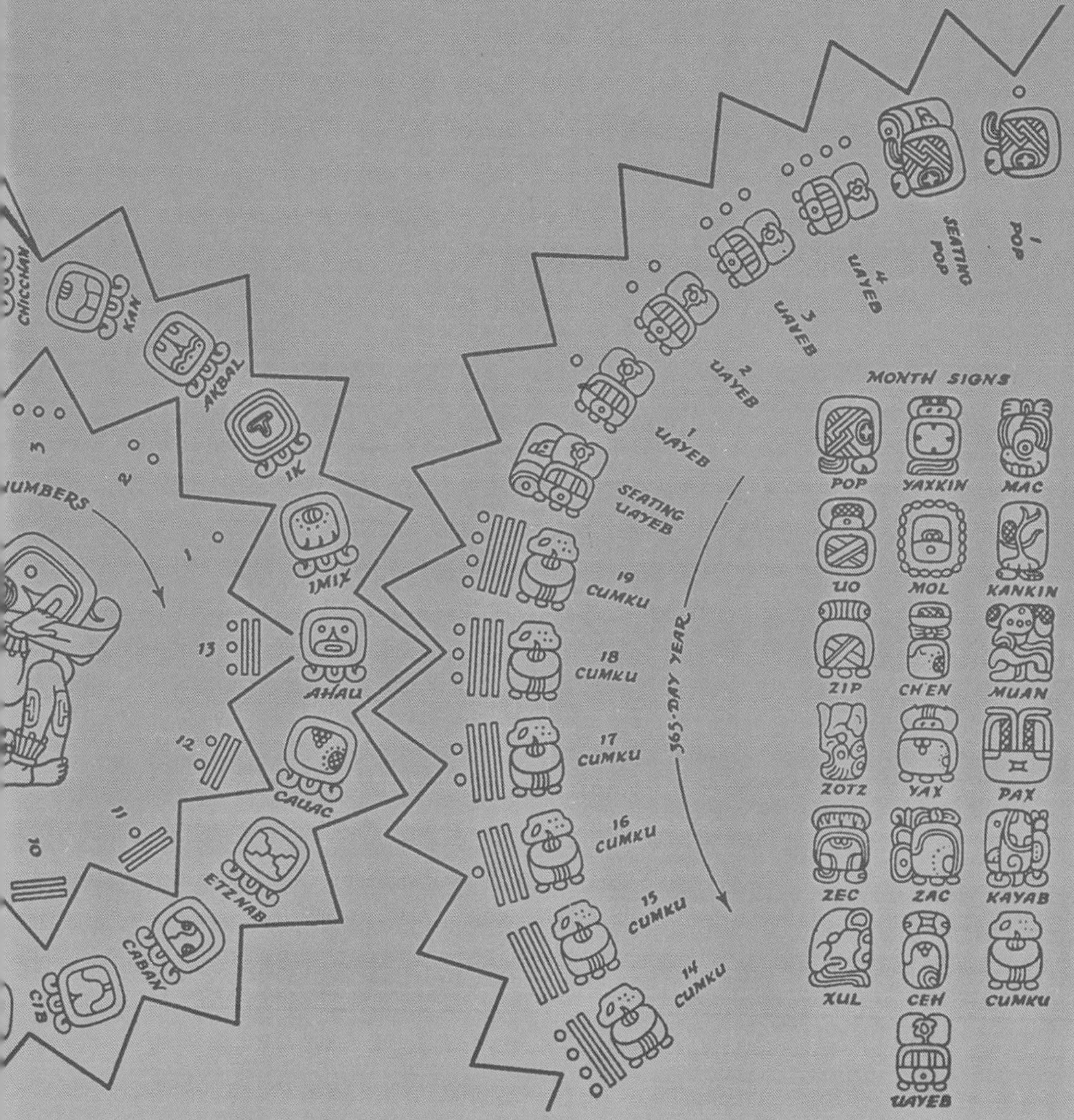
CHICCHAN
KAN
AKBAL
IK
IMIX
AHAU
CAUAC
ETZNAB
CABAN
CIB
NUMBERS
1
2
3
10
11
12
13
1 POP
SEATING POP
4 UAYEB
3 UAYEB
2 UAYEB
1 UAYEB
SEATING UAYEB
19 CUMKU
18 CUMKU
17 CUMKU
16 CUMKU
15 CUMKU
14 CUMKU
365-DAY YEAR
MONTH SIGNS
POP
YAXKIN
MAC
UO
MOL
KANKIN
ZIP
CH'EN
MUAN
ZOTZ
YAX
PAX
ZEC
ZAC
KAYAB
XUL
CEH
CUMKU
UAYEB

シンボル言語

シンボルと隠喩《メタファー》が、マヤ人の全生活と、その記録法を支配していた。自然の事物や動物から、超自然的な事象まで、宇宙のあらゆるレベルの事象・事物が、繋がりと意味の重層的な構造のなかに存在していた。マヤ文明を知るための重要な手掛かりの1つである石碑に彫られたマヤ文字は、重層的な意味の世界を表現している。たとえば、家、トウモロコシ畑、巨大なワニ、あるいはカメさえもが、地上を表す場合がある。複雑なシンボル体系であるマヤのヒエログリフ的な文字によって書き記されていることは、すべて儀式の世界についてである。生贄の儀式、王位継承、誕生、葬送、王政など。

現在までに、マヤ古典期の碑文の約85%が解読されている。実はマヤ文明は、新世界で包括的な歴史が記録されている唯一の文明であり、その記録は紀元300年までさかのぼることができる。

次頁：現存する先コロンビア期の写本のなかで、最もよく保存されている『ドレスデン写本』の1葉。アレキサンダー・フォン・フンボルトの『新世界地図』（パリ、1810年）より複写

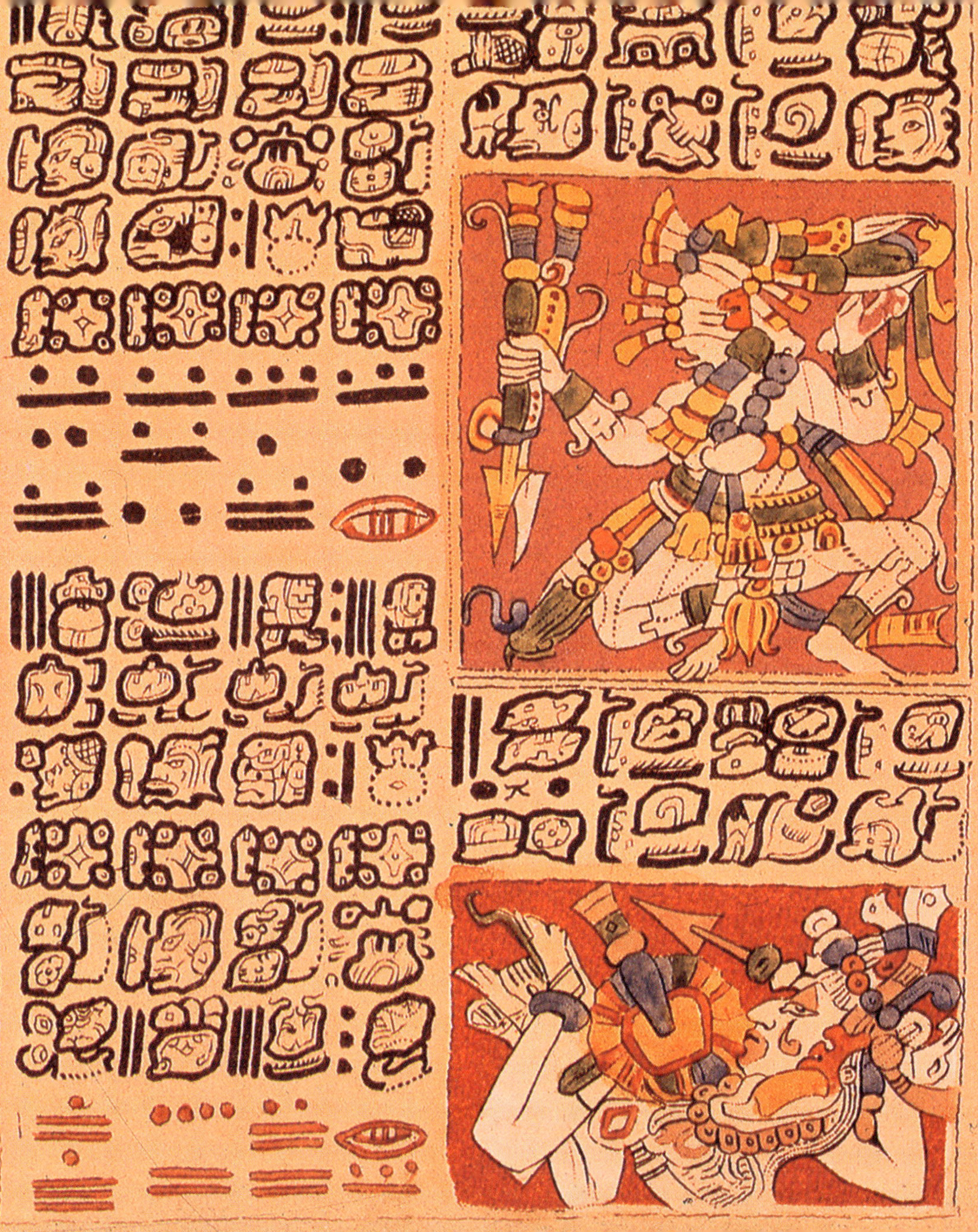

聖なる宇宙

マヤの人々にとって、宇宙は、霊的な力とシンボリズムによって統一的に運動するものであった。すべての自然現象、超自然的な存在、そして人間が、1つの壮大な宇宙的儀式のなかで密接なつながりを持って、それぞれの役割を果たしている。この壮大な宇宙的儀式は、3つの部分によって構成されている。天上界、地上世界、地下世界（冥界）である。天上界は、太陽に照らされる昼間の空のように考えられていたようである。しかし夜の空は、地下世界と同一視され、それゆえ人間の日常生活に重大な影響を及ぼすと考えられた。このことは、マヤの人々にとって非常に大きな意味を持つ。すなわち、天体の動きは、神々の動きの指標であり、マヤ人の未来を予言するものと考えられていたのである。地上世界は人間の世界であり、4方位はそれぞれ固有の樹、鳥、色で象徴された。

シンボリズムと儀式の複雑な体系であるマヤの宇宙を描いた後古典期の多色塗りの三脚皿（600～800年）

聖なる樹

マヤの宇宙を構成する3つの世界は、中心となる1本の樹、世界軸《axis mundi》によって結合されている。その根は地下世界にもぐり、枝は天上界へと伸びている。この中心となる樹は、緑色で示され、それに付随する、地上世界の4方位を表す4本の樹は、赤、白、黒、黄の各色で示されている。赤色の樹は、東と昇る太陽を、白は北と先祖の死者たち、黄色は南で太陽の右手、そして黒色は西と沈む太陽、さらに地下世界を表している。

後古典期になると、マヤの彫刻家は浅浮き彫りの技法を発展させ、図像が新たな躍動感を示すようになる。

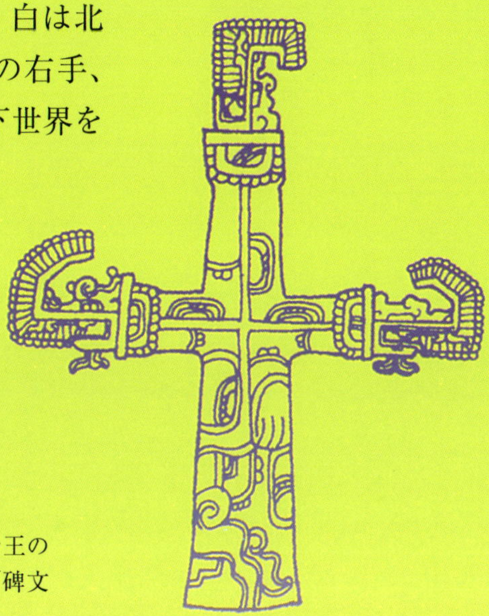

前頁：“生命の樹”が王の体から生えている（パカル王の石棺の蓋、683年8月31日の日付が記されている）（「碑文の神殿」、パレンケ、メキシコ）

天地創造

暦と時間にとり憑かれていた民族にふさわしく、マヤの人々は世界の始まりについて、非常に正確に時を定めている。最後に示された説では、世界は紀元前3114年8月13日に始まったとされている。マヤ人はまた、世界は少なくとも3回、創造と破壊を繰り返したと信じていた。残存するマヤの予言書のなかで最も重要なものである『ポポル・ヴフ』には、世界は2人の神、テペウとグクマッツの対話によって創造されたと述べられている。そこでは、地上は、原初の海から盛り上がるようにして現れた。そして2人の神は、最初は泥から、次に木から人間を作ったが、どちらも失敗し、最終的にトウモロコシから作ると、うまく出来た。こうしてトウモロコシは、マヤの人々にとって神聖な穀物となった。

天地創造のシンボル。トウモロコシの神フン・フンアフプーが、地上のシンボルであるカメの甲羅を割って現れている。その両脇には、双児の英雄が控えている(紀元8世紀頃の皿の絵)

双児の英雄

マヤの伝説や図像には、双児や三つ子の英雄が登場するものが多い。マヤ民族の創世と信仰の誕生を最も包括的に示した創世の書『ポポル・ヴフ』には、双児の英雄、フンアフプーとイシュバランケーの冒険譚が語られている。この双児はボールゲームが上手なことで有名であったが、ある時、冥界ジバルバーの王たちに呼び出され、その妙技を披露するように命じられた。2人は一連の試練をくぐり抜け、ついに死神を打ち負かしてしまう。競技の最終段階では、さまざまな奇跡を起こし、死者を蘇らせたりもした。冥界の王たちは、自分たちも蘇りを体験したいので、生贄にしてくれと頼んだ。双児はその願いを引き受けたが、蘇らせることは拒否した！

次頁：イツァムナー神に面会する双児の英雄（黄色とオレンジ色で彩色された花瓶の絵、メキシコ、593～830年の間）

地球

マヤの動物寓話で、地球を表す隠喩《メタファー》としてよく登場するのが、ワニ（カイマン）である。水面に浮かぶ姿が、原初の海から現れたこんもりと盛り上がった大地を連想させるからであろう。マヤの人々にとっては、山々、川、洞窟、地球そのもの、空など、地上世界の現象のすべてが、それ自身の強烈な霊的生命を有している。地球を表すもう1つのよく使われる標章が、トウモロコシ畑である。その成長する姿が、マヤ世界と人々の創世を象徴しているからであろう。

蓋付き三脚深鍋；つまみの、甲羅模様のあるカメも、地球のシンボルとしてよく使われている（グアテマラ、495〜593年）

上：後古典期の円筒型の壺の絵。“3つの石の場所”（1人の神が3つの石の上に腰かけている）が描かれている。神々はその場所で、地と天を分け、宇宙を創造した（672〜830年）

次頁：スカイバンド（天空を表す帯）には、さまざまな天体を表すシンボルが描かれている。それはマヤの人々が、天上界は無数の部分に分割されていると考えていたことを示す

天上界

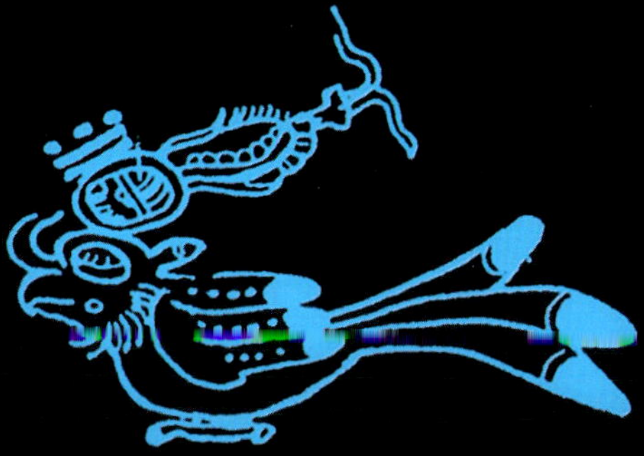

マヤの人々にとって、天空は、神秘の深い源泉であり、超自然的な出来事の起こる領域である。そしてそれらの出来事は、さまざまな力強いシンボルによって記述されている。頭部は人間で体は鷲、頭部が鳥の形をした人間、角のあるフクロウ、これらは天空を表すシンボルであり、同時にマヤ暦の20年を表すシンボルでもある。メソアメリカの他の文明とも共通するが、マヤの人々は、天空は4人の兄弟神がそれぞれ四隅を持ち上げることによって支えられていると信じていた。

マヤの人々は1年中儀式や祭祀を行い、穀物の豊作と狩りの成功を天空の神々に祈願した。

太陽

マヤの人々は太陽に対して特別深い崇敬の念を抱き、彼らが最も強く信仰する神々や動物神を太陽に結びつけた。ジャガーも鷲も、太陽を象徴する生き物であった。先古典期に現れた太陽を表す最初の絵文字は、4枚の花弁の形で表され、“キン”と呼ばれたが、それは“太陽”を表すと同時に、“1日”を表した。この4枚の花弁の形は、古典期と後古典期の主要な太陽神であるキニチ・アハウの眉にも現れる。また強大な都市国家であったパランケの守護神である、“パレンケの三神”の1人も太陽神であった。彼はマヤの王権を象徴し、統治者と太陽の両方の概念を表すものとして描かれている。

マヤの人々は、日蝕に特別強い関心を抱いていた。『ドレスデン写本』では7頁にわたる表がそれに費やされている。すでに8世紀の半ばには、いつ頃日蝕が起こるかを予知できていた。

前頁：神殿に奉納された、輪縁の付いた円筒の主要な側面。太陽神を表し、下部のアースモンスターと上部の華麗な頭飾りで装飾されている（パレンケ、メキシコ、600年頃）

月

マヤの宇宙論では、太陽は男性の原理と関係しているが、月は、常に女性の原理と結びついている。古典期の図像では、月は美しい女神で表され、通常、三日月に腰かけ、ウサギを抱いている姿で描かれている。ウサギもまた月と深い関係にあるが、それは特に満月のときに、その姿が月面の暗い部分に浮かび上がるからである。マヤ族の人々は、月の光が暗いのは、夫である太陽と夫婦喧嘩をし、その最中に片眼を失ったからだという神話を、現代までも語り継いでいる。

前頁：マヤ美術の傑作。3人の神の顔が見えるホラ貝。月の神ジャガーもそのうちの1つ（古典期初期、300～500年）

金星

マヤの人々にとって金星は、血と戦争を象徴した。735年11月29日、金星が宵の明星として現れたとき、2つの競合する都市が、それをペテン（グアテマラ）のセイバルを攻撃する印と受け止めた。

マヤの人々にとっては、西洋人が金星に寄せるロマンチックな連想は、非常に奇異に映ったに違いない。なぜなら彼らにとって金星は、常に男性神の姿で表されるからである。マヤの人々は、金星の2つの位相、すなわち明けの明星と宵の明星を天文学的に詳しく観察した。そして古典期の都市国家間の戦争は、たいてい金星の周期の特異日に起こった。双児の英雄の1人であるフンアフプーは太陽と金星の両方に関係を持ち、その結果パレンケ三神を構成する力強い神の1人となった。

次頁：金星の運行を記録した碑文。『ドレスデン写本』の1葉（パリ、1810年）

神聖なる存在

最初に出版されたマヤ写本は、1810年に刊行されたアレキサンダー・フォン・フンボルトの地図帳の中の『ドレスデン写本』(16世紀にスペイン人がヨーロッパに持ち帰ったもの)と呼ばれる5葉の図版である。

マヤの世界では、儀式とシンボリズムが、人間の世界と神々の世界の橋渡しをする。その中でも、王権を授与する儀式と、そこで祈りを捧げられる神々が、特に重要である。なぜなら、それによって支配者は、神と並ぶ超自然的権威を付与されるからである。マヤの神々はさまざまな形態を取り、その多くが、ジャガー、蛇、鷲などの動物の特徴を持ち、壁画や建築のなかで、絵画的に、あるいは彫像的に表現されている。

次頁：地下世界の6人の神々(後古典期の円筒型壺に描かれた絵、グアテマラ、ナランホ)

神 獣

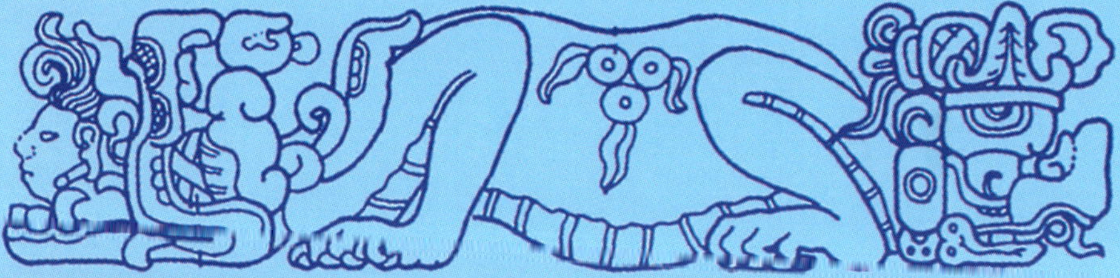

双頭の神獣《バイスファリック・モンスター》あるいは天空の神獣《コズミック・モンスター》とも呼ばれる神獣《セレスティアル・モンスター》は、1体の体の両端にそれぞれ頭部を持ち、金星と太陽の対立関係を象徴している。通常建物の西側を飾る、このワニに似た生き物の彫像は、金星が地下世界から太陽を引きあげていることを示している。また、『ポポル・ヴフ』に登場する、トキイロコンドルが原型となっていると思われる神の鳥《セレスティアル・バード》あるいは第一の鳥の神《プリンシプル・バード・ディーアティー》は、非常に邪悪な存在で、その死によって、マヤの人々の新たな希望の時代の幕が開けられたと伝えられている。

上：祭壇の飾り絵に描かれた神獣《セレスティアル・モンスター》（コパン、グアテマラ）

前頁：74葉の『ドレスデン写本』には、神獣《セレスティアル・モンスター》のさまざまな側面が描かれている。それは金星であり、太陽、天空、暗闇でもある

イツァムナと太古の神々

19世紀末に、マヤ学者ポール・シェラスは、古代マヤの屏風から多くの神々を同定し、ラテン語のアルファベットを付けて分類した。その中でも特に重要な神々が、冥界ジバルバーを治める歯の抜けた3人の神、ゴッドD、L、Nである。ゴッドDは、象形文字の音でイツァムナ（“トカゲの巣”）といい、四角い目、渦巻型の瞳、額には円盤を張り付けた老人の顔をしている。彼はマヤの最高位の神であり、他の神を従える神々の王として描かれていることが多い。彼はまた、神の鳥《セレスティアル・バード》とも関係が深い。ゴッドD同様に四角い目で描かれることが多いゴッドLは、いつもコンゴウインコの頭飾りをかぶっている。

前頁：5人の女官にかしずかれて玉座に座るゴッドL。双児の英雄が死者を蘇らせているところを見ている（円筒形の壺の絵、メキシコ、593〜830年）

パウアフトゥン

マヤの神々のなかで最も複雑な神であるパウアフトゥンは、天空を支える4人の神の1人で、ホラ貝やカメの甲羅を背負って登場することもあれば、クモの巣を張っていることもある。いつも網の頭飾

双児の英雄の1人フンアフプーによってホラ貝から引きずり出されているゴッドN。この後彼は殺されてしまう（円筒形の壺の絵、グアテマラ、672〜830年）

りを付けているこの神は、雷と山の神でもある。その一方で、古代のパウアフトゥンは、猿の書記官で、文字や美術とも関係が深い。シェラスの古代の神々の分類では、パウアフトゥンはゴッドNに該当する。

コパンの遺跡のなかで最も大きい人物の彫像は、パウアフトゥンの巨大な頭部で、壮大な神殿の屋根を飾っていた。

ジャガー

マヤの王や貴族は、権威を高めるために、しばしばジャガーの毛皮や体の一部から作った衣装——マント、頭飾り、サンダル、数珠など——を身にまとった。

次頁：全身から火炎を発している“ウォーター・リリー・ジャガー”。自己斬首を取り仕切っているところ（壺の絵）

マヤの動物シンボル体系の中心に位置するジャガー——熱帯雨林の王——は、古代の南北アメリカ大陸で最高に崇拝された野獣であり、多くの神とつながりを有している。鉤型に曲がった鼻、結び目のある髪を持つ冥界の“ジャガー神”が、巨大なワニの背に乗り、西から東へと移動している姿が多く描かれている。また彼はマヤの戦士の盾に好んで描かれていたが、戦争の神とみなされていたからであろう。“ベビー・ジャガー”もまた、邪悪なものとつながりが深い。というのも、彼は雨と雷の神であるチャックとともに、生贄の死のダンスの儀式を描いた場面によく登場するからである。この最も重要な儀式には、彼に代わって“ウォーター・リリー・ジャガー”が登場する場合もある。こう呼ばれるのは、ジャガーの頭の上に睡蓮の花が咲いていたり、葉が載っていたりするからだ。

道化の神

この奇異な名前の神は、宮廷の道化師とは全く関係がない。この名前が付けられた理由は、額に3つの尖った部分があるところが、中世の道化師に似ているからである。その頭の形は、先古典期の王の冠の、3つの尖った部分のあるヘッドバンドが変形して王の標章となったものと推測される。その後この神は、サメの形になったり、翡翠で作られた王の頭飾りに現れたりしている。翡翠はマヤで最も貴重な鉱石で、水、空気、植物を象徴する。

翡翠は、マヤの人々の間では、特別高貴なものとして珍重され、この貴石を使ったマヤ最高の彫刻がいくつか発見されている。古典期末には、多くのマヤの都市国家間で、翡翠の原石や工芸品が広く交易された。

前頁：“道化の神”は、常に翡翠などの貴重な緑色の鉱石に彫られている。9世紀の古典期マヤの崩壊まで(600〜800年)、それは統治者の王冠の形でもあった

かつて神殿を美しく飾っていたであろう若い“トウモロコシの神”の彫像(コパン遺跡、ホンジュラス、775年頃)。若々しい顔立ちと、頭からすっと伸びた葉は、トウモロコシの若い苗の象徴であることを示している

トウモロコシの神

マヤ古典期初期の“トウモロコシの神”は、頭からトウモロコシの葉がすっと伸びた魅力的な若者の姿をしている。それよりも後の時期のトウモロコシの神が2種類同定されている。“坊主頭のトウモロコシの神”と“葉の生えたトウモロコシの神”である。前者は『ポポル・ヴフ』の双児の英雄の1人とつながりがあり、頭を剃っているように見えるのでこのように呼ばれている。最近発見された壁画では、この神の頭が、熟れたトウモロコシの穂のように描かれており、この神が収穫期のトウモロコシを象徴していたのではないかと考えられている。一方、“葉の生えたトウモロコシの神”は、頭から1本だけトウモロコシの若い穂が伸びており、まだ生長中のトウモロコシを象徴している。

マヤの人々は、トウモロコシだけではなく、大豆、カボチャ、キャッサバイモ、各種果物を栽培していた。各戸の前には、煮炊き用の庭があった。

カヌーを漕ぐ神

次頁：地下世界への旅を描いた円筒形の壺。双児の漕ぎ手が、霊界のカヌーを漕いでいる（泥粘土の上に彩色、グアテマラ、672〜830年）

この怪異な2人の神は、生命《いのち》のカヌーの漕ぎ手である。特にカレンダー周期の終わりと、その時期に行う放血の儀式と関係が深い。絵文字文書は、この2人の神を王の放血の儀式と関係づけている。舳先でカヌーを漕いでいる“老いたジャガーの漕ぎ手”は、夜を象徴し、船尾の“老いたエイの漕ぎ手”は、昼を神格化したものである。どちらも美男子とはいえない。ジャガーは歯が抜け、エイはとりわけ年老いた顔をし、鼻の隔壁にメスまたは穿穴器のようなものを差し込んでいる。

パレンケの三神

これは、古典期後期の都市パレンケだけに現れる三神の絵である。それぞれGⅠ、GⅡ、GⅢと命名されているが、3人の神はすべて3週間の間に生まれた。そのうち2人の神は、雨と雷の神チャックと、地下世界のジャガー神と同定されている。この古典期後期(600～800年)の円筒形の壺の絵では、左側で踊っているのがチャ

ックで、ジャガー神は、山を表す動物シンボルであるカウアックの上に寝ころんでいる。片足を上げている3番目の神は両手を広げ、踊りに熱中している

水鳥

パレンケ三神のうちの最も年老いた神は、しばしば太陽神と同一とみなされ、金星とも密接なつながりがあるが、ときどき水鳥の頭飾りをかぶっている。このシンボル的な生き物は、マヤの神話とシンボリズムのなかで特別重要な地位を与えられているが、それはおそらくマヤの人々が、マヤ低地の運河や川、沼地に棲息する水辺の鳥たちを大事にしていたことの証しであろう。水鳥はたいていくちばしに魚をくわえ、その姿は鵜に似ているが、鶏冠のある頭は、鷺の方に似ている。

次頁：水鳥の姿をした取っ手のある4脚壺。古典期初期（350〜500年）。広げた翼が蓋の表になり、鵜に似た頭部が振り返るようにして弧を描き、くちばしにくわえた魚で、取っ手が完成している

猿の書記官

筆記と美術、そして計算の守護神である双児の猿の書記官は、古典期のマヤ美術に頻繁に登場する。彼らは、絵の具、書物、絵筆などの道具を携えて、常に忙しそうに仕事をしている。多くの場合、体は人間で、頭部はホエザルの姿をしているが、『ポポル・ヴフ』に登場する双児の英雄の異母兄弟にあたり、こちらも双児のフン・バツ(ホエザル)とフン・チュエン(クモザル)ではないかとみられている。彼らはいたずら好きな双児の英雄によって猿に変えられたのだった。

猿の書記官は、絵に描かれているときも、彫像になっているときも、絵筆と絵の具を持って常に忙しそうにしている。上：古典期末の美しい壺（コパン出土）、前頁：胡坐をかいた猿の書記官像（同所）

聖なる蛇

マヤの宇宙論には、熱帯雨林に棲息するさまざまな動物から変化したものが多く登場する。なかでも鎌首をもたげる蛇は、儀式、特に陰茎と舌からの放血の儀式において中心的な役割を演じる。蛇は鎌首をもたげ、口から神々や先祖を吐き出している姿で描かれている。その蛇は、滑らかな体をしている時もあれば、羽が生えている時もあり、たいてい両端に2つのまったく異なる頭部を持ち、長い顎をし、なかには顎ひげを伸ばしたものもいる。蛇と生贄の儀式との関係は、蛇のもたげた鎌首を血の化身として描くことによってさらに強められている。

陰茎からの放血の儀式は、カレンダー周期の特別な日に行われる。その時使われる穿穴器は、エイのとげや骨を鋭く研いだもので、装飾がほどこされ神聖なものとされた。

次頁：統治者の妻が放血の儀式の穿穴器を手にしている。血を受けるためのものと思われる介添人の皿からは、神々や先祖との交信のシンボルであるヴィジョン・サーペント（幻視の蛇）が立ち上がっている（まぐさ石のレリーフ、チアパス、メキシコ、600～900年）

チャック

マヤの偉大な神の1人、雨の神チャックは、現在でもマヤ族の人々に崇拝されている。彼を表す標章は非常に多く、多様である。ナマズのような口髭、爬虫類のように曲がった鼻、巨大な体、束ねた髪など。彼はしばしば斧や蛇を持っているが、それらは、彼が雷の神であることを示している。水と雨に関係した神であることから、滝の流れの中に現れるように描かれることもあるが、そのことによって、彼が農業、そしてトウモロコシの収穫の神であることがさらに強調される。

次頁：雨の神チャックをかたどった香炉。(マヤパン、1200年頃)片方の手には小さな壺を、もう一方の手には香の玉を持っている

血と王権

マヤでは、王権は世襲制であり、通常は父から息子への譲位が行われた。しかし、パレンケの統治者のうち、2人は女性であったことが知られている。王権授与は、放血と生贄の儀式の中で行われる。血を放出することで、マヤ社会

パレンケの有名な王パカルの息子、カン・シュルが王権を授与されているところ。両脇には両親が座っている(パレンケ、メキシコ、721年)

の団結を固め、神を慰撫し、新しい統治者の神聖な権威を見せつけるのである。発見された彫像や壁画には、王が、今まさに生贄に捧げられようとしている捕虜たちを壇上高く見下ろし、その床には血で印された王の足跡が玉座まで続いている図像が多く見られる。古典期マヤ美術では、王が自ら血を撒いている姿が描かれているが、これは創世神話に基づくものである。

王座に座るマヤの統治者の像。堂々として威厳がある

対立と戦争

生贄を確保するために戦争を行い、相手方の兵士を捕虜とすることは、マヤのシンボリズムの豊かな源泉となっており、戦争を賛美する記念碑的遺物が多く発見されている。マヤの都市国家では、王権の世襲が一般的であったが、王族の結束が乱れ、武力抗争が起こることもまれではなかった。戦いに敗れ、捕虜となった兵士は、マヤ社会の安定にとって不可欠な、放血の儀式のための生贄にされた。しかし古典期後期になると、戦争は、儀式とシンボリズムの世界を維持するためのものというよりは､領土拡張の手段となっていった。

戦いの衣装を身に付け武装しているマヤの人々。立っているのが王や貴族で、跪いているのが戦士である（ピエドラス・ネグラスの遺跡のまぐさ石、667年）。当時マヤでは、戦士も王侯も、幅広い帯で作ったマントを羽織っていた

パカル王

メソアメリカのピラミッド遺跡の中でも独特の威容を誇る“碑文の神殿”が、マヤの都市国家の王の中でも絶大な権力を誇ったパカル王の命令によって建てられた王の墓であることは間違いない。パカル王は12歳の時に即位し、683年に80歳で亡くなるまでパレンケを統治し続けた。王の墓は一連のシンボルで装飾され、遺骸は、美しい翡翠のモザイクで作られた仮面とともに埋められていた。パカルというのは、“盾”を意味し、王は盾の絵文字で表されることもあれば、表音文字で綴られる場合もあった。

最終的にパレンケのパカル王の玄室が開かれたのは、1952年のことであった。巧妙に隠された入口を開けると、大きな長方形の石のスラブがあり、それにはレリーフが施されていた。そしてその下に、本物の石棺がいくつか埋められていた。

前頁：パレンケ、“碑文の神殿”の玄室から発見された、パカル王の実物大の顔をかたどった翡翠のモザイクの面。王の遺体とともに埋められていた

パレンケ

パカル王の統治の下で、パレンケはマヤ全域でも指折りの繁栄を誇る都市国家へと発展した。紀元600年から150年をかけて大規模な建築プロジェクトが実施され、パレンケは膨張していった。巨大な神殿群を造るには、おそらく100年近くの歳月が必要であったと思われるが、それが王侯貴族の生活をさらに華麗にするために計画されたものであったことは間違いない。数多くの巨大な石碑が、統治者の偉業を誉め称えるために立てられている。パレンケの彫刻家たちが使用しているのは、上質の石灰岩である。702年に王位についたパカル王の二番目の息子に捧げられた石碑は、彼が亡くなった両親に挟まれて玉座に座っている図像が彫られているが、両親は王となった息子に、翡翠の板を散りばめた頭飾りと盾を贈っている。

パレンケの巨大神殿（前頁）からは、陶製の頭部（下）をはじめ多くの宝物が出土した

王宮

ひとたび新しい王が玉座に就くと、その王は、戦争に負けて捕らえられる以外は、死ぬまでその座にとどまることが多く、玉座に付随するシンボリズムと儀式に囲まれ、長い宮廷生活を楽しむことができた。生贄や放血の儀式はさておき、宮廷生活には華やかな側面もあった。たとえば、神々や悪霊に扮した道化たちが、創世神話を演じることもあった。宮廷の祝祭ではまた、歌手や、フルート、ラトル、太鼓、銅鑼、ホラ貝などの楽器演奏者による音楽も演奏された。

左：宮殿での愛の営み（陶器、古典期後期）。マヤ美術には多くの女性が登場するが、おおむね2種類の女性である。王族の女性と、高級娼婦である。後者は地下世界の神々や、ウサギといっしょに登場する

宮廷生活には、優雅で穏やかな側面もあった。この絵では、マヤの高官は、小人が掲げる鏡に映った自分の姿にご満悦の態である（古典期後期の壺に描かれた絵）

服装

前頁：豪華な衣装を身にまとった高位の貴族と、それとは対照的な簡素な衣服を身につけた付き人たち（ボナンパックの壁画、790年頃）

マヤ社会では、衣服は社会規範とシンボリズムの延長線上にあった。王位継承の儀式の重要な一部として、高官ひとりひとりに対する新たな正装の授与式があったようだ。戦士たちは時に、猛獣の毛皮や猛禽類の羽根などで作った衣装を身にまとうこともあった。古典期初期の図像には、コヨーテの毛皮で正装した兵士も見られ、またトゥーラやチチェン・イッツアの遺跡からは、鷲やジャガーの衣装を身にまとった戦士の行列を描いたものが発見されている。高貴な女性はマントとスカートを身につけ、真珠の母貝で作った腰飾りを付けていることもあったようだが、それは子宮と、マヤの服装では特に重要な意味を持つ“トウモロコシの神”の象徴でもあった。

神殿と墓

マヤの世界観では、神殿の概念と墓の概念は二重写しになっていることが多く、パカル王のパレンケの神殿のように、墓を安置するために神殿が建てられている場合がよくある。過去においては、王の住む宮殿と神の住む神殿は非常に近い関係にあったのだろう。マヤの神殿は、多くが9層からなる基壇の上に数室の部屋のある神殿が置かれている。階段は外から見る限り、1基しか造られていないが、それは地下世界への降下を象徴している。しかしパレンケの“碑文の神殿”の場合は、内部にもう1基、秘密の階段が隠されており、それを下りていくと、パカル王の墓と石棺が納められていた。この神殿は、メソアメリカ全体を見渡しても、おそらく最も特異な形であろう。

マヤ文明の驚異の1つ、パレンケの“碑文の神殿”（7世紀）。パカル王の墓が隠されていた

捕虜と生贄の儀式

メソアメリカ社会では、人間の生贄は、神々と人間を結びつけるための力強い多義的な意味を持つシンボルであった。それは侵略してきたスペイン人を心の底から震撼させた社会的風習の1つであった。マヤの人々が平然として生贄の犠牲者を拷問で傷めつけ、その後斬首していたことが、古典期後期の図像によって示されている。生贄の犠牲者としては、わざわざそのために購入した奴隷の場合もあれば、敵の捕虜を使うこともあったようである。わが子を生贄として売る親さえもあったことを示す証拠も残されている。敵の高官が生贄として特に珍重されたようだが、それはその名声が神への捧げものとしての価値を高めたからであろう。

前頁：頭皮は頭から垂れ下がり、体は激痛に歪み、口は断末魔の叫びを上げている。この古典期後期の生贄の捕虜の像は、マヤの生活の血腥い側面を凝縮している

血と心臓

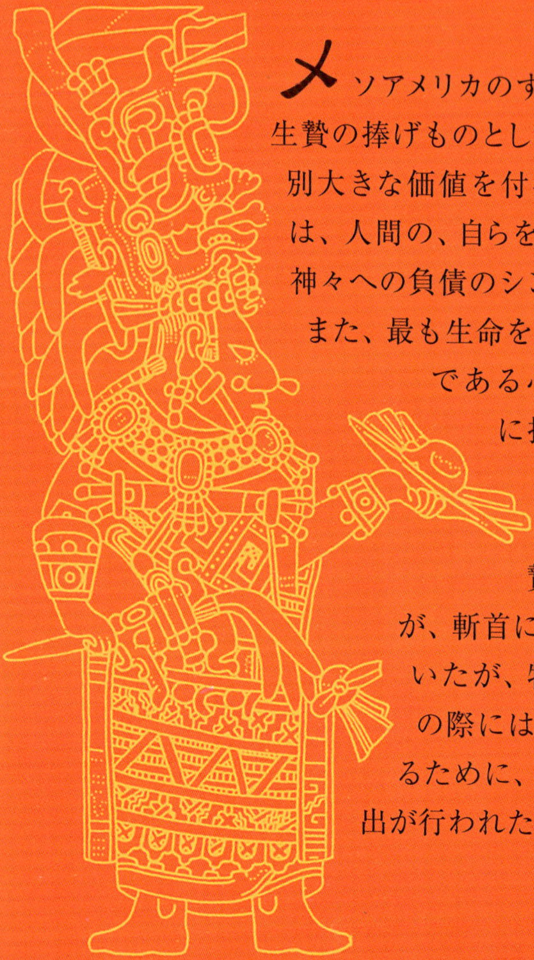

メソアメリカのすべての民族が、生贄の捧げものとして血と心臓に特別大きな価値を付与していた。血は、人間の、自らを創造してくれた神々への負債のシンボルであった。また、最も生命を感じさせる臓器である心臓は、創造主に捧げる最も貴重な食物であった。マヤの生贄の儀式の多くが、斬首によって行われていたが、特別重要な儀式の際には、それを象徴するために、生きた心臓の摘出が行われた。

『ポポル・ヴフ』には、地下世界の吸血コウモリに関する記述があるが、その標章は、マヤの都市国家にはどこにでもあった捕虜を拷問し殺すための建物の壁面を飾っていた。

生贄の儀式と生きた心臓の奉納(前頁)は、マヤ人にとっては、神々を慰撫し、宇宙の秩序を維持するための重要な手段であった。上の皿の絵では、犠牲者は4人の侍者によって押さえつけられ、神官が黒曜石のナイフを使って心臓を摘出している。雲状の蛇が現れているが、それは心臓を捧げられる当の神の化身であり、儀式の一部始終を眺めている

ホンジュラス、コパンの球技場の3つのマーカー(ゴール)の1つに彫られたレリーフ。大きなゴム製のボールのまわりに競技者が集まっている

球技

祭祀的な球技の興行は、侵略者であるスペイン人をひどく魅了し、1528年には選手の一行がヨーロッパへ連れて行かれたほどであった。試合は2〜3人からなるチーム同士の戦いで、ゴム製のボールを、コートの両側面と両端の面にそって突き出している小さな石の輪に通したり、マーカーに当てたりして得点を争うものであった。ゴム製のボールは、上腕と太股だけでコントロールしなければならない。このゲームはおそらく、太陽、月、金星の運行を象徴したものであり、ボールは、球技場によって象徴化された地下世界を出たり入ったりする太陽を象徴していたのであろう。

コパンの球技場は、古典期マヤのものとしては最も保存状態のよいものである。レンガの組積造の上に漆喰をかぶせたもので、両側面にそれぞれ3個の石のマーカーがあり、球技場の床にもさらに3個埋め込まれていた。

次頁見開き：壺に描かれた鳥瞰図的な球技の絵。競技者と競技者の間に書かれた絵文字は、彼らが喋っている内容を表している

地下世界

球技と、死後の世界および地下世界との関係を最もよく説明しているのが、『ポポル・ヴフ』である。地上世界で一番球技がうまかった双児の英雄は、冥界ジバルバーの神々をまんまと騙し、殺してしまう。古い神々を死に至らしめる行為は、再生し天上の世界へ上っていくためにすべてのマヤ人がしなければならないことの象徴であった。マヤの人々が、天上世界に行くためには、死んですぐに、腐臭ふんぷんたる地下世界を通り抜ける旅をしなければならなかった。その旅はひどく凄絶なものであったため、マヤの人々は死ぬと、あらゆる種類の防御の武器とともに葬られた。

次頁：いわゆる“プリンストンの壺”の絵には、双児の英雄が地下世界の神々を打ち負かしたところが描かれている(672～830年)

宗教
Religions

仏教

三宝

仏教の教義、信仰、儀式、シンボリズムは、2500年という長い歴史を通して、生誕の地インドからチベット、ネパールを経て、南アジアの国々、そして日本へとゆっくりと広まっていった。他の大宗教とは異なり、仏教には、その頂点に立ち、最後の審

p.326：座禅を組む仏陀（中央アジア、カラホト遺跡の“タンカ〈持ち運びできる宗教画〉”、1227年以前）

次頁：“集会樹”（チベットの“タンカ”、19世紀初め）

判を行う唯一神は存在しない。仏教は、審判ではなくむしろ、在家と出家の両方の信徒の手を通じて人々を救済すること(衆生済度)を中心的教義としてきた。仏教の世界では、僧の共同体である“寺”が中心的な位置を占めてきたため、“寺”における実践、美術、建築の中に、“悟った人”である仏陀に関連した精緻を極めた複雑なシンボル体系を見出すことができる。とはいえ、仏教は寛容で融通無碍の宗教であるため、多くの場合そのシンボリズムは、非常に精妙で見逃されやすい。

仏教の教義の中心は、“三宝”、すなわち仏陀の生涯と顕現を表す“仏”と、仏陀の教えである“法《ダルマ》”、そして信徒の共同体である“僧伽《サンガ》”である。仏陀の生涯と教えは、この“三宝”を通じて知ることができ、人はこの“三

次頁:説教のあと山から下りてくる仏陀(水墨画、中国、14世紀)

宝”に帰依することによって仏教徒となる。たとえば、仏陀の顕現は、その姿勢によって、多くの思想を伝えることができる——瞑想、教義、悟り、死。そして仏陀の足ただひとつとっても、固有の深い意味が秘められている。

また、根本教説“四諦”に基づく仏陀の教えである“法《ダルマ》”は、車輪によってシンボル化され、その他の仏教徒になるために修めなければならない教義のひとつひとつが、種々のシンボルとして結晶化している。“法《ダルマ》”に従う人々が、広い意味で信徒の共同体である“僧伽《サンガ》”を構成するが、“僧伽《サンガ》”という時

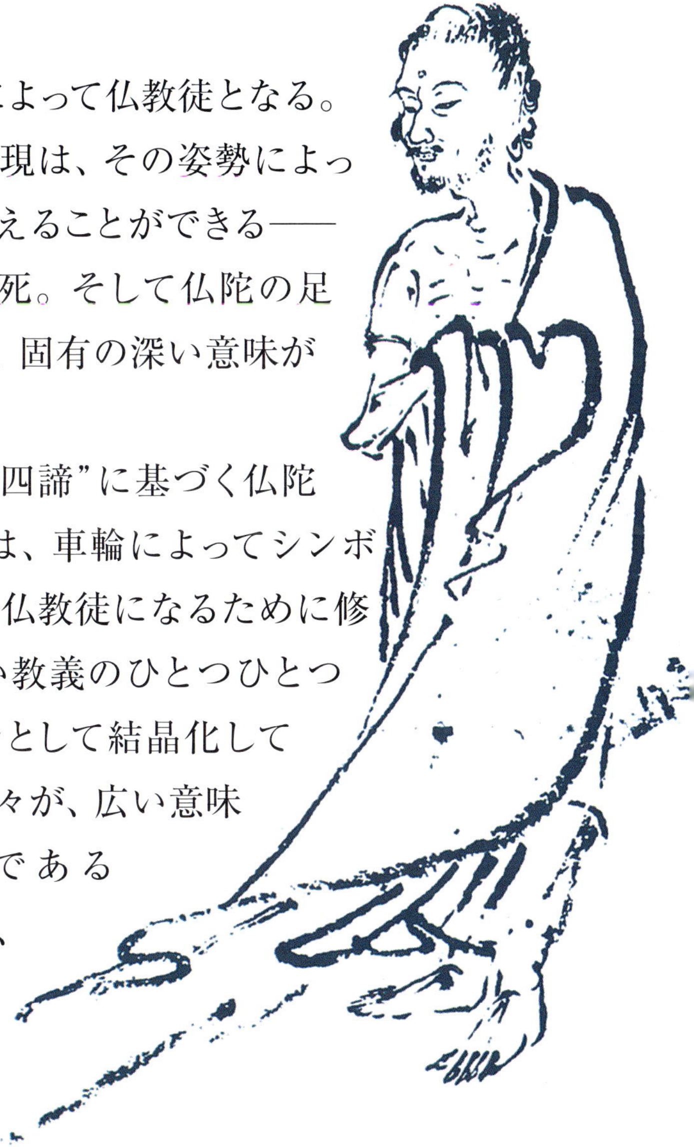

は、普通、より厳密に、修道僧的な秩序によって“法《ダルマ》”の存続を確かなものにし、仏陀が説いた根本価値に一生を捧げる信徒の共同体をさす。その根本価値は、世俗的な世界と修道僧的な世界の両方で、精緻なシンボル体系を通して顕現されている。

前頁：『三宝』：托鉢の椀を持つ“仏”、“法《ダルマ》”によって参集する“僧伽”（チベットの“タンカ”、19世紀）

仏陀

仏陀がさまざまな年齢の姿で顕現されるとき、その図像は、その生涯の各段階と教えを象徴している。紀元前566年頃、仏陀は、ネパール、テライ地方のシャカ族の王子として生まれ、その後“シャカムニ（シャカ族の聖者）”、あるいは氏族の名前から“ゴータマ”と呼ばれた。仏陀はまた、自分自身のことを“タターガタ（如来）”と呼んだが、それは“真理のままに歩むもの”という意味であった。また彼自身の名“シッダールタ”とは、“目的を達した者”という意味であった。死後、彼の生涯のさまざまな出来事や瞑想の方法を表した図像やシンボルによって、人々は彼のことを知るようになり、崇拝者となった。

次頁：王妃マーヤーの右脇腹から生まれた仏陀（チベットの絵）

尒時太子出城南門見一病人問因緣時

無常の三つの相

成人したゴータマが遭遇した最初の重要な出来事が、無常の三つの相——老・病・死——との出会いである。結婚し、1人の男子をもうけ、父の庇護の下、安楽で特権的な生活を送っていたが、そのような生活に疑問を持った仏陀は、王家というきまりきった狭い場所を出たいと願った。そんな時彼は、彼の人生を変える三つの光景を目にする。老いのため手足が不自由になった老人、病気にさいなまれている人、そして荼毘に付されるため最後の旅をしている死骸となった人。これらの人々との出会いは、若い彼をひどく苦しめ、ついに彼は真の救済を求めて出家することを決意する。

仏陀は侍女たちから、王宮の外に広がる森の美しさなどについて、話を聞いたといわれている。それらの話から、仏陀は、城壁の外の広い世界を見てみたいと切望するようになった。

前頁：若き仏陀の生涯、老人と病人との遭遇を表す絵（彩色帛画、中国、8〜9世紀）

悟り

仏教徒の最終目標である究極の悟りは、右手を地面に着ける姿勢へとシンボル化された。

不断の苦行を自らに課し、評判の師の教えを熱心に学習しても、完全な心の満足を得ることができなかった仏陀は、思索の旅を続け、いつしかブッダガヤに到着した。そこで彼は、ある大きなクワ科イチジク属の樹、“菩提樹”に招かれるようにその樹の下で座禅を組み、超越的瞑想を始めた。49日間続いた座禅の後、彼はついに完全なる悟りの境地に達した。

次頁：右手を地面に着け（触地印）、悟りの姿勢を取る仏陀（彩色帛画、中国、900年頃）

“ダルマ”の車輪を動かす仏陀（レリーフ、アフガニスタン、5世紀）

鹿野苑《ろくやおん》

菩提樹の下で悟りを開く前、仏陀に付き従っていた5人の修行僧がいた。彼らも仏陀とともに苦行をし、高い精神的境地に至ろうとしていたが、苦行は真の悟りに至る道ではないと仏陀がそれを辞めたとき、5人は仏陀の元を離れていった。彼らが鹿野苑で休んでいる時、悟りを開いた仏陀が戻ってきて、彼らに初の説法、“初転法輪”を行い、“四諦”を説いた。

次頁見開き：仏陀が信徒に教えを説いているところ(装飾写本、ミャンマー、19世紀)

仏陀は、快楽への耽溺に重きを置く人々と、苛酷な苦行を自らに課すことによって魂を救済しようとする人々のどちらも厳しく批判した。

仏陀の死

シャカムニの死は、再生と苦悩の輪廻を繰り返す衆生の死とは異なっていた。仏陀が病に倒れ、ついに侍者アーナンダをはじめとする弟子たちに見守られながら入滅したのは、80歳の時であった。インド、クシナガラの沙羅双樹の間に横たわった仏陀は、弟子たちに向って、自分自身の悟りに向かって修行することを説いたが、悟りを開いた人間が死後どうなるかについて語ることは拒否した。なぜなら、それは人智を超え、言葉にすることができないことだからであった。

仏陀は、クシナガラに着くと、「我タターガタは今夜涅槃に入るので長椅子を用意せよ」とアーナンダに命じた。

前頁：クシナガラの沙羅双樹の間に横たわる仏陀（チベットの"タンカ"、19世紀末から20世紀初め）

仏陀の像

仏陀の死から500年程経った頃、仏教の新しい宗派、大乗仏教が興り、北インドからアジア北部へと伝播した。仏陀の生涯の中に、悟りへと至る道を探求しようとする上座部仏教(小乗仏教とも言うが、現在はあまり使われない)とは対照的に、大乗仏教は、仏陀の力の、より抽象的、神的な側面を強調する。そのため大乗仏教美術では、仏陀を超越的な存在として顕現することに焦点があてられるようになった。仏陀の足の裏、さらには足跡も、超越的存在の現世への降臨を視覚化するシンボルとして、広く信仰されるようになった。

仏陀の死後、その遺骨は信仰と崇拝の対象となった。7つの王国から使者が訪れ、遺骨の一部を分けてほしいという申し出がなされた。

前頁:仏陀の足跡に供えられた花弁と硬貨(マハーボディ寺院の仏足、ブッダガヤ)

王冠をかぶった仏陀

時代を経る中で、仏陀の像はさまざまな標章を獲得していった。精神的および霊的力の優越性を示す大きな頭部、房状になった巻毛（螺髪）など。悟りを開いた仏陀の堂々とした神性を強調する大乗仏教は、さらに新たな特徴を仏陀の像に付け加えた。王冠をかぶった仏陀、世界の支配者として両手を上げた仏陀などがそれである。王冠をかぶった仏像は、最初7世紀頃インドに現れ、その後特に大乗仏教が興隆した中央アジアで、衆生の救済者としての仏陀を強調するものとして頻繁に造られるようになった。

次頁：王冠をかぶった仏陀――浄化された心を持つ信徒のための仏像（銅合金の上に金鍍金、中国、15世紀初め）

歩く仏陀

仏陀をこのように優美に顕現させる様式は、古代タイ王朝の都スコータイに特有のものである。その仏像は、細身でしなやかで、今にも歩き出しそうな動きを感じさせる——それはおそらく、仏陀が最終的に到達した究極の心の調和を象徴しているのであろう。他のアジア地域の仏陀の立像が、ただ頭の位置だけで歩く動作を説明しているのとは違い、スコータイの歩く仏陀像は、体全体の力が非常に均衡が取れ、一歩足を前に出そうとする一瞬が美しく捉えられている。その姿は信徒たちに、信仰の根源としての托鉢を想起させるであろう。

左：歩く姿が非常に美しい、きわめて稀少な仏陀像（タイ、スコータイ、14世紀）

体の動きのすべて——坐る、静かに立つ、歩く——が、深い思索を表現するものでなければならない（インドの詩人アシュヴァゴーシャによる、1〜2世紀）

光背を背にして優雅な動きを見せる仏陀（青銅、インド、6〜7世紀）

坐す仏陀

坐している仏陀の姿ほど、騒然とした世の中にあって安らぎを感じさせるものはない。その姿は、見る人を拝まざるを得なくさせる慈愛に満ちたものであるが、個々の仏像が人々の祈りを受け入れるに足る十分な力強さを獲得するためには、開眼法要を通じた霊的重要性の獲得が必要である。そのようにして霊的力を与えられた仏像は、曼荼羅が信徒に内省のための構造的支柱を提供するように、瞑想のための啓示となる。瞑想や悟りの状態にある坐す仏陀の頭上には、時に天蓋が広げられていることがあるが、それは悟りへと向かうシャカムニをその影で包んだ菩提樹の樹を象徴化している。

仏教徒が、坐している仏陀を想像するとき、その頭上はいつも菩提樹の葉で覆われている。菩提樹は悟りへと向かう仏陀を象徴する樹である。

次頁：蓮の花の台座に坐し、転法輪印(説法印)を示す仏陀。どちらも仏陀がいま説法している最中であることを象徴している(水墨画、中国、10世紀)

瞑想する仏陀

瞑想に関するアシュヴァゴーシャの著作では、できるだけ人のいない場所で、足は結跏趺坐に組み、意識を鼻の先、または眉間に集中させることが良いと推奨されている。

前世について、存在するものの生と死について、人をこの世に縛りつけ、不断の輪廻転生の苦しみに結びつける無明についてなど、菩提樹の下での瞑想を通じて、仏陀はある夜、ついに悟りを開いた。仏陀を顕現するとき、特に東南アジアでは、瞑想する姿勢をしている像が多い。その時仏陀は、足を結跏趺坐に組み、両手を体の前で合わせ（法界定印）、表情は至高の静けさをたたえている。

前頁：瞑想する仏陀（金箔、タイ、バンコク、14世紀）

大日如来

シャカムニの死から500年ほど経って興った大乗仏教では、多くの仏陀と菩薩によって構成される宇宙観が強調されるようになるが、それは密教——インドやチベットのタントラ仏教をはじめとする——の中でさらに精緻なものへと発展させられていった。そこでは神々は、5体の如来の下にある、5つの主要な集団に区分さ

さまざまな名前を持つ仏陀を描いた巻物。陰暦の1年の終わりに使われる(紙の上に墨と顔料、中国、10世紀)

れ、それぞれがさらに4つに区分される。この5と4の組み合わせによるシンボリズムはさらに展開され、曼荼羅という形の壮大な宇宙像が構成される。こうして仏陀の普遍性が、仏陀は1000の姿となって顕現するという汎神論的な宇宙観の中に集大成される。

菩薩（ボーディ・サットヴァ）

“存在”または“本質”を表す“サットヴァ”と、“究極的な真理の認識から生ずる智慧”を表す“ボーディ”を合わせ、文字通り“賢明なる存在”という名前の菩薩は、大乗仏教ではきわめて重要な役割を演じる。菩薩の本質は、すべての衆生を救済するために、涅槃を拒否したものである。菩薩は多くの場合、世俗的存在であることを強調するために美しく着飾っており、簡素な仏陀の姿とは対照的である。図像化されることの多い菩薩には、ストゥーパというドーム型の冠をかぶっている次に仏陀になる存在の弥勒菩薩、雷光を手に持って仏陀を守っている金剛手菩薩、慈悲の化身であり旅人を守る観音菩薩などがある。

3世紀に活躍したインドの仏教思想家ナーガルジュナは、菩薩とは次に仏陀となる（成仏）運命にあるものと定義した。

前頁：旅人を導く観音菩薩（彩色帛画、中国、10世紀）

女神《じょしん》

古くからインドでは、豊穣のシンボルとして女性の神々が信仰されていた。仏教では、そのような存在はヤクシニーと呼ばれた。密教的な信仰と修行を中心とするタントラ仏教の興隆に伴い、女性神の数が増え、複雑に分化していった。その中には、多くの手を持つ大いなる悪の擬人化である怪物神もあれば、智慧を象徴し、すべてを受け入れる慈愛に満ちた姿の女神もいる。

チベット仏教にも多くの女神が存在するが、ターラ菩薩ほど多彩な顔を持つ女神はいない。ターラは多くの手を持ち、その手と同じ数だけの顔と脚を持つ。ターラの像があまり多く残されていないのは、このような複雑な姿をしているからだろう。

次頁：ターラ菩薩は金剛手菩薩の女性版ともいうべき存在で、人間、鳥、動物など、すべての命あるものを苦しみから救済する。足で押さえつけている2個の四角い物体は、利己的な存在を象徴している（真鍮に一部分金箔張り、チベット自治区、18世紀）

法（ダルマ）

菩提樹の下で悟りを開いた仏陀は、その後も瞑想を続け、教義を体系化した。それによって、その教えは人々に伝道できるものとなった。その教義はダルマと呼ばれるようになったが、その意味は、“法”、“教え”である。仏陀の死後、最初に弟子のアーナンダがその教えを口述したといわれているが、それはその後、仏教徒全体のための指導原理となっていった。その教義の中心をなすものが、“四諦”である。とはいえ、仏教の教えは硬直した、教条主義的なものではなく、常に現実に合わせて変化していくものであった。しかし、いくつかのシンボルや標章、たとえば車輪（“法輪”）や“道”などは、その意味を現在まで保ち続けている。

次頁：『仏典のチベット語への翻訳』仏陀と菩薩に見守られながら、翻訳者は訳したものを複写役の書記に手渡している（チベットのタンカ、18世紀）

四諦

この世はすべて苦である。
苦の原因は煩悩である。
涅槃、すなわち苦の終わりは存在する。
仏陀によって示された道を行けば、涅槃に到達する。

前頁：仏教教義の最重要の概念である、誕生、生、死の不断の循環を表す“輪廻”を描いた“六道輪廻図”(布の上に顔料、チベット、18世紀)

この4つの真理が仏陀の教えの中心、四諦である。第1の真理、“苦諦”は、人生の本質は苦であり、無常であることを示す。第2の真理、“集諦”は、苦の原因は我に執着すること、すなわち煩悩にあることを示す。我は五蘊——物質、感覚、表象、意思、認識——からなる。第3の真理、“滅諦”は、涅槃は苦の終わりであり、無我の境地であることを示す。そして最後に、第4の真理、苦の終わりへと導く“道諦”が、八正道——正見・正思惟・正語・正業・正命・正精進・正念・正定——として示される。

法輪

仏教美術は、その最初期の段階から豊かなシンボリズムに彩られているが、その多くが仏陀の最初の教え、“初転法輪”から導き出されている。なかでも、樹、玉座、車輪の図像が特に重要である。車輪は、“ダルマ”の標章であり、法《ダルマ》の車輪を回転させることを象徴し、それゆえ、仏陀自身の象徴でもある。ダルマはまた、親指と他の四指を合わせて作る輪によっても象徴され、始まりも終わりもない完全性を意味する。

次頁：“ダルマ”の象徴、法輪は、仏教美術のなかでも最も入念に造形されるシンボルの1つである（浅浮き彫りに銀鍍金、銅、半貴石、チベット、19世紀）

道

仏陀の最初の教え、四諦の4番目は、悟り、解脱に行き着くための道について述べたものである。その後の教えのなかで、この道はいくつかの段階——道徳から瞑想、そして智慧——に区分された。しかしながら仏陀は、普通の人間生活を送っている人々がこのような道に全面的に自己を投ずることは不可能であることを認め、快楽と禁欲主義の間を行く“中道”を提唱した。一方スリランカの修行僧は、今でも、骸骨の図像を置いた小屋まで歩く歩行瞑想を行っているが、それは地上の生活を象徴したものである。

アシュヴァゴーシャの『ブッダチャリタ』によれば、仏陀は、至高の悟りへと至る道は、世界中の苦しんでいる衆生によって踏みしめられた道であると、考えていた。

前頁：悟りへと至る道の各段階が、一頭の黒い象が白い象へと変わっていくことによって象徴的に表現されている（リキル寺の壁画、インド、ラダック）

菩提樹

仏教美術のシンボル体系の中心に位置する菩提樹は、仏陀が悟りを開いた特別な夜に、仏陀の頭上を覆い守っていた自生のイチジクの樹の象徴である。初期の仏教美術では、イチジクの枝の間から悟りを開いた仏陀の姿が望まれるという構図が多かったが、その後仏教のために新たに寄進された土地がすべて祝福されるように、イチジクの枝は取り除かれ、樹は聖者のための日傘として様式化され、シンボルとなった。また、その後の精巧な寺院建築の中で、菩提樹はストゥーパの頂華（傘）へと象徴化された。

次頁：菩提樹の下の修行僧に桃の実（性的快楽のシンボル）をさし出す猿（葉の上に彩色、中国、19世紀）

姿勢

下：この説法を聞く信徒のように、仏教彫刻はその優美な姿勢で特徴づけられる（ミャンマー、19世紀）

仏陀はさまざまな姿勢で図像化されるが、姿勢は仏陀の生涯の各段階——瞑想、悟り、説法、死——を象徴している。仏教では、姿勢は重要な意味を持ち、悟りへと至る道を成功裡に進んでいくための大きな手段である。仏像は、多くが優美で穏やかな姿勢をしているが、それは主題の精神性の高さを物語っている。禅宗では、坐禅は悟りを開くための最重要の修行である。坐禅を行う人は、足を結跏趺坐に組み、ゆっくりとした一定の呼吸をしながら、心を平和で静寂な世界に留め置く。

次頁：威厳のある優美を湛える菩薩像（彩色木像、中国、12〜13世紀）

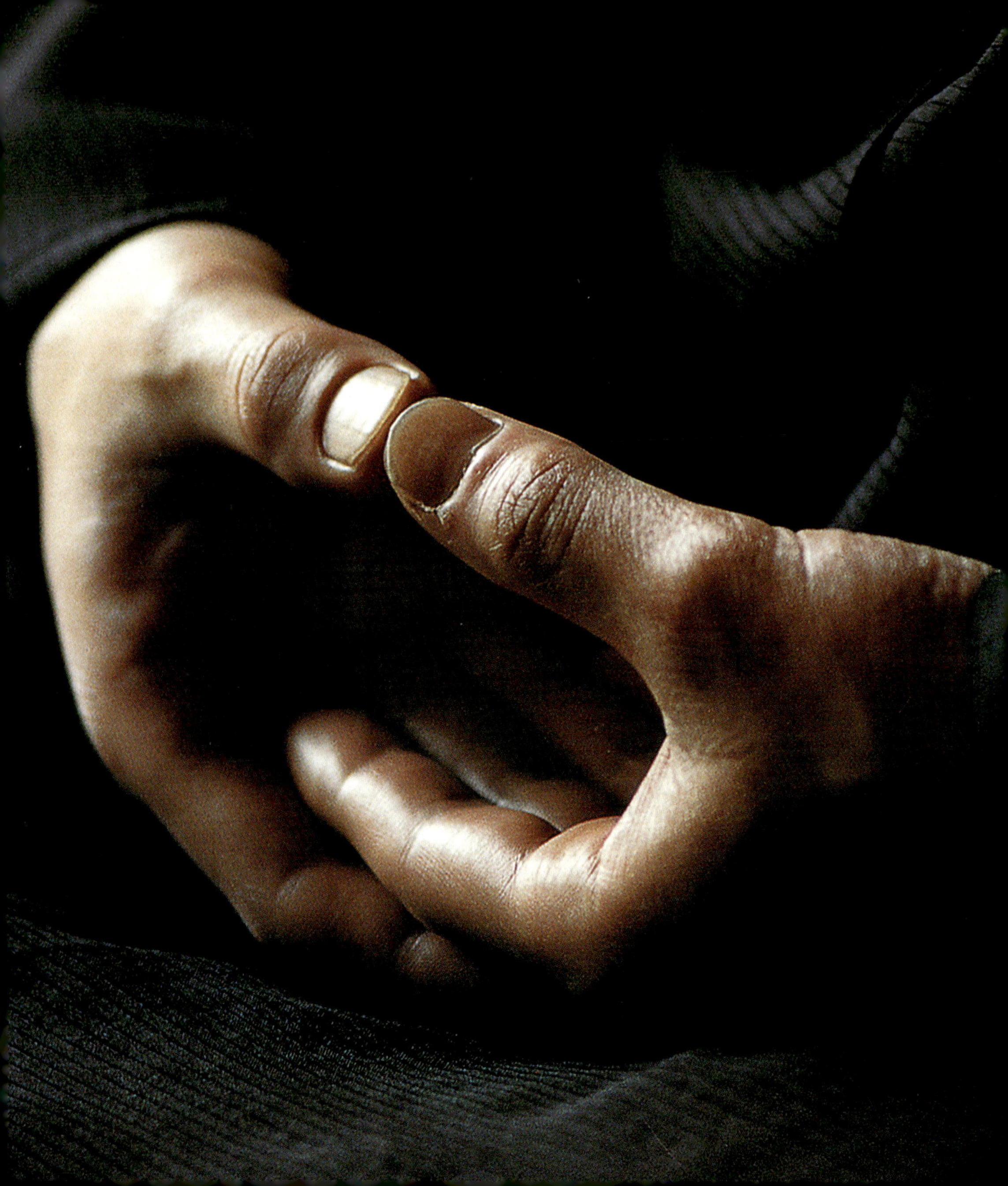

手

ヒンズー教と同じように、仏教でも、手の動きは心の動きを象徴するものとみなされ、ダルマの内容を表現する中心的な役割を担う。両手を組み合わせて作る印相（ムドラ）の多くが、仏陀の像に見られる。ムドラの意味するところは、非常に明瞭である。親指と人差し指で作る輪（説法印）は、車輪を連想させ、ダルマの象徴である法輪を表す。掌を前に向け、指先を上に向けている形（施無畏印）は、人々の恐怖心を取り除く印である。掌を前に向け、指先を下にしている形（与願印）は、願いを受け入れる慈悲を表す。膝の上で両手を組んだ形（定印）は、瞑想していることを示す。

前頁：車輪の形の印相に組んだ禅僧の手（永平寺、福井県）

蓮

悟りを開いた心、“菩提”の純粋性は、とりわけ8枚の花弁の白蓮——仏陀の蓮——によって象徴される。

蓮の花ほど、魂の浄化を象徴するのに理想的な植物はない。それは煩悩を象徴する泥沼に張る根から茎を伸ばし、葉と花を太陽に向かって広げ、悟りを開く。伝説では、仏陀は生まれるとすぐに歩きだし、その一歩一歩の足跡には、蓮の花が咲いたといわれている。蓮の開花はまた、体の神経中枢であるチャクラが開くことを象徴している。

前頁：ダルマの象徴である蓮が、僧伽《サンガ》の象徴である1人の僧を天にまで持ち上げている（チベット、タンカの部分、19世紀）

曼荼羅

あらゆる大きさの曼荼羅があるが、世界で最も大きな曼荼羅は、ジャワ島、ボロブドールの、ストゥーパと同心の回廊で造られた巨大な建造物群である。

霊的な充足感を得るための、それゆえ、悟りへと至る道を進むための道具である曼荼羅は、仏教の中心的な標章である。始まりも終わりもない円環の形や同心構造は、宇宙の形を表すと同時に、心の内面の形でもある。仏教曼荼羅は、瞑想と祈りを導くと同時に、仏の世界の表象でもある。宇宙──物質と精神の両方──の中心には、須弥山があり、それを囲むように、7つの海で隔てられた7つの同心円状の山脈がある。その一番外側の山脈の先には広大な大洋が広がり、4つの大陸が浮かんでいる。その最も南側に、人間が住む贍部洲《せんぶしゅう》がある。須弥山の上には、各方位を象徴する4体の仏陀がおり、その最も高い位置に、宇宙仏である毘盧舎那仏が坐している。

次頁：仏陀と菩薩の曼荼羅（彩色帛画、日本、859～880年）

瞑 想

菩提樹の下で瞑想し、静かで澄明な存在の実相を達成する、そしてそこから自分自身の経験を内省する、こうすることによって悟りを開くことができる、と仏陀は教えた。この建設的思考の原理によって、信徒は、輪廻という苦悩の循環を構成する無知、煩悩、憎しみの力を断ち切り、そこから上昇することができる。禅宗の坐禅には、2つの中心となる概念がある。心を宇宙の定位置に止めること（止）、そしてそこから観ること（観）である。

次頁：樹の下で瞑想し、自然の法悦を真の精神性獲得の助けとしている仏僧（日本、12〜13世紀）

光

チャクラを通して立ち昇る光の世界が、至高の悟りへと導く。光はさまざまな影と強さで宇宙に遍在する。それゆえ光は、至高の実在性のシンボルとなり、常に、寺院本堂や仏壇へ捧げる供物の中心にある。タイでは、オレンジ色のろうそくと花々、そして火を点けた白檀の香木3本をお供えするのが一般的である。1本目は、個人の自覚、2本目は五感、3本目は仏陀の三宝のうちのダルマと僧伽《サンガ》を象徴する。ろうそくは、バターなどの価値ある材料から作られたものが使われ、大切なものを供えていることが強調される。

仏教では、光は特に、死後の世界を明るく照らす意味を持ち、死者をさまざまな喜悦の世界へと導く働きをする。

前頁：バターの灯明（インド、ダラムサラ）

水

禅宗では、静寂な湖は、瞑想を通じて得られる純粋で落ち着いた心の比喩《メタファー》とされる。

ろうそくの灯明と同じく、水も本堂や仏壇にお供えするシンボル的供物の代表的なものである。水は、宇宙の再生の原動力としての女性のイメージである月のシンボル体系と深い関係がある。特別な思いを込めるとき、あるいは特別な仏様に供える場合、香草を加えてその水をさらに浄化することもある。水への意識の集中——湛えているものであれ、流れ落ちるものであれ——は、瞑想の効果を高めると考えられている。禅宗では特に、禅の修行者は、いくつかの意識の段階を通過してようやく、水の本質を認識することができるようになるといわれている。

次頁：水は昔から瞑想の効果を高めるといわれている。ここ中国の寺院では、水の静謐さがシンボリックなストゥーパのための最適な背景となっている

聖なる蛇

アシュヴァゴーシャは、瞑想のときの仏陀の組まれた足は、「まるで眠っている大蛇がとぐろを巻いているようにどっしりとしている」と述べている。

前頁：聖なる蛇ムチャリンダに守られている仏陀。その蛇はブッダガヤで瞑想していた仏陀を嵐が襲ったとき、仏陀の体に巻きついて風雨から守った（カンボジア、12世紀）

タントラ仏教のシンボル体系の中心に位置する聖なる蛇クンダリーニは、全身にみなぎる力の象徴である。それは体の下の方から次々とチャクラを開いていき、最後に頭頂部のすぐ上にある7番目のチャクラ、“千弁《リハスラ》の蓮《ラ》華”を開く。古来より東南アジアの動物信仰のなかで崇拝の対象であった蛇は、仏教の信仰体系、とりわけ教義と寺院の中に同化されていった。水のシンボル同様に、蛇は天と地を繋ぐものと考えられ、寺院建築のなかで、ある状態から次の状態への遷移を象徴するものとして、橋の上、水上、伽藍の入り口などの装飾に多く取り入れられている。

僧伽《サンガ》

仏教三宝の三番目にあたるのが、僧伽《サンガ》——ダルマの教義を授けられた者の共同体——である。最も広い意味での僧伽《サンガ》は、4つの集団——修道僧、尼僧、男性平信徒、女性平信徒——に分けられる。最初の2つの範疇と後の2つの範疇は、着衣、生活様式、精神的規範の高さが異なっている。僧伽《サンガ》のすべての成員は、仏陀の教えに導かれて悟りに至ることを希求している。

左：托鉢の椀を持つ修行僧の像（大理石、ミャンマー、19世紀）。
次頁：村人は、どんなに貧しかろうと、僧の共同体を助けるために喜捨をする（彩色写本、タイ、19世紀）

スタンバ(柱)

仏教で、聖なる場所に視覚的シンボルを置くことが始まったのは、仏陀が入滅して約300年も経ってからのことである。インド北部では、仏教に帰依したアショカ王(在位:紀元前273年頃〜232年)が、古代からインドに伝わる聖柱崇拝を受け継ぎ、それを仏教の伝播に利用した。柱身に仏陀の教えを彫り、柱頭に聖なる動物を戴いた石や木の柱が、ベンガルからアフガニスタンまでの広い地域に、何万本と立てられた。それはメソポタミアの記念碑的円柱と似ている。

左:アショカ王の柱のうち最も有名なもの。柱頭にライオンが載っている(砂岩、サルナート、インド)

ストゥーパ

仏陀の遺骨が多くの王国に分配され、それを納めるためのストゥーパが各王国の主要都市に建造された。

仏教の記念碑的建造物のなかで最もよく知られているストゥーパは、頂部に柱のある円形ドームである。ストゥーパは、仏陀が幻想の世界における戦いに勝利し、解脱を達成したことを象徴する簡素なシンボルである。頂部の柱は世界軸《axis mundi》、宇宙の中心にある須弥山を表し、多くが、柱を軸としてまわりに三宝を表す3つの傘が広げられている。ストゥーパを周回しながら瞑想すること(プラダクシナ)によって、瞑想の効果は一層高められるといわれている。

次頁見開き:4つの独房とストゥーパからなるネパールの僧院(彩色写本、ネパール、1015年)

मामन्दर
नवानान
मयुवमशा
खगनावाम
आनना वाटे
नगरकुनवा
 बीखंद्रवर्ग

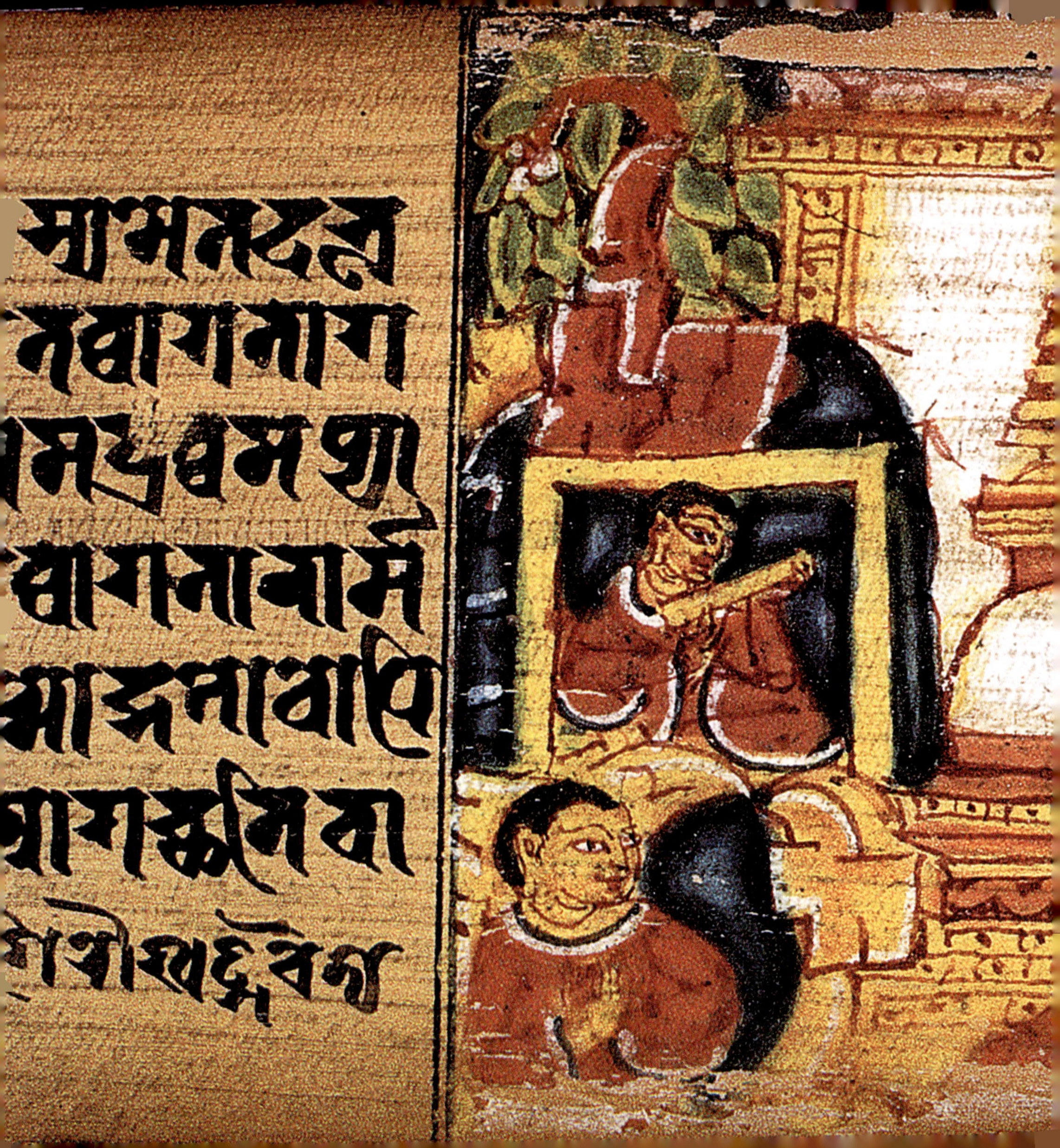

दाद्यापश्चाङ्क
नाल्मिसाद
वसमायग्र
यामंवयाम
सवामदास्त
गाह्मिवायय
।१२

宇宙としての寺院

仏教寺院は、それ自体が非常に複雑なシンボル体系であり、仏教的宇宙観に基づく4次元的宇宙地図である。たとえばタイの寺院では、中心に、宇宙軸である聖なる山、須弥山を表す高い塔が建ち、そこから東西南北の方向に向かって、その他の寺院複合体、伽藍が展開される。ストゥーパのドーム型は、時間と空間の両方の次元で宇宙の起源である“宇宙卵”を表している。さらに、ストゥーパはその形のすべてが豊かなシンボリズム体系そのものである。基壇、ドーム、尖塔、柱頭、頂華は、それぞれ宇宙の5大要素である地、水、火、空気、風を表している。

次頁：チベット最古の仏教寺院であるサムイェー寺。曼荼羅の構図にそって、宇宙を表すように伽藍が配置されている(綿布の上に顔料、チベット、18～19世紀)

祠堂と霊場

仏教の修道的、瞑想的側面の表現形態として、仏教は、霊場とそれをめぐる巡礼という形で、太古からの土着宗教と結びついた。建設的自省のために静寂な場所を求めるという動きは、仏教の発展の1つの方向となり、実践的にもシンボル的にも、霊場や巡礼に重きが置かれるようになった。そのなかで現在でも有名なのが、インド西部の石窟の霊場（チャイティヤ堂）で、その多くが前面を木造の建物で飾られており、初期の仏陀と弟子たちを想起させる森の中にある。巡礼者は堂内にある仏陀の遺骨を納めたストゥーパに礼拝する。

アシュヴァゴーシャは『サウンダラナンダ』のなかで、独りで瞑想を行うことによって、長寿と強さ、そして自らの欠点を矯正する力が生まれると説いた。

祠堂や霊場は、時に、古来からの土着の宗教を吸収し習合することがあった。この神道曼荼羅（前頁）では、仏陀や菩薩が、神々として描かれている（日本、熊野）。修道僧の独房（左）もまた、強い霊気に満ちた場所と考えられた

入り口

寺院、特に仏陀の像を安置している本堂は、高い精神性の成就のシンボルである。それゆえ、その入り口は、特別重要な意味を持つ。存在の高い次元への遷移のシンボルである寺院やストゥーパの多くが、技巧を凝らした大量の装飾的造形で飾られているが、それは本堂へ入っていくための儀礼と心の準備の大切さを強調するためである。扉もまた豪華な彫刻で装飾されているものが多いが、それは外の世界に向かって、扉の内側、祠堂内部の空間の霊的重要性を強く訴えかける。外の世界から内の世界への遷移、そしてその逆はまた、橋や欄干でも表現される。

インド、エローラの岩窟寺院の入り口。岩盤に、菩薩に護衛されながら説法をしている仏陀の姿が彫られている

導師と信徒

入り口と橋が、精神のある段階からさらに高い段階への遷移を象徴するように、僧伽《サンガ》における導師と信徒の関係も、意識の高次の段階への上昇を導くきわめて重要な契機である。修行僧の生活は多くの日常的な作務や修行によって形づくられているが、何よりも仏教に生き生きとした活力をもたらすものは、導師から信徒への精神的知識——瞑想法、より高度な智慧の修得——の伝達である。修道僧の生活は戒律によって細かく規定されているが、それはすべてが象徴的な意味を有しているからである。それからの逸脱は破戒として罰せられなけらばならないものである。

心身の疲れをまったく感じない段階へ到達するまで、昼夜を問わず修行僧は修行しなければならない。そうなったとき、涅槃の境地に入る準備ができたといえる。

前頁：慈悲に満ちた眼差しで信徒に智慧を授ける老いた導師（壁画、中国、9～10世紀）

音楽を奏でる優美な女神。音楽は宇宙の中心から送られてくる震動を伝える道具と考えられた（デプン寺、チベット、ラサ）

涅槃

僧《サンガ》伽を取り巻くシンボリズム体系のすべては、ある1つの目的地——自我と五感を超越した心の平安の成就——に捧げられている。音楽を奏でることも、真言《ムドラ》を唱えることも、諸々の仏陀と交信する手段の1つと考えられ、時にそれらの仏陀自身が精妙な音の発信地としてシンボル化される。また音楽や真言は、体の精神中枢であるチャクラを開かせる手段とも考えられている。その他の活動——作庭、写経、供花など——も、解脱を願う修行僧が、心を、霊的覚醒、悟りの究極の静寂、三宝のすべてのシンボル体系の完全なる合一へと集中させていくための手段である。

出胎圖

萬年
吉
如

道教

3つの宗教のある土地

中国共産党が政権を握る以前の中国には、3つの大宗教が広まっていた。というよりも、2つの宗教と1つの処世訓といった方がより正確かもしれない。最も古いものが、宮廷の高級官僚の間で支持された、高潔で厳格な倫理体系である儒教である。次に広まったのが仏教で、多くの宗派が興亡し、多種多様な展開を見せた。時には、大衆受けする呪術的な信仰とほとんど変わらないものもあった。そしてこの点で、第3の、思想と実践の広大な体系である道教の最も素朴な形態と重複、習合するものもあった。道教は、唯一神を中心とする厳格な宗教体系ではなく、人々が生きていくための道標となるものである。

p.404：“陽”の要素である龍をモチーフにした絹の天蓋（中国、16～17世紀）

右：孔子と老子が、将来の仏陀であるシャカムニをあやしているところ（帛画、中国、14世紀）

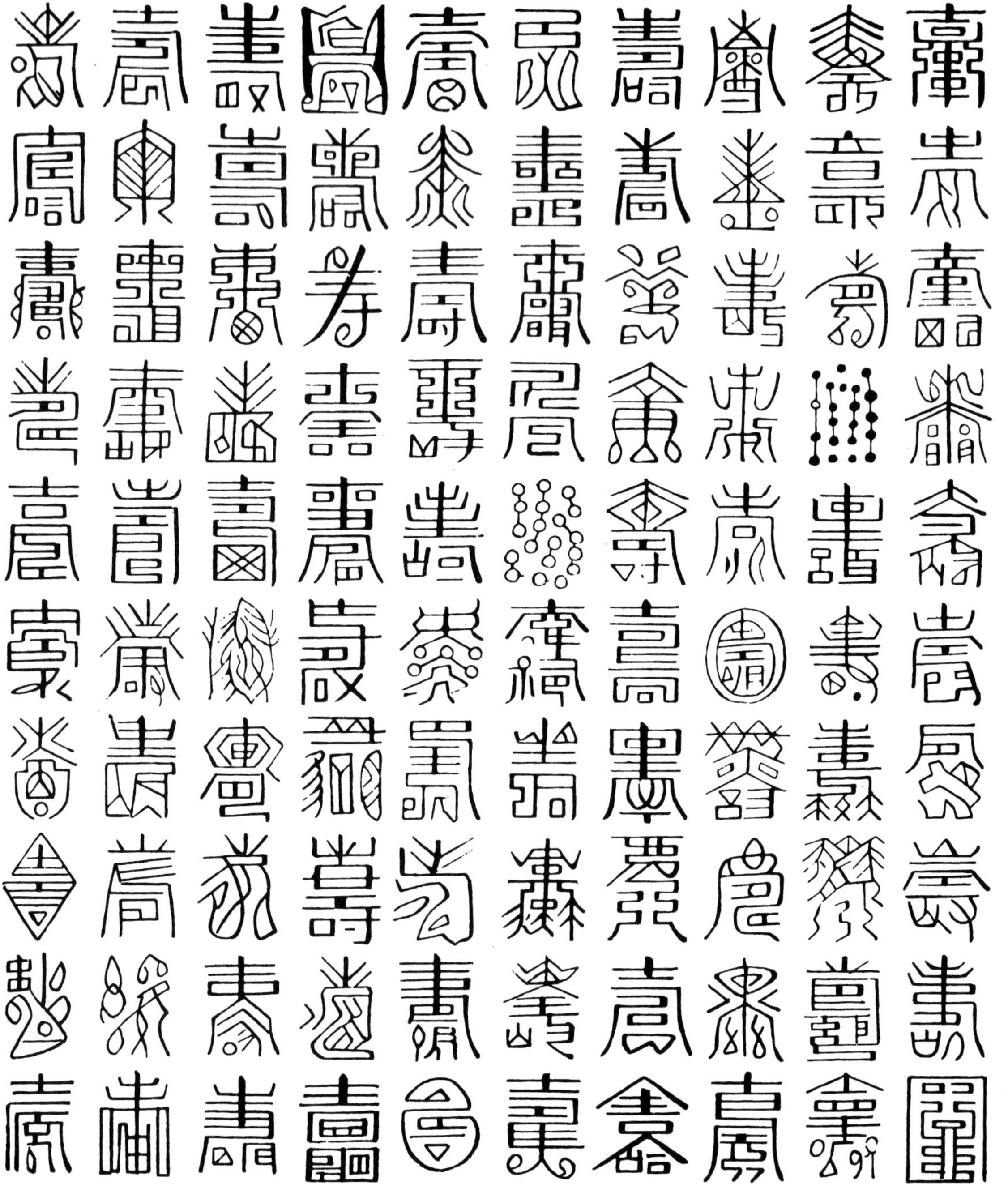

一枚の絵は千の言葉に値する

道教は、シンボルの世界に深く根を下ろしている。中国語の漢字そのものが大いなるシンボルであり、それは書く者の精神を映し出すといわれている。紙の上を動く筆の芸術、書道は、それ自体が宇宙の生命の流れを象徴し、連続する筆の跡は、宇宙エネルギーの発露である、と道教では考える。道教はまた、優美で精緻な秘密文字の世界を発展させたが、それはその文字の外延的および内在的意味、字形によって、天と地の動力学を表現する。

上：“寿”（「長生き」を意味する）という漢字は、道教では非常に重要であり、死後の世界に相対するものとしての現世に焦点を当てるという意味を持つ（拓本、中国、19世紀）
前頁：“寿”の漢字を護符にした100の形

道

“道”という言葉は、翻訳を拒んでいるようにみえ、完全に定義することはむずかしい。古代のある碑文によれば、それは「すべての原理の根源であり、神秘を超えた神秘」である。英語で、時に不十分ながら“the way”と訳されることのある“道”は、すべての現象を形づくる根源ではあるが、けっして目で見ることはできず、ただ水の流れ、男女の性の営み、体の霊能中枢の覚醒、そして優れた道士だけがそこに住み天と交信することができるといわれる深山幽谷によって感知できるだけである。

仙人となった道士が厳かに、“陰陽”のシンボルである太極図の巻物を開いている（絹襖、中国、14～17世紀）

三玄の思想

道教の原理は、その深奥の部分でさえ、どれも開放的で、実生活に適用することのできるものであるが、それは基本となる3つの書物──『老子道徳経』（訳注：『老子』または『道徳経』という場合もある）、『荘子』、『易経』──にも表れている。『道徳経』は、隠喩と箴言によって調和へと至る“道”を説いたものである。『荘子』はそれをさらに深く掘り下げ、自然との関係のなかで人間存在の意味を説いたものである。『易経』（英語では『Book of Change』と訳されている）は、実用的な占いの書で、予期しうることを列記したものだが、厳密な指図の書といった性質のものではない。

前頁：道教の三玄の書は、人に、真理の探究と宇宙の生命エネルギーとの調和を説く。それはこの青銅の壺の3次元的造形（中国、西彼王朝、紀元前209～206年）や、青磁の皿（左）の始まりも終わりもない流れに象徴されている（中国、明、14世紀）

道の道とす可きは、常の道に非ず。名の名とす可きは、常の名に非ず。名無きは天地の始め、名有るは万物の母。

『老子』（第1章、峰屋邦夫訳注、岩波文庫）

老子と『道徳経』

道教思想の根本を示した『道徳経』は、世界の他の大宗教の経典と比べると、非常に短いものだが、内容はきわめて濃密である。それを構成するひとつひとつの短文は、精妙かつ難解で、説明ではなく示唆に、答えではなく疑問を投げかけることに重きを置いている。時に『五千字の本』と呼ばれる『道徳経』は、大部分が、紀元前6世紀に実在した孔子と同時代の聖人、老子の言葉から成ると考えられているが、書物の形式を取るようになったのは、紀元前4世紀頃からのことである。

次頁：老子石像（中国、福建省、10世紀）。老子は、牛の背に乗っている姿（下）でよく図像化されるが、それは汚濁から自由であることを象徴している。（青銅像、明王朝、中国、17世紀）

黃文龍 敬謝
南寶樹脂經銷商

仙人

道教の不老不死の仙人たちは、さまざまなシンボル、持ち物によって、どの仙人を表しているのかがわかるように描かれている。彼らの力は、生まれながらの神性により生じたものというよりは、あらゆる事象を深く観察し、人知を超えた理解——そしてその結果多くが不老不死となる——に達することによって獲得されたものである。鶴や龍の背中に乗って空中を自由に飛び回り、天の宮廷にも仕えている仙人もいるが、古代の伝説に登場する仙人の多くが、地上に住み、辰砂や茸などの象徴的な物質を摂取することによって、“陰”と“陽”の宇宙エネルギーを体内に取り入れていると考えられている。

上：飛龍と仙人。天に近いことを象徴している（浅浮き彫り、中国、漢王朝、紀元前3～紀元後3世紀）

前頁：歴代皇帝が治世の成功を天地に報告する儀式“封禅”で、天に続く道に並ぶ6～12人の仙人の1人、“朱衣”の張り子（台湾南部）

寿老

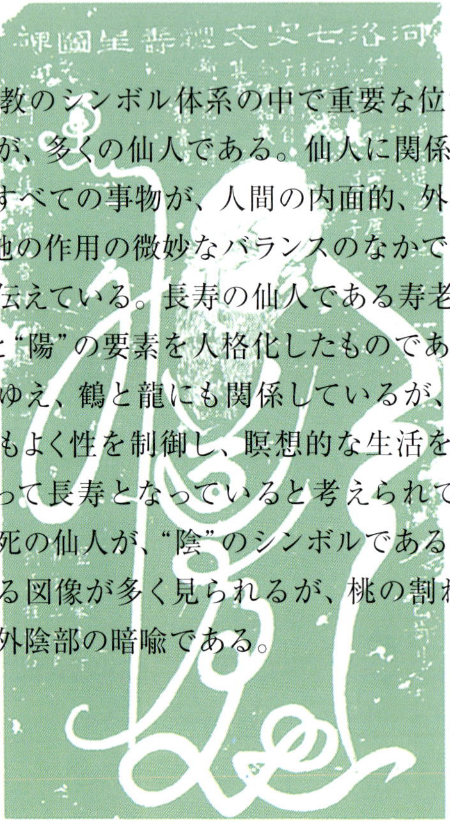

道教のシンボル体系の中で重要な位置を占めるのが、多くの仙人である。仙人に関係するほとんどすべての事物が、人間の内面的、外向的力と、天地の作用の微妙なバランスのなかで豊かな意味を伝えている。長寿の仙人である寿老は、男らしさと“陽”の要素を人格化したものである。彼はそれゆえ、鶴と龍にも関係しているが、どちらの動物もよく性を制御し、瞑想的な生活を行うことによって長寿となっていると考えられている。不老不死の仙人が、“陰”のシンボルである桃を抱えている図像が多く見られるが、桃の割れ目は、女性の外陰部の暗喩である。

『道徳経』では、柔軟性、無為、順応性、そして脆性が長寿につながり、対照的に、堅固、剛強は死を招くと述べられている。

男性仙人のなかでも最も高位にある禿頭の長寿の仙人、寿老が、長寿のシンボルである経文巻物と桃を捧げている(紙に顔料、中国、清朝、17〜20世紀)

不死鳥とともに描かれた“陰”のシンボル的女仙人である西王母（中国、帛画、16世紀）

西王母

明らかに“陽”の代表である寿老像は、桃を手にしていることによって、“陰”エネルギーとの近さを示しているが、彼の対角線上には、女性的“陰”の代表であり、不老不死の女王ともいうべき西王母が存在しなけらばならないだろう。西王母は美しい花や鳥でいっぱいの豊饒の園に住み、秘密の不老不死の桃の樹を守っている。西王母はたいてい、女性の性のシンボルである供物皿を抱えた姿で表されているが、何世紀にもわたって、道士のあこがれの的として君臨してきた。

道教では、男性だけでなく女性の仙人も重要な役割を果たし、女性からだけでなく男性からも強く崇拝された。

聖なる調和

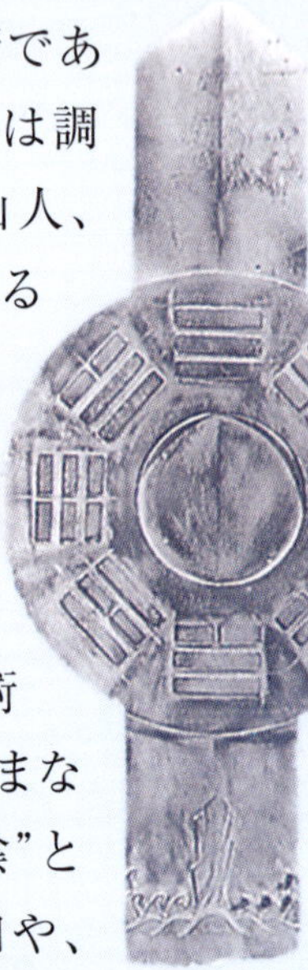

人生であれ、芸術であれ、道教の究極の目標は調和であり、それは八仙人、山岳の神域に住む聖なる動物の伝説、さまざまな動物寓話、そして毎日の思慮深い生き方などによって表現される。古代より中国美術に使われてきたさまざまな標章、図像体系は、“陰”と“陽”の2つの力の調和や、充足の感覚をもたらす観想などを表すシンボルによって構成されてきた。そこでは、宇宙の根源的な引き潮と満ち潮、男性の原理と女性の原理、永遠と変転など、最も広い意味で対極にあるものの間の調和が希求されている。

右：万物——天、地、人——の統一が、男根の形（“陽”）の模様のある深皿（“陰”）で象徴されている（中国、明、16世紀）。同様の統一が、この璧玉（上）の中のトリグラム（三重文字）にもみられる。天、波、岩が、地を表す柱によって貫かれている（中国、明、15～16世紀）

陰陽

道教の思想の中心にあるのは、両極性の原理である。しかし誤解してはならないことは、強調されるているのは相反する2つのものの対立ではなく、万物は

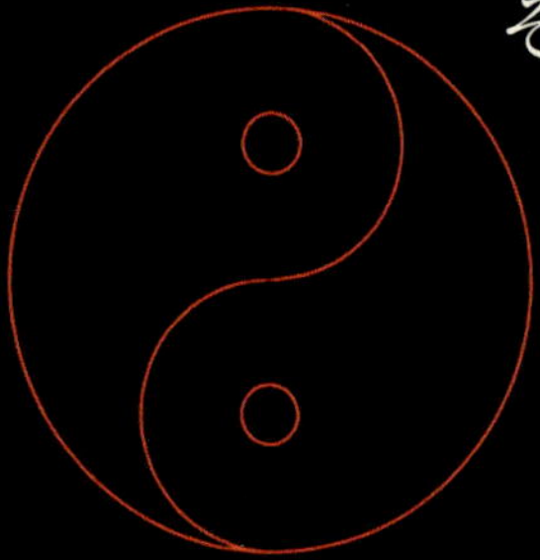

その内部に反対物を秘めており、反対物がそこにあるがゆえに、万物に意味があるということである。生と死、光と影、善と悪、肯定と否定、引き潮と満ち潮、男と女、これらは同一の体系の一部として共存しているのである。それゆえ、一方の滅衰は、同時に他方の消滅を意味する。

有無相い生ず

『老子』(第2章、峰屋邦夫訳注、岩波文庫)

“陰陽”のシンボルのある彩色円盤。まわりに描かれているのは、“陰”（線が2つに分かれているもの）と“陽”（分かれていないもの）で構成されるトリグラム（三重文字）

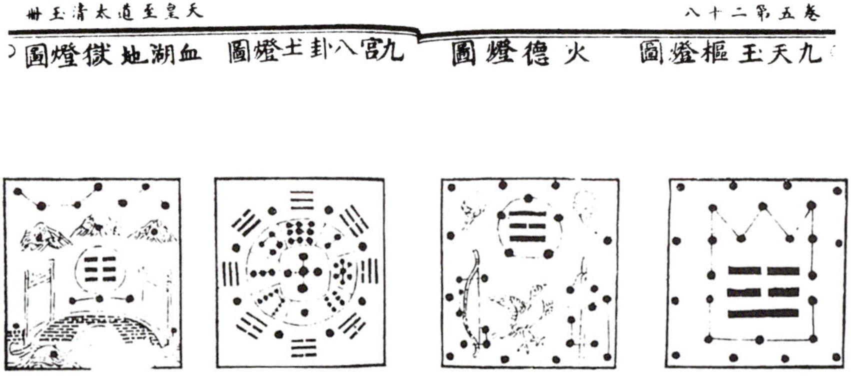

卷五第二十八
天皇至道太清玉冊
九天玉樞燈圖
火德燈圖
九宮八卦土燈圖
血湖地獄燈圖

易経

道教の3大経典の1つである『易経』は、道教のマニュアル的な書物といえるかもしれない。その起源は定かではなく、非常に古い時代のものであると考えられているが、『老子』にも『荘子』にも、それに関する記述はない。おそらく、口伝されてきた民の智慧を体系化したものであろう。それが他の予言書と異なるところは、過去、現在、未来を、流動し変化する躍動的なものと捉え、決まりきった指図や禁忌を拒む点である。“陰”と“陽”の力は、2つに分かれた線“陰”と、分かれていない線“陽”によって構成されるトリグラム(三重文字)を2つ組み合わせた、64種類の六芒星の形(“卦”と呼ばれる)を通じて相互作用する。

前頁上：現代の道教寺院の天の門。最初に時間が始まり、次に天ができたといわれている。門のまわりのトリグラムは、新しいエネルギーが世界に注入されるという内容を示している。
前頁下および上：“陰”と“陽”の絶えざる相互作用は、トリグラムを組み合わせた形で示される。

筮協從圖
帝舜
大禹
諸臣

吉凶を占う

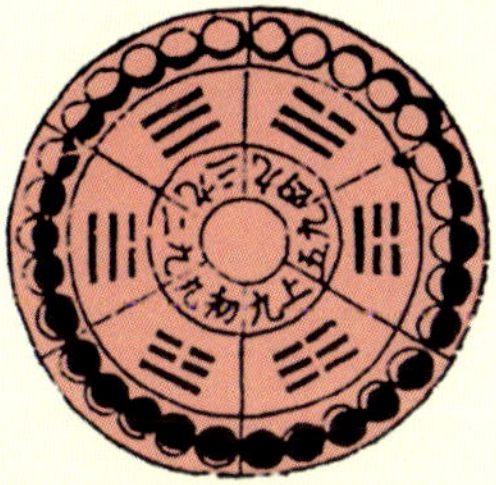

未来を占うために魔法陣を使うことは、道教の中心的な実践である

前頁：皇帝の指示の下、ノコギリソウの茎を使った占いが行われている

上：無作為に選び出された物や、一定の規則性のあるトリグラムを使って易経図が作られることもある

『易経』には、大きく分けて、未来を占うための3つの方法が述べられているが、最も重視されるのが50本の筮竹を使うものであり、それに合わせて6本の算木や6枚の硬貨をいっしょに使う場合もある。まず、きれいな布を掛けた何も置いていない机の上に『易経』の書物を置く。道教では、智慧は北の方角から授けられるとされているので、机は部屋の真北の方角に最も近いところに据える。そして占者は、南の方角から机に近づく。次に、筮竹、棒、硬貨の傍に、香炉を置く。占者は、占いたいことをしっかりと頭の中で念じながら、筮竹を両手で分けたり、算木や硬貨を投げたりして、2つのトリグラムの形を導き出し、その形の意味するところを『易経』から読み解く。

色と意匠

古来より、“陰”と“陽”の両極性は、中国美術の基本的分割原理である。“陰”と“陽”の絶えることなき相互作用は、絵画、壁掛け、織布の模様、さらには日用品の陶器まで、実に多くのものの装飾テーマになっている。数色を使って作られる市松模様は、“陰”と“陽”を交互に並べることを意味し、根源的な力の調和を表現する。赤と青、赤と緑、白と黒、金と銀などがよく使われる色である。また、男性と女性のどちらか一方とより強いつながりのある道具の場合は、“陰”と“陽”のどちらかの要素が強く表現される。たとえば、陶磁器や石鹸石などは、家事の女性的側面と関係が深いと考えられ、それゆえ、“陰”のシンボルである籠や茸の絵柄が描かれることが多い。

前頁：不死鳥（朱雀）と鶴の意匠を対照的な色の中に織り込んだ、非常に珍しい帛画パネル（中国、明、15世紀）

宇宙

道教は、“因循主義”、すなわち万物を他の万物との因果関係の中で見る世界観によって基礎づけられている。“前”は、“後”があるから存在できるのである(「前後相随」)。『老子』は次のように述べている。「道は一を生じ、一は二を生じ、二は三を生じ、三は万物を生じる。」こうして世界は、“陰”と“陽”の調和した世界として表象される。東は“青龍”(昇りつつある“陽”)、南は“朱雀”(不死鳥、“陽”の最高点)、西は“白虎”(昇りつつある“陰”)、北は亀とそれに絡みつく蛇が一体となった“玄武”(“陰”の支配)で表される。

次頁：宇宙の統一を表す動物のシンボルで飾られた鏡。中央が四神獣、次が十二支、外側が二十八宿(星座)を表す(中国、17世紀)

下：“玄武”(“陰”)と“青龍”、“白虎”(“陽”)が絡み合っている青銅像(日本、19世紀)

唐二十八宿鏡一

縮本

是鏡包括乾象制以甚鉅可云二十八宿羅心胷矣面徑建初尺一尺三寸三分書不能容故縮成分寸六分其弟一層爲四神次層爲八卦三層爲十二生肖四層似符似字不能盡識五層二十八宿六象六層二十八宿星君之名與博古圖中二十八宿竟盡星文者不同其弟四層篆文亦大同小異殊不可考

宇宙エネルギーは1個の真珠によって象徴され、それを追っている青龍（“陰”）の背景は赤色（“陽”）である（帛画パネル、中国、16～17世紀）

天の道は、余り有る者は之を損し、足らざる物は之を補う。

『老子』（第77章、峰屋邦夫訳注、岩波文庫）

翡翠の天

地と天は、それ自体が“陰”と“陽”の両極のシンボルである。不活性と受容性が、地の“陰”の特徴であり、反対に、天は活動的な“陽”エネルギーで満たされている。古来よりこのシンボル体系は、硬貨鋳造にも拡張され、円（天）の真ん中に四角形（地）の穴が開いた形になっている。また天を円で象徴する形は、璧玉にも見られ、その他のお守り同様に、その多くが翡翠で作られた。それ以外の石は地の要素と考えられたが、翡翠だけは、神獣である龍の精液の固まったものと考えられ、天の要素である。

前頁：星座を表す浮彫りの点で装飾された翡翠の璧玉（中国、紀元前3世紀頃）

天球の動きは、古代の道士たちの興味をひきつけてやまなかった。北斗七星の杓の騎馬車に乗り天を運行する聖人に朱雀と青龍が随行している

地の五大要素

道教では、宇宙を構成する要素の相互依存関係は、“陰”と“陽”で表されるが、初期には、世界の因循的関係を表すのに、五大要素——木、火、地、金、水——も用いられた。中国北東部出身の思想家、鄒衍（紀元前350〜270年）の教えによれば、木は火を起こし、その灰から地が生まれ、地の深いところから金が生まれ、その研磨された表面は露（水）を呼び集め、それが木を成長させる。こうして循環が完成する。

次頁：宇宙の調和を象徴するさまざまな吉兆のシンボルで装飾された桃形の小箱

不論窮亦乃自韜崇
枝柱如弟弟不偏於
如窩龍勢靜書琴者
凌空载茂尚書院森
支以德壞依以碧汤
裁以萬年以重春心

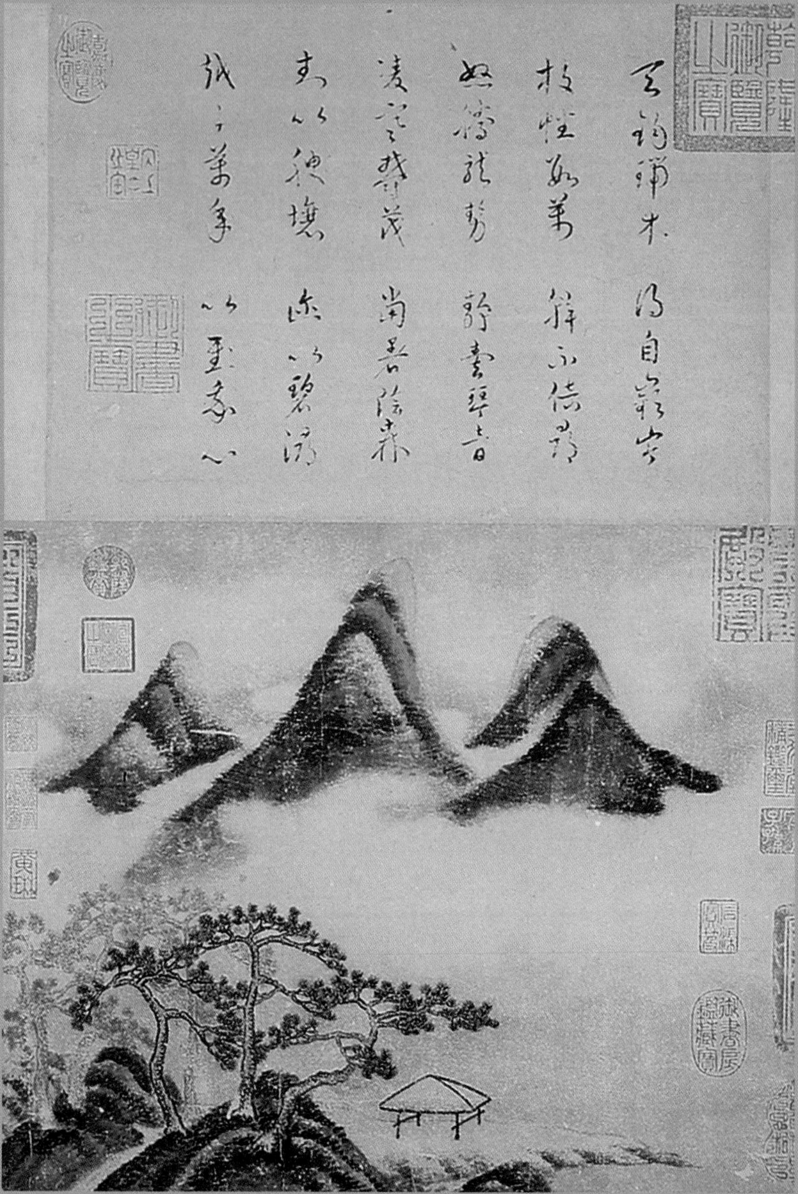

調和の風景

“道”とは自然の本源的流れ、万物の存在様式、宇宙の秩序原理である。“道”は、自然現象の連係――山と谷、地と水、高と低、凹と凸など――を通じて表現される。道教の美術家は、風景画の中で、地のさまざまな要素の精妙な連係を形にすることによって、主題である宇宙の調和を表現する。山々は、静かで受動的な地の“陰”の上を走る“陽”エネルギーの流れ、“龍脈”として描かれることが多い。

上：この護符は5つの高い山の頂をシンボル化したものであるが、それは地の五大要素を表す

前頁：『春山瑞松図』、至高の調和を表す米芾の水墨画（1051～1107年）

左：馬麟『滝前図』、2人の賢者が滝を眺めながら静かに思いに耽っている。岩壁を登る木々は、学者としての不屈の精神を象徴している（帛画、1246年頃）

次頁：波をモチーフにした精巧な木彫りの台（中国、清、1769年）

『老子道徳経』では、水は最高の善に最も近い要素とされている。水は万物に恵みを与えながら、誰もが嫌がるところに流れる。それゆえ水は、“道”の完全なるシンボルに最も近い要素である。それは従属的で弱い存在であるが、強く硬いものをよく穿つことができる。

上善如水

“道”は宇宙の秩序であるが、西洋文化の厳密な概念から発する“秩序《オーダー》”とはまったく異なっている。その秩序は有機的なものであり、五大要素のなかで最も弱く、かつ最も強い要素である水によって最も完成された形で象徴される。「道が世の中にある有様を喩えていえば、いわば川や谷の水が大河や大海に注ぐようなものである」『老子』(第32章、峰屋邦夫訳注、岩波文庫)それは“陰”の地の息である雲や霧に姿を変え、やがて雨となって風景の中に流れを見出し、“陽”のエネルギーで川や大海を満たす。その流れゆく様は、まさに宇宙の気の流れそのものであり、その静かに満ちている様は、平和と和合の象徴である。

石脈

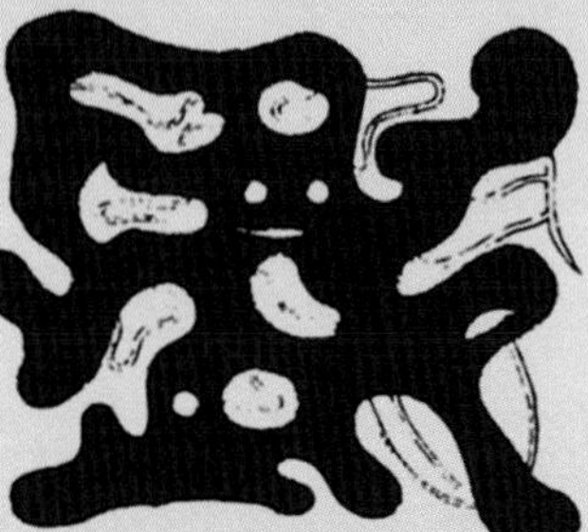

上：岩（“陽”）の窪み（“陰”）の図（前漢、紀元前2世紀）

道教の賢人は、水の動きに見られる宇宙エネルギーの予測不能な渦巻く流れを、他の多くのもの、たとえば立ち昇る煙や香の中に見出した。またそのような有機的な動きは、多くの陶器や金属細工において、墨流し模様や線描、あるいは染色によって表現された。また、道教信者は、悠久の水の浸食作用によって生まれた岩や石の紋や脈をこの上なく賞賛した。水によって研磨された石は、まさに“道”の象徴であり、その不規則な流紋は、“陰”と“陽”の相互依存関係を示唆している。そのため、そのような石が熱心に蒐集された。

次頁：木レンガの装飾として彫られた、交互に絡み合う浅溝と深溝も、エネルギーの脈の象徴である（9世紀の崔鶯鶯の恋愛物語を題材にした木版画）

欻火會雷霆大煞雷電大作折樹誅妖驟雨傾盆

辰砂（丹《に》）

道教の鉱物シンボリズムの双璧が、翡翠と辰砂（丹）である。辰砂は聖なる龍と密接なつながりがあり、それゆえ“陽”の力を象徴する。しかし辰砂は単なる“陽”のシンボルにとどまらず、“陰”と“陽”の合体のシンボルでもある。
辰砂は主として硫化水銀からなり、赤の顔料となるが、道教の秘術では、直接的すぎるきらいもあるが、不老不死の霊薬（エリクサー）とみなされている。道教の内的錬金術（内丹）によれば、辰砂は究極の霊的高みの実現を象徴し、体内にひそんでいる全エネルギーを覚醒させ、宇宙との完全なる合一へと導く。

前頁：高いシンボル性を有する最も価値ある顔料である丹（辰砂）と墨によって、火と雲の融合が描かれている（道教の暦、中国、19世紀）

花と果実

植物は、優美で、多くの種子を生み、地に深く根ざしていることから、強い“陰”の性質を持つ。古来より中国美術では、全体的な調和の構成の中で女性らしさを強調するときに植物の絵柄が使われる。たとえば、食器に使う磁器に描かれる花の絵は、器に盛られた食べ物の“陰”エネルギーが、よく体内に吸収されるようにという願いが込められている。家庭生活の円満を象徴する牡丹（“陰”）の庭を描いた絵には、多くの場合、尾長鳥（“陽”）が舞い降りるところが描かれ、釣り合いがとられている。マツやスギなど、男らしさを象徴し、“陽”エネルギーを発するために描かれる木もあれば、優美な桃の花や実が、節くれだった幹の先端に描かれ、調和のとれた美しさが醸し出される場合もある。

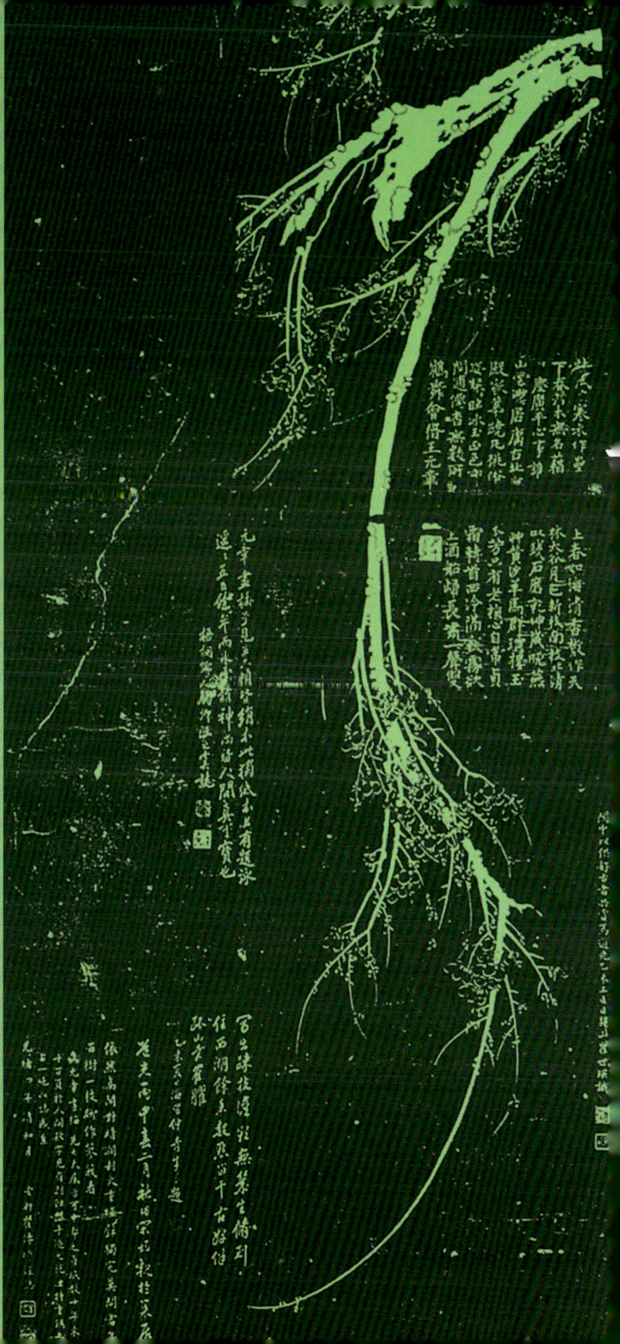

道教の植物や果実のシンボル体系は、複雑で変化に富んでいる。しかしその大半が、この見開きの2つの図像に見られるように、性的エネルギーを象徴している。桃の絵の磁器絵皿（前頁、中国、18世紀）と冬の桃の蕾（拓本、中国、14世紀）

左：不老不死に効くといわれている万年茸（石彫、中国、明、17世紀）

次頁：陶器の壺（“陰”）には、長寿と充実した性生活に効くといわれている霊芝が描かれている（中国、20世紀）

茸

一見したところ不確かで柔らかい性質を持つ茸は、道教の世界では、“陰”の要素を代表する存在である。茸はこのような重要な位置を占めているため、道士のかぶる伝統的な頭巾——香を焚きこめた冠巾——は、菌類が増殖していくときのような形をしている。そしてその頭巾には、“陽”を象徴するものが飾られ、釣り合いがとられる。雲（“陰”）を身にまとって現れる女仙人の藍采和は、常に牡鹿（“陽”）を連れているが、その男らしさは、口に茸（“陰”）をくわえさせることで緩和されている。窪みがあり、菌類特有の渦巻紋様のある茸類は“陰”の要素とされるが、男根を連想させるトウモロコシ形の茸は、力強い“陽”の要素とみなされる。

龍と朱雀

自然世界であれ形而上学的世界であれ、道教では、認識される世界のすべてが、“陰”と“陽”の両極性の均衡で満たされている。“陽”は獣で象徴されるが、それらは攻撃的で、男性的である。雄馬、牡羊、雄鶏、そしてとりわけ、皇帝の象徴である龍がその代表的なものである。龍はまた、性の交わりの力強い象徴でもあり、白虎に跳びかかる姿や背後から襲う姿で描かれることが多い。角鹿、サイ、鳳凰、朱雀も力強いシンボルである。特に朱雀は、王妃の象徴として龍の傍に表されることが多く、道教寺院では両者がいっしょに描かれている図像が多く見られる。

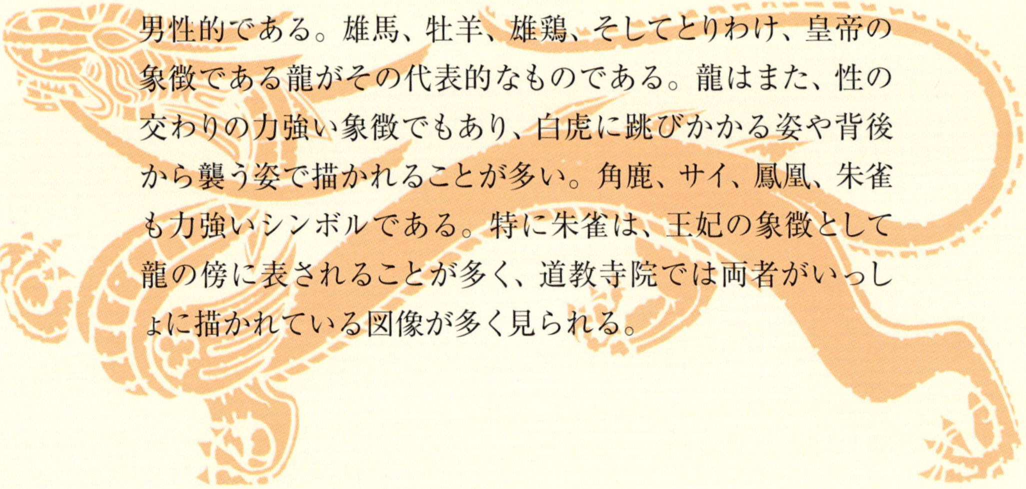

次頁左：龍と虎はそれぞれ天と地のシンボルである（木版画、日本、18世紀）
次頁右：道教寺院の屋根を飾る龍魚の走獣（陶器、中国、清、19世紀）

前頁：花や葉の中を飛ぶ朱雀（帛画パネル、中国、宋、10～12世紀）

下：意匠化された鳥（漆椀、中国、漢、紀元前1世紀）

内的世界の外部世界への反射

十分にとはいえないが、西洋の思想と言語の範囲内でも、“道”と道教を語ること、そしてその主要なシンボルを識別することは可能である。しかしもう1つの実践的で重要な問題がある。真の道士はいかにして、自らの内的世界と外部世界の均衡を図っているのだろうか？　彼らはいかにして、眼前にあるシンボルと心の内なるシンボルを理解し調和させて、精神的、性的調和を達成しているのであろうか？

遊んでいる道士の子どもを描いた皿。内的錬金術（内丹）の実践を通じて、道士が生まれ変わったことを象徴している（中国、明、16～17世紀）

真の道士

道教の理想は、宇宙の鼓動と一体となって、自由に時間と空間を飛び回り、地から天へと移動する仙人の生き方に象徴されている。道教の究極の目標の人格化として、仙人は数多くの伝説や神話を形作り、完全なる調和を達成した宇宙の支配的シンボルとして君臨している。道教の信徒は、常に自己の研鑽を心掛けなければならず、極性として現れるときも、あるいは“陰”と“陽”の調和として現れるときも、たとえささやかなことであれ、身のまわりに出現するシンボルを読み解かなければならない。

道士が宇宙の神々に、今から祭儀が始まることを告げ、参加してくれるように祈願しているところ。帽子の上の火炎の飾りは、道士の心の内なるエネルギーを表し、道士と天との交信を視覚化したものである

無為

無為は、道教の中心的な原理である。事物の本来の姿を人為的にゆがめることは、長期的にみて失敗につながる。しかし無為は、完全に行動しないことをいうのではない。それは自然の法則と同調すること、宇宙の律動と自分自身の生き方を調和させることを意味する。その教えは、松と柳の説話でうまく象徴されている。激しい雪の後、堅い松の木は、積った雪の重さに耐えきれず折れてしまったが、しなやかな柳の枝は、身をかがめ、雪を自然に地面に落下させた。

次頁：調和の世界、蘇東坡の詩『赤壁賦』の世界が石鹸石の封緘に描かれている（中国、明、16〜17世紀）

下：湖水に浮かぶ小舟に、賢人の平和な心の世界が象徴されている。無為と清明の境地を描いた『独釣図』（中国、13世紀）

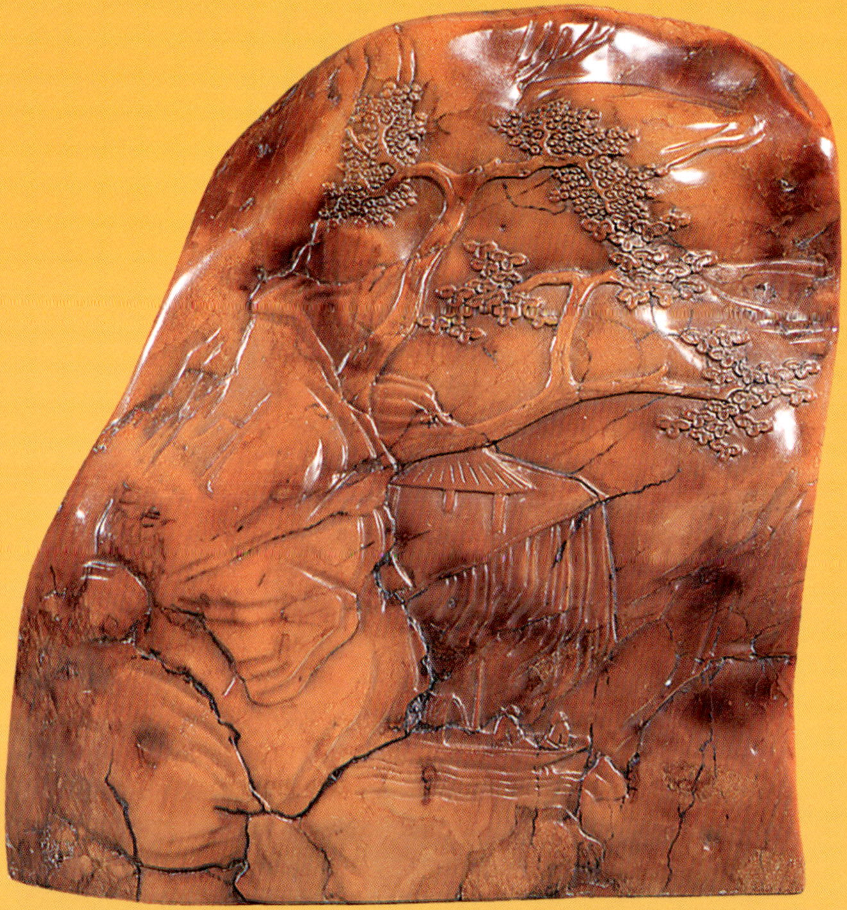

『道徳経』は教えている。「為す無きを為さば則ち治まらざること無し。」（『老子道徳経』第3章）

左：十八賢人による静かなる評議を描いた画（帛画、中国、宋、10〜13世紀）

次頁：牡丹の園での賢人の詩の競作会。葉の上に置いた酒杯が流れに乗って運ばれている（中国、明）

徳

老子は『道徳経』を2つの部分に分けたといわれている。すなわち"道"と"徳"である。しかし、老子の"徳"は、西洋的なモラル、倫理学における"virtue"とは異なり、世界の本源的な"徳"、本質そのものである。真の道士は、それを悟るために精進し、そのことによって人生と存在の包括的意味を知る。真の"徳"とは、巧まず、力まず、自然のままにふるまうことであり、賢者の生活のように、外部世界の事物や現象の自然な流れに、自分自身の願望や欲求を一致させて生きることである。

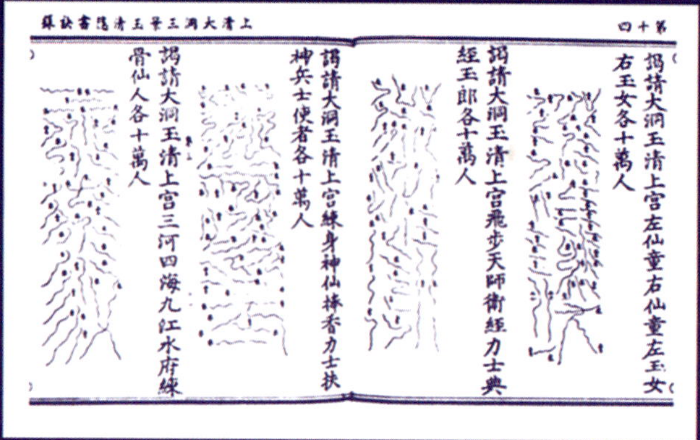

第十四

上清大洞三景玉清隱書訣籙

謁請大洞玉清上宮左仙童右仙童左玉女右玉女各十萬人

謁請大洞玉清上宮飛步天師衛經力士典經玉郎各十萬人

謁請大洞玉清上宮練身神仙捧香力士扶神兵士使者各十萬人

謁請大洞玉清上宮三河四海九江水府練骨仙人各十萬人

極

自分自身の個人的生活を大いなる宇宙の気、“極”と融合させること、これが、覚醒のための瞑想訓練をつうじて道教信者が達成しようとしているものである。動くものであれ、静止しているものであれ、“気”はすべての自然を満たしているものであり、人間の体を宇宙全体の文脈の中に統一する。その統一を成就するための緻密なシンボル体系が構築されている。頭は天と、頭髪は星々と、目は太陽と、耳は月と交信する。脈を流れる血液は、いうまでもなく、風景の中の大河や渓流を満たす雨のシンボルである。このようなシンボル化はさらに進み、骨は山脈を象徴し、さまざまな開口部は谷を象徴する。こうして自然を注意深く観察することによって、人間自身の運命がより深く理解できるようになる。

前頁：心と体を統一させて、宇宙の“気”の流れに自分自身を合流させる太極拳を実践する人（中国、上海にて）。その動きは型として図解されている。（中国、宋、10〜13世紀）

3つの坩堝《るつぼ》

道教は定型的な行動様式を否定し、宗教的儀礼の型を細かく規定するようなことはしないが、いくつかの鍛錬は推奨される。その最も重要なものが、内的錬金術である“内丹”である。それは大いなる宇宙の動きの中に自分自身を洞察し、理解する術である。道士は、瞑想による思考の変容を通じて、自己を宇宙の根源的な流れと融合させることができるが、そのような覚醒が行われる場所が、体内にある3つの坩堝、“丹田”である。そこは身体の重心であると同時に、瞑想の焦点でもある。最も下部の丹田は腹部にあり、その上が、みぞおち、そして3番目の丹田が、道士の思考の純化された精錬物が宇宙エネルギーと化合する場所、山脈のシンボルであり、天との接触のシンボルである頭にある。

嬰兒現形圖
此時丹熟更須慈母惜嬰兒
氣穴法名無盡藏
藏包於寂寂包空
我問空中誰氏子
他云是你主人翁
夫螟蛉之虫
孕螟蛉之子
傳其情交其
精混其氣和
其神隨物大
小俱得其真
潛龍今已化飛龍
變現神通不可窮
一朝跳出珠光外
渾身直到紫微宮
行住坐卧
抱雄守雌
綿綿若存
念玆在玆
神水滔液
洗灌根株
内外無塵
長養聖軀
他日雲飛方見真人朝上帝

瞑想中の道士（上）。霊的エネルギーを用いて精錬する道士の営みは、護符（前頁）に表されている。これは瓢箪型の坩堝の形をもとにしている

性の調和

愛の行為は、道教に、膨大な数の濃密なシンボル群をもたらした。なぜなら、それは“陰”と“陽”の原理の完璧な例証だからである。性交の体位と動きそれ自体が、高度に象徴化されたシンボル言語で綴られた。“断崖に広げられた両翼”、“穴の中の猫と鼠”、“松の枝からぶら下がる猿”、“逆さ雁行”など。また“陰”と“陽”のイメージは、生殖器官を記述するための自然な暗号をもたらした。たとえば“陽”である男性器は、“赤い鳥”、“龍の柱”、珊瑚柱“など。また“陰”である女性器は、“桃”、“牡丹”、“黄金の蓮”、そして“受け入れる壺”など。道教においては、性は、長寿と実り多い人生の重要な鍵である。

前頁：“陰”と“陽”の融合。『庭石の上で』(帛画、中国、清、17〜18世紀)

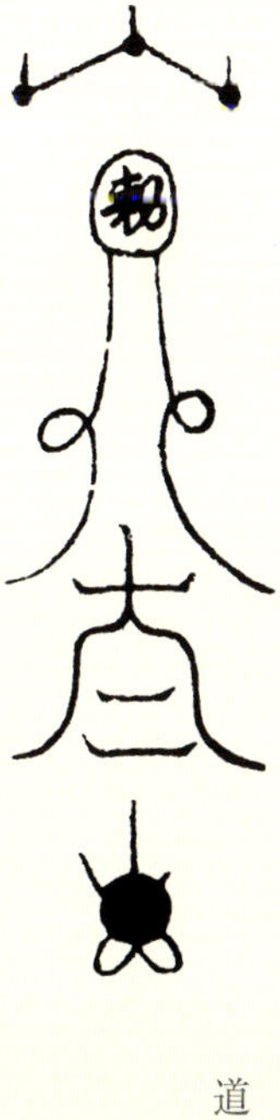

満ち足りた生活…

“徳”はまた、ストレスがなく、精神的、肉体的能力を存分に愉しみながら“善く生きる”ことを意味する。体の養生のためには、摂生と滋養が必要なことは言うまでもないが、それは必ずしも既成の医学や栄養学に頼ることを意味するわけではない。道教の信者は、自己の経験と自然に対する共感的観察から多くのことを学ぶ。道教の説話には、自然界に生きるものたち——哺乳類、昆虫、爬虫類、植物、風や水の特性など——の行動様式に関する比喩が非常に多い。道教においては、賢人は禁欲主義者である必要はない。彼は身の回りの物質世界の悦びをすべて享受し、快感を愉しむが、分別を持ち、耽溺することはない。彼は過度に食べたり飲んだりすることがないように気を付けており、特に易占いを行うときは、細心の注意をする。

日々是好日。満足と調和を表す2体の白磁の像（中国、明、17世紀）

聖人の治は、其の心を虚しくしてその腹を実たす。

『老子』第3章

道士にとっては、審美的な快楽と自然との調和こそが、精神的な快楽である。(帛画、中国、宋、13世紀)

…そして健康な生活

道教信者にとって健康は何よりも大切であり、医学は、性と同じように、豊かなシンボル言語の世界をもたらした。真の賢者である道士は医師でもあり、体内の“気”の干満と、その外的世界との関係について深い知識を有している。肉体的側面では、体は、正経十二経脈に基づくエネルギーの流れが支配する領域とみなされ、体のエネルギーである“気”の流れを制御し正常化する鍼療法が古来より重視されてきた。精神的なエネルギーの流れも同様に促進され、調整される。たとえば、易占いをする行為そのものが、健康にとって有益であるとみなされる。

“気”の流れを調節する体のツボ（経穴、下図）に効く薬草の販売は、中国の市場にはなくてはならないものである（**前頁**：中国、四川省の聖なる山、峨嵋山の露天商）

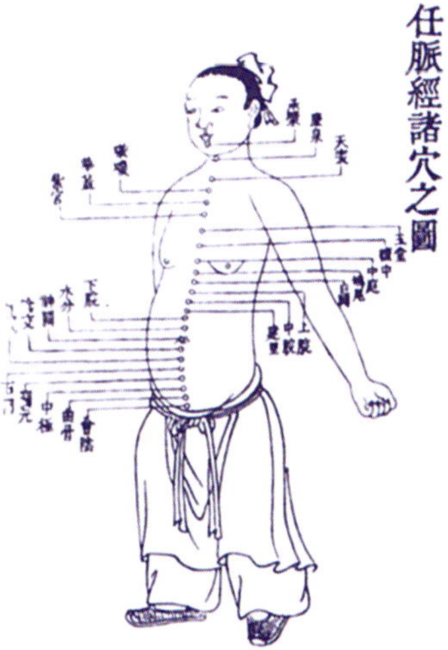

居（きょ）には地を善しとする

『老子』第8章

土地の相

体と心を生き生きとさせる、生命にとって不可欠なエネルギーの流れがあるように、自然界にもエネルギーの流れる脈、“龍脈”がある。中国山水画の大きな特徴の1つに、“龍脈”を重視していることがあげられるが、そのエネルギーの流れはあらゆる方向に充溢している。中国の優れた画家は、“龍脈”を巧みに関連付けながら全体的な構図を形作り、その土地の相を表現する。一方、中国人の多くが、家を建てるとき、風水師に相談する。風水師は、まず最も重要なこととして、その土地のエネルギーの流れを読み、そこから家の向き、各部の場所を導き出す。地とエネルギーの深遠な関係は、禅宗の伝統的な枯山水の庭にも見られ、山を象徴する岩が、熊手で精妙に掃かれた白砂の“海”の上に浮かんでいる。

風水師が描いた、土地のエネルギーの流れを示した図（前頁右）。また優れた山水画家は、風景の中にエネルギーの流れ、“龍脈”を表現する（前頁左、藍瑛『華丘高春図』、中国、明、17世紀）

清明なる道士

『荘子』によると、あるとき孔子の門下生たちが、1人の老人が急流の中を泳いでいるのを見ていた。すると突然老人の姿が見えなくなった。門下生たちは彼を助けようと急いで駆け寄ったが、老人は難なく岸に着いた。門下生たちが、「あなたは一体どうやってこの急流の中を泳ぐ技を身につけたのですか」と尋ねると、老人は答えた。「わたしはただ川の流れに身を任せただけだ」と。このように、真の道士は、自分の五感、体、心を、自分の外の世界の流れに完全に合致させることができるまでに磨きあげている。

次頁：沈周（1427～1509年）は、『心與天遊図』に添えて詩を書いているが、それは以下の文章で終わっている。「わたしの心は天に遊んでいる…誰がそれを知ることができようか?」

次頁見開き：すべてが調和している道教的天国で遊ぶ仙人（刺繍絹パネル、中国、18世紀）

IHS
XPS

キリスト教

シンボルと秘跡

何世紀にもわたってキリスト教信者は、物理的現象を、霊的真理の象徴あるいは顕現とみなしてきた。イエス・キリスト自身が、世界をこのように見るように教え導いてきた。イエスは、ヨルダン川でのヨハネによる洗礼によって聖職者としての生涯を開始したが、水による清めは、魂の浄化を象徴する。またイエスは、磔刑に処せられる前の最後の晩餐において、パンを弟子たちに分け与えるときには、「これはわたしの体である」と告げ、また杯にワインを注ぐときには、「これはわたしの血である」と告げた。

　初期のキリスト教信者たちは、迫害の恐怖と闘いながら、神の子イエス・キリストへの崇拝を、シンボリズムによって覆い隠した。イエスは多くの場合、魚として図像化されたが、

p.480：エナメルパネルに埋め込まれた宝石の額縁の中に描かれた、指導者であり審判者であるキリストの像（サン・マルコ大聖堂、ヴェネチア、13世紀）
次頁：椀の上の魚はキリストのシンボル（スペインの墓碑、13世紀）

OBDVLEVSIS·PIS·6·VVLGVESIA
DCCCV·CONFLOS·RIS·EPS·QVEDVETIS
DEAS·EXPETIS·IN·PRIMO·STVRBIGETIS
PONE·VIA·BV·O·N·III·ENNO·LEVII

それは「イエス・キリスト、神の子、救世主」を意味するギリシャ語の各単語の頭文字を並べると、魚(ichthus)になるからであった。初期キリスト教の教会では、聖人たちも同様にシンボルによって表された。『聖ヨハネの黙示録』には、神の御座の前にライオン、雄牛、人の顔をした獣、飛ぶ鷲がいた、という謎めいた一節がある。4世紀のキリスト教信者は、これらの動物を、4人の福音伝道者を表すものとみなしていた。福音書を荒野の場面、ライオンの咆哮から始めた聖マルコはライオンに、同じく福音書を、神殿で生贄を捧げる祭司ザカリヤの話で始めた聖ルカは雄

上：初期キリスト教の石碑。錨は十字架の、魚はキリストの暗喩であり、ギリシャ語のichthusの文字が彫られている

次頁：四福音伝道者のシンボルと神々しい額に囲まれたキリスト像(ウェストミンスター篇歌集、イギリス、1200年頃)

IOHANNES
A ω
IESVS
MARCVS
LVCAS

牛に、イエスの系図から始めた聖マタイは人の顔をした獣に、そしてその神学理論が鷲の飛ぶ高みにあることから、聖ヨハネは鷲によって象徴された。

キリスト教における秘跡そのものが、内面的、霊的な神の恩寵の、外面的で視覚的な、理解しやすい証しである。2つの秘跡（洗礼と聖体拝領）がキリストによって示され、それ以外に5つの秘跡——堅信、告解、叙階、病者の塗油、婚姻——が、多くの信者によって認められている。

『7つの秘跡』（三連祭壇画、ロヒール・ファン・デル・ウェイデン、1445～50年）

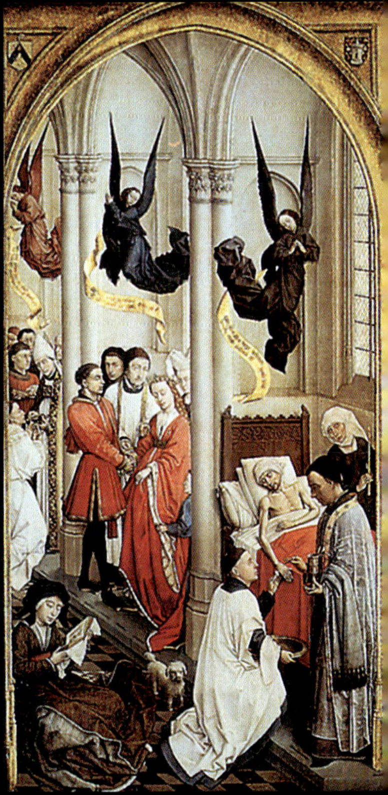

『生命の木の上のキリスト』（パチーノ・ディ・ボナグイダ、14世紀初め）。キリストの生涯が、象徴的に12に分割されて表されている

教会暦

古くからあるキリスト教の祭日で、その日付が聖書によって明確に示されているものはほとんどない。唯一キリストの受難の日が、ユダヤ教の春の“過越しの祭りの日”であったということが聖書に書かれてあるだけである。ともあれ1年間をキリストの生涯に関連した祝祭日で区切ることは、シンボル的な意味を持っている。信者が、それを通じて、キリスト教の教義のさまざまな側面を崇敬し、それに喜びを感じることを可能にするからである。ひとたびキリスト生誕の日が確定されると、受胎の日は単純な計算に基づき特定される。その後、万聖節と万霊節、そしてキリストが荒野で断食を行った40日間を偲ぶ受難節(レント)などのさまざまな祝祭日が教会暦に加えられていった。カトリック教会では、キリストの母である聖母マリアの被昇天の日、8月15日も祝われる。

受胎告知日(Lady Day)

『ルカによる福音書』によれば、ガリラヤのナザレに住むマリアの下に、神の使いである大天使ガブリエルが現れ、彼女に「おめでとう、恵まれた方。主があなたと共におられる」と告げた。そして彼はさらに続けた。「あなたは身ごもって男の子を産むが、その子をイエスと名付けなさい。」(『ルカによる福音書』第1章28、31節:日本聖書協会)
画家は、この“受胎告知”を描くとき、しばしばマリアの傍に白百合を置くが、白百合はマリアの処女性のシンボルである。またその時マリアは、ラピス・ラズリの青色のガウンをまとっているが、それは彼女の、神の王妃としての役割を象徴している。キリスト教会では3月25日に“受胎告知”を祝うが、その日はLady Dayといわれている。

次頁:彩色写本『時祷書』の巻頭を飾る“受胎告知”(ゼボ・ダ・フィレンチェのために作られたもの、1405〜10年)

下:聖処女マリアのシンボルである白百合の木版画(ドイツの初期印刷本『健康の園』より、1485年)

omine labia me
a aperies.
t os meum
annunciabit laudem tuam.

クリスマス

キリストの生まれた日に関する記述は聖書のどこにも見当たらないが、キリストの生誕から300年ほど過ぎた頃から、キリスト教信者たちは、その生誕の日を冬至の日と結びつけるようになっていった。やがてキリストの生誕の日が、12月25に特定され、祝われるようになった。

一方聖書では、『ルカによる福音書』によると、マリアと彼女の夫ヨセフがベツレヘムに着いたとき、マリアは月が満ちていた。彼らはどの宿屋でも部屋を見つけることができず、しかたなく馬小屋に泊った。そしてそこでイエスは生まれた。部屋を見つけることができなかったというこの逸話は、イエスが人間世界とは別の世界に属する存在であるということを象徴し、また彼がダビデ王の町ベツレヘムで生まれたということは、救世主イエスとイスラエルの偉大な王ダビデとの結びつきを示唆している。

前頁：1人の天使がキリストの誕生を羊飼いたちに告げている（彩色写本、1500〜08年）

左：キリストのシンボルである“善き羊飼い”の像（3世紀末〜4世紀頃）。

ダビデの村の
厩の内に
います御母と
御子とを見ずや
御母はマリア
御子はイエス

賛美歌469番『ダビデの村の』
セシル・フランシス・アレキサンダー、1848年

公現祭《エピファニー》

東方正教会に起源をもつ伝統から、1月6日は、東方の三博士が神々しい星に導かれて、幼な子イエスと聖母マリアのもとに行き、礼拝した日とされた。「家に入ってみると、幼な子は母マリアと共におられた。彼らはひれ伏して幼な子を拝み、宝の箱を開けて、黄金、乳香、没薬を贈り物として献げた。」(『マタイによる福音書』第2章11節)この時の3つの宝物は、シンボル的な意味を持っていると考えることができる。すなわち、黄金は王権を、乳香は神性を、そして没薬(死体防腐処理用)はイエスの死を。

上：2人の天使がキリストのシンボルを捧げ持っている(『ロルシュの福音書』の象牙の表紙の浮き彫り、ドイツ、9世紀初め)

次頁：『東方三博士の礼拝』(ヤン・ホッサール、1510〜15年)

牧者なりせば　子羊を
知者は知恵をぞ　ささぐべき
まずしきわれの　イエス君に
ささぐべきもの　こころのみ

賛美歌468番『木枯らしの風ほえたけり』
クリスティーナ・ロセッティ、1872年

悪魔の誘惑を退けるキリスト(『キリストの試練』ドゥッチオ、1308～11年)

受難節《レント》

「春」を表す古英語の単語（lencten）からレントと呼ばれるようになった受難節は、“灰の水曜日”から復活祭までの40日間（日曜日は除く）をさす。受難節は、イエスが荒野で断食をした40日間を偲ぶもので、キリスト教信者の多くが、この期間、節制に努める。

荒野で断食をしている間イエスは、彼の神性の力を誤った方向に使うようにと、悪魔による度重なる誘惑を受けたが、ことごとくそれを退けた。最初の誘惑は、石をパンに変えることであった。次にイエスを神殿の上に連れて行った悪魔は、神が救うのを知っているのなら、ここから飛び降りてみよと挑発した。最後に悪魔は、自分を崇拝するなら、見返りに世界中のすべての国々とその栄華を与えると約束した。イエスは聖霊の力によってこれらの誘惑を退け、弟子の下へと戻っていった。

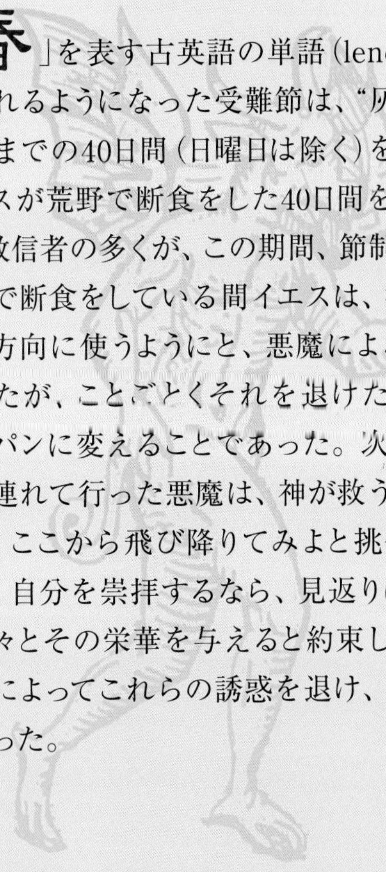

悪魔の木版画（『Compendium maleficarum（魔女概説）より』、1626年出版）

キリストの復活(『アイゼンハイムの祭壇画』の一部、マティアス・グリューネヴァルト、1512～16年)

復活祭

聖金曜日、ユダヤ人の王を名乗った罪でイエスは捕らえられ、エルサレム城外で磔刑に処せられた。それから3日後、女たちがイエスの遺体を聖別するために墓に行くと、遺体はなかった。その後イエスは、弟子のマグダラのマリアの前に姿を現したが、彼女は最初それがイエスだと判らなかった。「イエスは言われた。『婦人よ、なぜ泣いているのか。だれを捜しているのか。』マリアは、園丁だと思って言った。『あなたがあの方を運び去ったのでしたら、どこに置いたのか教えてください。わたしが、あの方を引き取ります。』」(『ヨハネによる福音書』第20章15節)
ここでイエスが園丁として現れるのは、人間が追放されたエデンの園を再建するためだといわれている。イエスはマグダラのマリアに、自分の復活を弟子たちに告げるようにと命じた。こうして、磔刑後3日目にキリストが 復活したことを祝って、日曜日に復活祭が行われるようになった。

マグダラのマリアは、空の墓を見て泣いている時に現れたイエスのことを、園丁だと思った(『わたしに触れるな』、アルブレヒト・デューラー、木版画、1509〜11年)

キリスト昇天祭

イエスは、復活の後40日間弟子たちの元に留まり、彼らに教え続けた。その後、弟子と共にエルサレムのオリーブ山の頂にいた時、天に上げられたと信じられている。この昇天がどのように行われたかについては、いろいろな説がある。両手を上げ、弟子たちを祝福した後、天に上げられた。あるいは、一片の雲が彼を乗せ、彼らの視界から遠ざかって行った。また、天に上げられたイエスが、神の右手に腰かけたという説もある。昇天の間イエスはずっと両手を差し伸べ、弟子たちを祝福し続けたという説もある。初期のキリスト教画家が好んだ構図は、雲の間から神が手を伸ばし、イエスを天に引きあげているところである。

上：『キリストの受難とキリストの敵』（ルーカス・クラナッハ父、木版画、1521年）

次頁：『昇天』（カロリング朝写本、842年頃）

高きにいます　ハレルヤ
主なるキリスト　ハレルヤ
地にある民を　ハレルヤ
なお愛された　ハレルヤ

『賛美歌21』—337番『たたえよ、この日』チャールズ・ウェスレー、1739年

reducere . ad

ONCE ... DE
QS ... OM
NIP ... PO
T ... ENS
DS
UT
QUI
HO
ER
NA ... DIE
UNI ... GE
NIT ... TU
UM RE ... DEMP
TOREM NOSTRUM AD CAE
LOS ASCENDISSE CREDI
MUS IPSI QUOQ; MENTE IN
CAELESTIBUS HABITEMUS
PER EUNDE DNM NOSTRUM

聖霊降臨祭《ペンテコステ》

ホイットサンデーと呼ばれることもある聖霊降臨祭は、イエスの弟子たちの上に聖霊が降ってきたことを祝う祭日で、復活祭の50日後にあたる。『使徒行伝』は、12人の弟子がある場所に集まっていた時に起こった出来事を、次のように記している。「突然、激しい風が吹いて来るような音が天から聞こえ、彼らが座っていた家中に響いた。そして、炎のような舌が分かれ分かれに現れ、一人一人の上にとどまった。すると、一同は聖霊に満たされ、“霊”が語らせるままに、ほかの国々の言葉で話しだした。」(『使徒行伝』第2章2～4節)

キリスト教絵画では、伝統的に、12人の弟子の中央に聖処女マリアを描く。また白鳩(『旧約聖書』の平和のシンボル)と火炎を組み合わせた絵画が多く描かれているが、その白鳩はイエスの洗礼のときに現れた聖霊を表している。

弟子たちの上に現れた一羽の白鳩は聖霊のシンボルである(『ロザリオの玄義』の一部、ヴィンチェンツォ・カンピ、16世紀)

「神秘の子羊の礼拝」
(『ベアトゥス黙示録』写本の部分、1047年頃)

この世にあかし立てて　聖徒らは憩いにつく
王のみ名をほめたたえん
主は盾、わがかくれが
戦いをみちびきたもう
闇夜の光なれば、ハレルヤ、ハレルヤ

「賛美歌21」―379番『この世にあかしを立てて』ハウ主教、1864年

万聖節

カトリック教会では11月1日(東方正教会ではペンテコステの後の最初の日曜日)に祝われるこの祭日は、キリスト教会のすべての聖人と殉教者を記念する日である。835年にフランク王国で守るべき祝日と定められたことが記録に残っているが、古英語ではこの日は、“オール・ハローズ(All Hallows)と言われていた。ここから、万聖節の前の日を“ハローズ・イブ”と呼ぶようになり、現在の“ハロウィン”となった。かつてケルトの民の間では、その晩花火を打ち上げ、陽気に歌い踊る習慣があった。絵画では、すべての聖人と殉教者を描くとき、整列して、神の羊として表されたイエスを礼拝している構図が多くとられる。

ナツメヤシの葉とオリーブの枝は、それぞれ勝利と平和のシンボルである(初期キリスト教墳墓の浮き彫り)

万霊節

998年11月2日、フランス、クリュニー修道院の大修道院長オディロンは、修道士たちに、死者の霊魂をすみやかに天国に昇らせるための特別な祈りを捧げるように命じた。この祈りの儀式がカトリック教会全体に広まり、11月2日は、万霊節として知られるようになった。聖書や絵画などのキリスト教の図像体系では、善き人々の霊魂が天使によって天国に運ばれている絵が多く見られる。パリのサン・ドニ修道院に残る12世紀末から13世紀初めの美しい聖書には、アブラハムの胸で休む善人の霊魂が描かれている。「神に従う人の魂は神の手で守られ、もはやいかなる責め苦も受けることはない。」(『知恵の書』第3章1節)

ここに彼らは永遠《とわ》に生き
はかなき世は過ぎ去りぬ
ここに彼らは花咲き、いやまし、栄えゆく
堕落せし者はみな滅びしゆえ

聖ペトロ・ダミアノ、1007〜72年

上：霊魂を天に導く大天使聖ミカエル(『シャフツベリー詩篇』、イギリス、12世紀半ば)
次頁：霊魂の推薦(『ヘイスティング時祷書』、フランドル地方、1475〜83年)

デンマークのイェリングにあるルーン文字が彫られた巨大な石碑。2個あるうちの1つで、ハラルド・ブルートゥース王(980年頃)が、キリスト教に改宗したことを告げている

十字架と磔刑

磔刑は、ローマ人が科すことのできる最も屈辱的な処刑であった。ローマ市民が死を宣告された場合（たとえば聖パウロ）、磔刑ではなく、剣で死ぬことを選ぶことができた。しかしキリストに磔刑が科されることによって、十字架は、キリスト教の栄光を示す最強のシンボルとなった。キリスト教徒は、イエスは肉体的苦痛を与えるものに報復することを天の父なる神に願う代わりに、自ら進んで磔刑になったと考えている。イエスは自分を磔刑に処する人々を、次のような言葉で赦した。「そのとき、イエスは言われた。『父よ、彼らをお赦しください。自分が何をしているのか知らないのです。』（『ルカによる福音書』第23章34節）

ケルト十字の彫られた石碑（9～10世紀）

主なるイエスよ、あなたはわたしたちのために磔になり、その愛の釘でわたしたちの全身全霊をあなたに留められた。
シエナの聖ベルナルディーノ（1380～1444年）

生命《いのち》の木

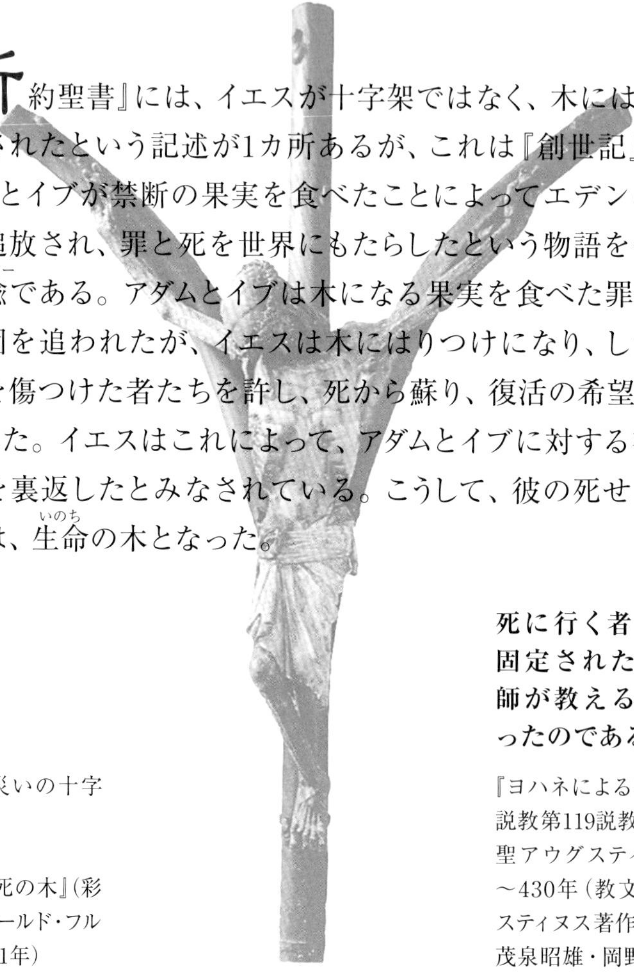

『新約聖書』には、イエスが十字架ではなく、木にはりつけにされたという記述が1カ所あるが、これは『創世記』の、アダムとイブが禁断の果実を食べたことによってエデンの園から追放され、罪と死を世界にもたらしたという物語を受けた暗喩《メタファー》である。アダムとイブは木になる果実を食べた罪により楽園を追われたが、イエスは木にはりつけになり、しかも自分を傷つけた者たちを許し、死から蘇り、復活の希望をもたらした。イエスはこれによって、アダムとイブに対する神の処罰を裏返したとみなされている。こうして、彼の死せる十字架は、生命《いのち》の木となった。

死に行く者の肢体の固定された木が、教師が教える座ともなったのである。

『ヨハネによる福音書講解説教第119説教』
聖アウグスティヌス、354～430年（教文館『アウグスティヌス著作集』第25巻、茂泉昭雄・岡野昌雄訳）

右：木彫の『災いの十字架』(14世紀)

次頁：『生命と死の木』(彩色写本、ベルトールド・フルトメイヤー、1481年)

Quid laudabilius quā in
omniū. debite custodire

AG
NUS

神の子羊

洗礼者ヨハネがイエスを最初に目にとめたとき、彼は思わず叫んだ。「見よ、世の罪を取り除く神の子羊だ。」(『ヨハネによる福音書』第1章29節)子羊を神への生贄とみなすのは、古くからユダヤ—キリスト教の伝統であった。『旧約聖書』には、ユダヤ人がエジプトから脱出するとき、無事に脱出し、約束の地に辿り着くことができるようにと、生贄の子羊の血で戸口に印を付けたと記されている。

キリスト教徒の多くは、これはイエス・キリストが無実の罪により血を流すことによって、人間の罪を贖い、人類すべての永遠の救済を約束するために最後の生贄になることの予告であるとみなしている。画家たちはしばしばイエスを、十字架を運ぶ、あるいはその傍に立つ、また時には、赤い十字の描いた旗の横に立つAgnus dei(神の子羊)として描く。

上：2人の貴族にバプテスマを授ける洗礼者ヨハネ(砂岩浮き彫り、1040年)
前頁：『ベアトゥス黙示録』の中の神の子羊(1047年頃)

拷問されるキリスト

下：釘で十字架に留められたキリストの像（中世の浮き彫り、聖マリア大聖堂、ハーフェルベルク、ドイツ）

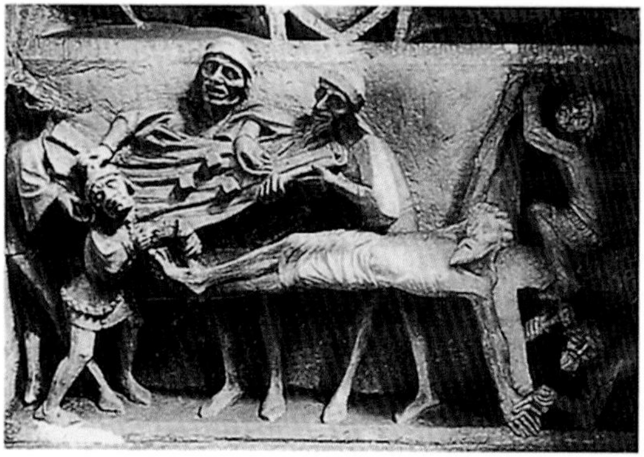

イエスの磔刑の1つの解釈として、それは苦痛に苛まれている者、不当に拷問されている者への連帯の証しであるとする見方がある。16世紀初め、マティアス・グリューネヴァルトは、初期キリスト教時代にエジプトで布教活動をした聖人アントニウスを祀る、アルザスの聖アントニウス修道院のために描いた『イーゼンハイム祭壇画』で、この見方を崇高な絵で表現した。グリューネヴァルトは、拷問され十字架にはりつけにされたイエスを、痩せ衰え、斑点が浮き出し、血の飛び散った体がすでに緑色に変色し爛れかけている姿で描いた。聖アントニウスは病院を設立し、病気で苦しんでいる人々を救済したが、グリューネヴァルトの描いたイエスは、両者を象徴的に同一化している。

次頁：『イーゼンハイム祭壇画』に描かれたキリストの受難（マティアス・グリューネヴァルト、1512～16年）

死に渡らせる主の深紅の血を

ローブの様に十字架の木の上にかけられた主が

体にまとわれる。私はすべて世の事柄に対して死に

すべて世の事柄は私に対して死んでいます

賛美歌142番『栄えの主イエスを仰げば』アイザック・ウォッツ、1707年

十字架の栄光

聖パウロは書いている。堕落してゆく者にとっては、イエスの受難は愚かしいことにみえるかもしれないが、救われゆく者にとってはそれは神の力の証しである、と。イエスにとっては、十字架は悲劇でもあやまちでもなく、その死は、熟考された末の、父なる神への従順の証しである。キリスト教画家たちはこの聖なる関係を、しばしば、磔刑のキリストを神が支え、聖霊の象徴である白鳩が、磔刑にされた人の頭上に舞い降りている構図で表す。

このような理由から、イエスは時に、黄金の冠をかぶり、ローブを身にまとった姿で描かれる。

主は鋭く尖った荊の棘に力をお与えになり、主自身の震える頭を酷く傷つけられた。主はまた堅い釘に力をお与えになり、主自身の柔らかい御足と御手に食い込ませた。

アンジェラ・ダ・フォリーニョ『神の慰めの書』、1248～1309年

上：2人の天使の間にいるキリスト（浮き彫り、キンタニーリャ・デ・ラス・ビニャスのサンタ・マリア教会、スペイン、7世紀）
次頁：『聖三位一体』（オーストリア、15世紀）

OPVS

パッション(受難)の道具

苦しみを受けることを意味するラテン語から生まれた"Passion"という語は、地上のイエスの最後の1週間、特に裁判、拷問、磔刑を意味する。イエスは、手と足を釘で貫かれ、十字架に固定された。荊の冠は、頭に強く喰い込まされた。体には痛々しい鞭の跡が刻まれていた。「わたしは渇く」とイエスが言ったとき、酸い葡萄酒を含ませた海綿が口元に差し出された。釘を打ちつける鉄槌の横には、やっとこが置いてあったが、それはイエスから証言を引き出すために爪を剥がすときに使うものであった。キリスト受難の絵には、これらの受難の道具が象徴的に描かれるが、その他、遺体を下ろすための梯子が描かれることもある。

上：荊冠などの受難の道具と共にキリストの顔を彫った石の十字架（メキシコ、17世紀）
前頁：『オリーブ園の祈り』アンドレア・マンテーニャ、1460年頃

聖痕(スティグマータ)

十字架の上で、イエスは五度傷つけられた。両手と両足に釘が打ち込まれ、最後にとどめを刺すために、ローマ人兵士によって、わきから槍が突き通された。ギリシャ語で"痕"を意味する"*stigma*"という語から、これらの傷は"イエスのスティグマータ"と呼ばれるようになった。キリスト教の歴史を通して、受難のキリストを想って熱心に祈りを捧げる人の体にこの傷痕が刻印されることがあると伝えられている。聖痕が最初に現れたのは、アッシジの聖フランチェスコで、1224年にイタリアのラ・ヴェルナ(トスカーナ)で祈りを捧げている時に、紫の傷痕が現れたと伝えられている。

左：罪状書きの「ユダヤ人の王、ナザレのイエス」の頭文字INRIのある荊冠の浮き彫り(イギリス)

次頁：『聖痕を受ける聖フランチェスコ』(サセッタ、1437～44年)

聖ペテロの鍵

イエスは弟子たちに向かって尋ねた。「『それでは、あなたがたはわたしを何者だと言うのか。』シモン・ペテロが答えて言った。『あなたはメシア、生ける神の子です』。すると、イエスは彼にむかって言った。『わたしはあなたに天の国の鍵を授ける。あなたが地上でつなぐことは、天上でもつながれる。あなたが地上で解くことは、天上でも解かれる。』」(『マタイによる福音書』第16章16、17、19節)

こうして2個の鍵が聖ペテロのシンボルになった。しかし聖ペテロも、一度イエスを裏切ったことがある。イエスが裁判にかけられているとき、そんな人は知らないと言って弟子であることを否定したのである。ペテロもローマに入り、殉教したが、言い伝えによると、自分はイエスより低い位置にいる人間なので、逆さまの十字架に頭を下にしてはりつけにしてくれと頼んだという。ここから、聖ペテロのもう1つのシンボルとして、逆さ十字架が生まれた。

前頁：『三連祭壇画』の一部（ジョット、1320年頃）

下：『天国の鍵を持つ聖ペテロ』(12世紀)

聖アンデレの十字架

下：石のサルタイアー・クロス(7世紀)

次頁：サルタイアー・クロスにはりつけにされた聖アンドレ(『ブルゴーニュ公ジョン・ザ・フェアレス時祷書』、1406〜15年)

聖アンデレは、兄弟のペテロと共にイエスの最初の弟子となった漁師である。4世紀頃に生まれた言い伝えによると、アンデレは十字架にはりつけにされた後も2日間生き続け、十字架の上から信徒たちに福音を説き続けたという。またその後生まれた伝承によると、彼はX字型の十字架(サルタイアー・クロス)にはりつけにされたというが、それはキリストを表すギリシャ語の頭文字を表す。聖アンデレは、ギリシャ、ルーマニア、ロシア、スコットランドの守護聖人であり、それらの諸国の国旗はサルタイアー・クロスになっている。

イエスは、「わたしについて来なさい。人間をとる漁師にしよう」と言われた。

『マタイによる福音書』第4章19節

天国の女王

マドンナは、イタリア語で“我が淑女”を意味し、イエスの母、聖処女マリアをさす。絵画では、たいてい息子であるイエスを膝の上に乗せ抱いている姿で描かれるが、イエスを胎内に身ごもっている姿で描かれることもある。『新約聖書』では、マリアは処女のまま懐胎したことになっている。この世に恩寵と許しをもたらした人の母であるがゆえに、多くのキリスト教信者は、聖人のなかの最も偉大な守護聖人としてマリアに祈りを捧げる。またマリアは、崇高な女性であるにもかかわらず、キリスト教的謙虚さのシンボルでもある。とはいえ、図像化されたマリア像は多くの場合、栄光に輝き、星の光背を受け、三日月の上に立っている姿で描かれている。

次頁：月の上に立ち、星の光背を冠にしている聖母マリア（『無原罪の御宿り』ディエゴ・ベラスケス、1618年）

“アヴェ・マリア”

『ルカによる福音書』によると、洗礼者ヨハネの母親であるエリザベトは、彼女の従姉妹で、イエスの母であるマリアに向かって声高らかに言った。「あなたは女の中で祝福された方です。胎内のお子さまも祝福されています。」(『ルカによる福音書』第1章42節)中世の頃からキリスト教世界では、以下の文言が祈りの言葉として最も多く捧げられるとなっている。「恵み溢れる聖マリア、主はあなたとともにおられます。主はあなたを選び、祝福し、あなたの子イエスも祝福されました。」このあと多くの信者が、「神の母聖マリア、罪深い私達のために、今も、死を迎える時も祈って下さい」と付け加える。熱心な信者は、数珠状の祈りの道具であるロザリオを手で繰りながら、“アヴェ・マリア”を幾度となく繰り返す。

前頁：『ロザリオの聖母』(カラヴァッジョ、1606〜7年)

幼児キリスト

幼児キリストの図像は、シンボリズムの世界に豊かな広がりをもたらした。その幼児は多くの場合、すでに天国の女王となって戴冠し、肩手に幼児を、もう一方の手で神の象徴である笏を抱えている聖母マリアに守られている。幼児は、しっかりと背筋を伸ばし、世界を祝福している。この時、聖処女マリアの母である聖アンナをいっしょに描く画家もいる。レオナルド・ダ・ヴィンチの『岩窟の聖母』は、また別の豊かなシンボルの世界を描き出している。

ここではイエスの母は、片方の手で我が子を祝福しながら、もう一方の手で、幼児の姿の洗礼者ヨハネをあやしている（その幼児は、彼のシンボルの1つである縦軸の長い十字架を手にしている）。彼の母はマリアの従姉妹にあたる。レオナルドの描くヨハネは、ひざまずき祈りを捧げ、そんな彼をイエスが祝福している。幼児キリストの後ろにいる天使は、そのまるまると肥えた神の子の背中に手を当て、後ろに転ばないように支えている。

次頁：『岩窟の聖母』（レオナルド・ダ・ヴィンチ、1491～1508年）

ピエタ

前頁：『死せるキリストへの悲嘆』（レンブラント、1635年頃）

下：『ピエタ』（大理石、ミケランジェロ、サン・ピエトロ大聖堂、ヴァチカン、1500年頃）

イタリア語で“慈悲”を意味するピエタは、美術では、磔刑によって死せる我が子を膝に抱えている聖処女マリアの図像をさす。ローマ、サン・ピエトロ大聖堂のミケランジェロの彫刻は、崇高な悲しみで堂内を満たし、レンブラントの絵は、その沈鬱さで観る者の心を揺さぶる。ミケランジェロの『ピエタ』を、母であるマリアの方がイエスよりも若く見えると批判する者があったが、それに対してミケランジェロは答えた。「マリアの純粋さが彼女に永遠の若さを与えている」と。彼はまた、豊かに波打つ衣服でマリアを包んだが、それは著名な美術評論家ジョン・ラスキンの言葉を借りれば、“神聖かつ厳粛な安らぎ”を象徴するものである。ラスキンはさらにこう付け加える。“着衣の波動は天使の舞を連想させる。”

マリアの被昇天

下:『聖処女マリアの被昇天』(サンリス大聖堂西門の浮き彫り、1170年頃)

聖処女マリアが死した後、その体と魂は天に上げられたという考え方がローマ・カトリック教会で公式に認められたのは、ようやく1950年になってからのことであるが、マリアの被昇天はキリスト教美術の主題としてたいへん好まれた。15〜16世紀には、数え切れないほどの芸術家がその光景を絵や彫刻にしたが、なかでもジェローラモ・ダ・ヴィチェンツァ、ティツィアーノ、彫刻家のティルマン・リーメンシュナイダーなどの作品が有名である。彼らはその出来事を、壮大なスペクタクルに変えた。

次頁:『聖処女の永眠と被昇天』(ジェローラモ・ダ・ヴィチェンツァ、1488年)

守護聖人マリア

聖母マリアの最も力強いシンボルの1つに、慈愛の守護聖人としての役割がある。その時彼女は、身に着けているマントを大きく広げ、彼女の慈愛と御加護を分け与えてほしいと願う、無力な男と女を優しく包み込んでいる。多くの場合そこに描かれている男女は、現世で最も力のある人々——王族、教皇、司教、貴族、貴婦人——であるが、同時に慎ましやかな平民の姿も描かれる。それは聖母マリア自身の謙虚さを象徴している。

前頁：『ミゼリコルディア祭壇画』の中央部（ピエロ・デラ・フランチェスカ、1445～62年）

下：『父なる神と磔刑の我が子を胎内に抱く聖母』（15世紀）

ところが、神は知恵ある者に恥をかかせるため、世の無学な者を選び、力ある者に恥をかかせるため、世の無力な者を選ばれました。

『コリントの信徒への手紙1 』第1章27節

『黒い聖母』（木に彩色、サンタ・マリア・リベラトリーチェ教会、イタリア、アンコーナ、16世紀）

黒い聖母

ヨーロッパに限られているが、聖処女マリアを“黒い聖母”として表した図像が何百と存在し、その多くがフランスのロカマドゥールやポーランドのチェンストホーバのマリア像のように、巡礼の焦点になっている。なぜこれほど多くの黒い聖母が存在しているのかについて、明確な答えはまだ見つかっていない。その色は最初からのもので、キリスト教の信仰と土着の太母信仰が習合して“黒い聖母”が作られるようになったと説明する者もあれば、教会のろうそくのすすや、塗料の化学変化のせいで、このような色に変色したという者もある。また、これは疑いもなくユダヤ―キリスト教的伝統から出たものであると主張し、その根拠として、ユダヤ教の経典である『旧約聖書』の中の、ある色の黒い女性が次のような愛らしい歌を唱っている場面をあげる者もいる。「わたしは黒いけれども愛らしい」(雅歌第1章5節)。

伝説

歴史的に確かな根拠があるわけではないが、何かしら人の心に訴えかける伝説というものがある。キリスト教の歴史はそのような言い伝えで溢れ、その多くが独特のシンボルで鮮やかに彩られている。キリスト教世界には、どれも確かな根拠はないが、最後の晩餐でイエスが弟子たちと共に葡萄酒を飲んだときに使った“聖杯”を代々秘蔵していると主張する場所が多くある。また、死せるキリストを包んだ埋葬布、“聖骸布”の行方についての言い伝えも多く残されている。そのような聖遺物についての言い伝えは、すぐれた絵画や彫刻のなかで具象化され、キリスト教の伝統の中に浸透していったが、その多くが神父たちの豊かな想像力に基づくものであった。

次頁：『狭き橋を渡る霊魂』（フレスコ画、サンタ・マリア・イン・ピアノ教会、イタリア、ロレート・アプルティーノ、13世紀）

みなしごや、やもめが困っているときに世話をし、世の汚れに染まらないように自分を守ること、これこそ父である神の御前に清く汚れのない信心です。

『ヤコブへの手紙』第1章27

巡 礼

聖大ヤコブは巡礼者の守護聖人である。彼は処刑され、聖地パレスチナに埋葬されたが、その遺体は現在、スペインのサンティアゴ・デ・コンポステーラに安置されているといわれている。そのためこの地は、エルサレムとローマに次いで、キリスト教世界で最も重要な巡礼地となっている。古くから、ヤコブの図像は、多くのシンボル的持ち物で取り巻かれている。最初に目につくのが、ガリシアの海岸から採れたホタテ貝の貝殻で、そのほか巡礼者用の杖、帽子(照りつける太陽の下、荒涼たる大地を旅する者にとっては必需品)、水筒などである。そして聖ヤコブに特徴的なことは、他の聖人がおおむね裸足であるのに対して、長い旅をしなければならないために靴を履いていることである。

前頁左：『コンポステラの聖ヤコブ象』：杖を持ち、ホタテ貝の貝殻の付いた袋を提げている。(12世紀)
前頁右：イタリア、トルチェッロ大聖堂の司教座の十字架(中世初期)

聖血・聖杯

聖杯の伝説によると、最後の晩餐でイエスが弟子たちと共に葡萄酒を飲むのに使った杯は、敬虔なユダヤ人信徒であったアリマタヤのヨセフによって引き取られた。彼はイエスのために墓を提供した人でもあった。ヨセフは、キリストが十字架の上で息を引き取ったとき、遺体から流れ落ちる血をその杯で受けたという。その話はさらに空想物語的に大きく広がっていった。ヨセフはその杯を持ってイングランドを訪れ、グラストンベリーに着いたとき、それをその地に埋めた。しかしその後、その杯は長く忘れ去られたままであった。現在グラストンベリーには、そのことを示すシンボル的なものは何も残されていないが、多くの場所がいまなお、その時聖杯に溜められていたイエスの血の一滴を譲り受け、秘蔵していると主張している。

敬虔な信仰の書『キリストに倣いて』(トマス・ア・ケンピス著、15世紀)の挿絵木版画

天使に支えられた聖杯。『プレイフェア時祷書』より（フランス、ルーアン、15世紀末）

トリノの聖骸布

『マタイによる福音書』によれば、アリマタヤのヨセフは、イエスの死体を受け取って「きれいな亜麻布に包んだ」（第27章59節）。ところが、1578年以降、トリノ大聖堂の近くのサヴォイ公爵家の礼拝堂に、その時の亜麻布であるとして、象牙色の長い布が展示されるようになった。確かにその布には、顎ひげを伸ばした人の神秘的な像が浮かび上がっている。そしてその像には、イエスが磔刑のときに受けた傷とまったく同じ場所に、傷痕がある。現在、ほとんどの学者が、この布は14世紀以降に作られた物で、偽物だと判定している。しかしフランスの詩人ポール・クローデルは書いている。その布の像は「あまりにも畏れ多く、またあまりにも美しいので、ただ崇拝することによってしか、それから逃れることはできない。」

これのみ我ら、ただ知れり
彼ら堅けく、祝福を受けぬ
罪も煩労も苦悩も断ちて、
その救世主とともに、
安息を待てり

『ある信者の死に際して』
ジョン・ニュートン、1779年

前頁：『トリノの聖骸布』
のキリストの頭部

グラストンベリーのサンザシ

下：グラストンベリーのサンザシの木版画、『聖アリマタヤのヨセフ』（オーナー・ハワード—マーサー著、1929年）の挿絵

伝説によると、アリマタヤのヨセフがイングランドに来たとき、彼はグラストンベリーに、聖杯とともに彼自身の杖も遺した。ヨセフが杖を土に挿すと、そこから根が伸び、1本のサンザシになったという。たしかにグラストンベリーのサンザシは、5月とクリスマスの時期に2回花を咲かせることで、他と違っているが、それがアリマタヤのヨセフの遺した杖の子孫であるかどうかは不明である。しかし、グラストンベリー修道院の修道士たちがこの話を広め、そのサンザシの木を巡礼地の目的地としたことは確かである。17世紀半ば、その原木は清教徒たちの手によって切り倒されたが、その挿し木からまた多くの木が育ったと伝えられている。

次頁：『杖を植えるアリマタヤのヨセフ』（彩色写本、サロフの聖セラフィム協会、1978年）

S. JOSEPH OF ARIM ATHEA

キー・ロー(Chi-rho)

キー・ローの組み合わせ文字は、キリストを表すギリシャ語の単語の最初の2文字の大文字、XとPのシンボルを組み合わせてできている。5世紀に作られた青銅の十字架は、その組み合わせ文字に、さらにギリシャ語のアルファベットの最初と最後の2文字、アルファ(A)とオメガ(ω)を組み合わせ、不思議な魅力をたたえている。その2文字もまた、キリストのシンボルである。「神である主、今おられ、かつておられ、やがて来られる方、全能者がこう言われる。『わたしはアルファであり、オメガである。』」(『ヨハネの黙示録』第1章8節)

わたしはギリシャとラテンの学問は多く学んだ。

しかし、聖人になる方法については、

アルファベットから勉強しなければならない。

聖アルセニオ(354〜450年)

上：XPの組み合わせ文字に、さらにアルファ(A)とオメガ(ω)をくわえた青銅の十字架(5世紀)

次頁：XPを意匠化した宝飾品(4世紀)

聖ヴェロニカ

4つの福音書が、イエスが十字架を背負ってゴルゴダの丘に向かっているときの細かな様子を伝えている。シモンという名の1人のクレネ人が、十字架を運ぶのを手伝わされたこと、多くの女性が目の前で起こっていることに嘆き悲しんでいた様子、イエスが彼女らに語りかけるために立ち止まったこと、キリストが衣服を脱がされたことなど。しかし福音書には書かれていないが、1つの逸話が伝説となっていまなお生き続けている。後にヴェロニカと名づけられた1人の女性が、自分の布でキリストの顔の汗を拭った。キリストが去った後、その布（顔布）を見ると、キリストの顔が写っていた。キリスト教世界の多くの場所が、自分のところにある布こそが、その時の布であると主張しているにもかかわらず、ローマ・カトリック教会の聖職者が、それらの布の顔はすべて“本当の顔（*vera icon*）だ”と言ったことから、彼女は“Veronica”と名づけられた。

上：『聖顔布を持つヴェロニカ（聖ヴェロニカの主）』（1420年頃）
前頁：『十字架を背負うキリスト』（石の祭壇彫刻、1500年頃）

聖ミカエル

「さて、天で戦いが起こった。ミカエルとその使いたちが、竜に戦いを挑んだのである。竜とその使いたちも応戦したが、勝てなかった。そして、もはや天には彼らの居場所がなくなった。この巨大な竜、年を経た蛇、悪魔とかサタンとか呼ばれるもの、全人類を惑わす者は、投げ落とされた。地上に投げ落とされたのである。その使いたちも、もろともに投げ落とされた。」(『ヨハネの黙示録』第12章7〜9節)

こうして聖ミカエルは、たいてい羽を広げた姿で、また時には天駆ける軍馬にまたがり、槍または刀剣で蛇を突き刺している姿で描かれる。また彼は、大天使ミカエルとして、天秤を手にしているが、それは死者の霊魂の重さを量るためのものである。

身を慎んで目を覚ましていなさい。
あなたがたの敵である悪魔が、ほえたける獅子のように、
だれかを食い尽くそうと探し回っています。

『ペテロの手紙1』第5章8節

上:『悪魔を征服する大天使ミカエル』(彩色写本、1490年)
次頁:『悪魔の軍隊と戦う大天使ミカエルとその使いたち』(彩色写本、11世紀)

DEVS QVI

『ヨハネの黙示録』

『新約聖書』の最後の書、『ヨハネの黙示録』は、絵画的な場面とシンボルで満ち溢れている。そこにはイエスの栄光を感じさせずにはおかない次のような光景が描かれている。「わたしは、語りかける声の主を見ようとして振り向いた。振り向くと、七つの金の燭台が見え、燭台の中央には、人の子のような方がおり、足まで届く衣を着て、胸には金の帯を締めておられた。その頭、その髪の毛は、白い羊毛に似て、雪のように白く、目はまるで燃え盛る炎、足は炉で精錬されたしんちゅうのように輝き、声は大水のとどろきのようであった。右の手に七つの星を持ち、口からは鋭い両刃の剣が出て、顔は強く照り輝く太陽のようであった。」(『ヨハネの黙示録』第1章12〜16節)

ヨハネの黙示録の四騎士。『サン・スヴェールの啓示書』彩色写本（フランス、11世紀）

MORS

秘儀
Mysteries

マンダラ

円とその中心

サンスクリッド語で“円”を意味し、インドとチベット、そして日本の宗教と最も深く結びついているマンダラは、それに限らない、人類全体に共通する、偉大なる力を持ったシンボルである。その循環的な同心円構造は、外に向かっては宇宙の形を、内に向かっては意識の完全性を象徴する。マンダラの形とその内部に描かれている標章に心を集中させながら瞑想することによって、人は宇宙との完全なる合一を達成することができるようになる。

ブータン、パロ・ゾン要塞の僧院の壁に描かれたフレスコ画の宇宙マンダラ。宇宙の始原の動きを表す“神秘の螺旋“が中心にある

p.560：タントラ仏教の根源仏『金剛薩埵』を中心にした大曼荼羅

宇宙マンダラ

宇宙を連続する同心円として表すことは、世界中の多くの文化に見られ、美術や祭祀の中にたびたび登場する。この文脈においては、マンダラは、宇宙、中心から渦巻状に発達する銀河、太陽の周りを回る惑星群とみることができる。しかし同時に、マンダラは、周縁部から中心へと向かい、ついには悟りへと到る精神の旅の表象でもある。その旅は、タントラ仏教の修道僧、オーストラリアのアボリジニ、さらには分裂した世界の中で精神の全体性を回復することを願う精神病の患者に共通する心の旅である。

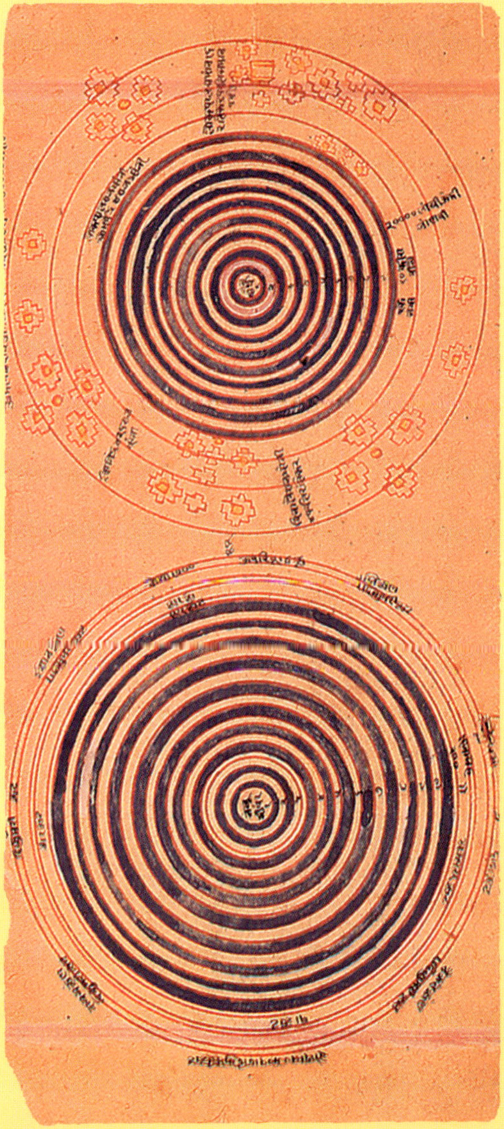

同心円状に拡散し、また凝集していく宇宙とその軌道を表した図像は、瞑想のための力強い補助となる。この同心円の図は、簡潔なマンダラを示唆している（17世紀、インド、グジャラート）

大洲

タントリズムに共通する宇宙図は、たしかに、外的現象を体系化し、宇宙に関する現代的な知識を統合する1つの方法であるが、マンダラの形はそれに留まらず、多くの機能から成る1つの複雑系である。その図の中心には須弥山と呼ばれる聖なる山、単一の焦点があり、その周囲に、地上を表す贍部洲（せんぶしゅう）が広がっている。そこには複数の同心円が描きこまれているが、それらは、宇宙空間、さまざまな天球圏域、そして大気圏を表し、さらに大気圏は、視認できる世界と視認できない世界に分かれている。タントリズムでは、須弥山の中心は、人体の中心と合一すると考えられており、それゆえ、人は宇宙と合一することができるのである。人体は、“メルランダ”すなわち“メル（須弥山のこと）の軸”と呼ばれる脊椎から外に向かって放射状に広がる同心円と考えられている。

前頁：宇宙図に向かって瞑想するのは、宇宙の本源的な力と自己との合一を図るためである。この図は大洲のうちの贍部洲を表し、その周囲にエネルギー野と大気圏が広がっている（彩色布、インド、ラージャスターン州、18世紀）

動と静

静止した点のまわりを、さまざまな創造物が回転しているという宇宙像は、多くの文脈に適用できる。その中心に、偉大な宗教的図像を置けば、非常に深遠な意味を持つようになる。たとえば、中心に仏陀、あるいは寺院を置き、そのまわり四方に、その他の仏やシンボルを置く等々。仏教やヒンズー教の、単純ではあるが、最も力強いマンダラの中心には、宇宙の根本原理を表す“*derata*（デラータ）”があり、それはその中心から螺旋を描きながら広がっていく主体と客体を統一している。それは宇宙を表すと同時に、人間の身体も表す。

次頁：生起しているようでもあり溶融しているようでもある、また緊張しているようでもあり休息しているようでもある、単純だが力強いマンダラ。（水彩画、インド、ラージャスターン州、17世紀）。このシンボルは、ヨガでは非常に重要なエニアグラム（9等分した円の図）で、その本当の意味は秘密にされているが、永遠なる動と永遠なる静を同時に喚起するものであるということは一般に知られている

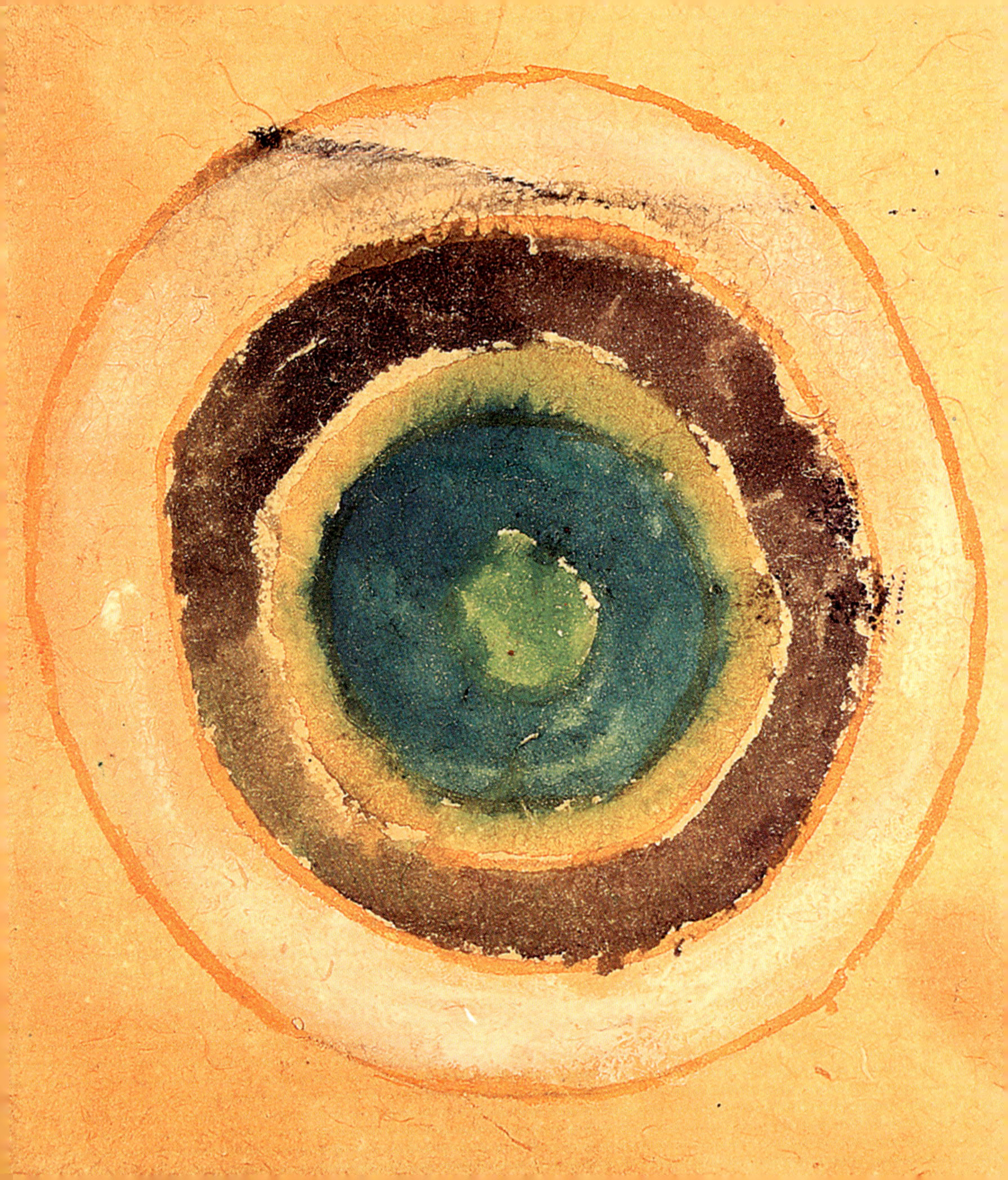

宇宙地図

それゆえマンダラは、もはや単なる宇宙図ではなく、精神宇宙図と化し、一者から多者への分解過程を図示するとともに、多者から一者へ、絶対意識への再統合の過程をも示しているのである。

『マンダラの理論と実践』ジュゼッペ・トゥッチ
平河出版社、ロルフ・ギーブル訳

前頁：宇宙の実相を美しく表現したマンダラ。無限の宇宙を表すこの形はまた、すべての構造――王権を中心とした社会体制、須弥山を中心とした宇宙、内部の軸点を中心とした人体の動き――の本質を象徴する(水彩画、インド、ウッタルプラデシュ州、17世紀)

マンダラは、宇宙のシンボルであると同時に、万物を表すシンボルでもある。さまざまな宗教の儀式や典礼、さらには現代的精神分析の道具としてのその用法は、マンダラの持つ全体的意味の一部しか表していない。マンダラは全宇宙の根源的設計図であり、遠心性と求心性を均衡させ、始まりと終わりを結合している。それは全体性を表す究極のシンボルである。その中心にある単一の点は、外側の循環する円周上のどの点からも等距離にある。このシンボルの包括的意味を把握したとき、人は、その属する文化が何であれ、すべての現象と経験が1つに合一するのを体験することができる。それは、解脱へと向かう入口である。

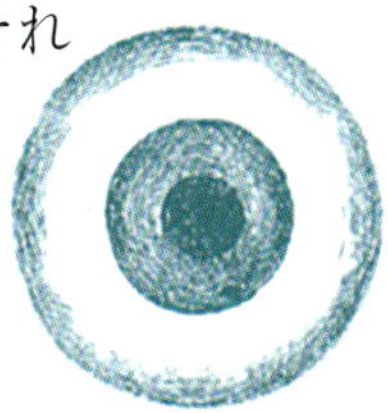

神の領域への入り口

単一の点を中心とする同心円構造は、人間の心に深い共鳴を呼び起こし、神聖なるものを表現する最も力強い形となるが、それは多くの宗教、文化に遍在している。カリフォルニアとメキシコに住むフイチョル族の、“ニエリカ（nierika）”と呼ばれる極彩色のビジョン・サークルは、祈りの儀式に際して神に捧げる、神の顔の顕現であり、その中心点を通って、聖なる始原の世界へと入っていくことができる、神の領域への入り口となるものである。

神への捧げものとして射止めた鹿を儀式の司祭が背負い、大きなニエリカの前に立っている（マイケル・ブラウン、本名ライジング・イーグルの絵）

中国の銅鏡

古代中国の銅鏡のなかにも、まさにマンダラそのものの、宇宙の根源的構造が彫り込まれているものがある。同心円は天を、四角形は地球を、そして中心点は統一を表す。宇宙の第一原理である“道”は、中心と同一であり、通常は銘文の中にそのことが記されている。「8人の息子と9人の孫息子が中心を支配されんことを。」9は完全なる数字で、月の“陰”である女4人と、太陽の“陽”である男5人から構成される。

泰山に登れば、仙人を見る。彼らは翡翠の精を食し、清泉の雫を飲み、天の道を得たり。万物はその在るべきところに在り。彼らは無角龍に騎馬車を引かせ、浮雲に乗る。貴君が高位を得んことを、子々孫々安泰なることを祈る。

銅鏡碑文

次頁：宇宙の根源的構造を示す、マンダラに似た古代中国の銅鏡

キリスト教マンダラ

霊的な思考と感覚が一点に集中していく様子を表す象徴的図像としての円は、キリスト教美術でも至るところに現れているが、とりわけ、神秘的な意味を象徴するものとして現れる。教会のバラ窓や迷路がよく知られているが、円が最も頻繁に用いられるのは、キリスト教の中心的シンボルである十字架の4つの先端を結びつける方法としてである。十字形そのものは、宇宙の根源的エネルギーが集中する交点という考え方と強く結びついている。十字架はまた、生命の木でもあり、不可避的に衰退、死、再生の意味を含んでいる。左図のフランス細密画の円は、十字形によって4分割されており、2人の天使が宇宙の外側の車輪を回転させている。それは宇宙が創造主である神のエネルギーによって回転させられていることを示している。

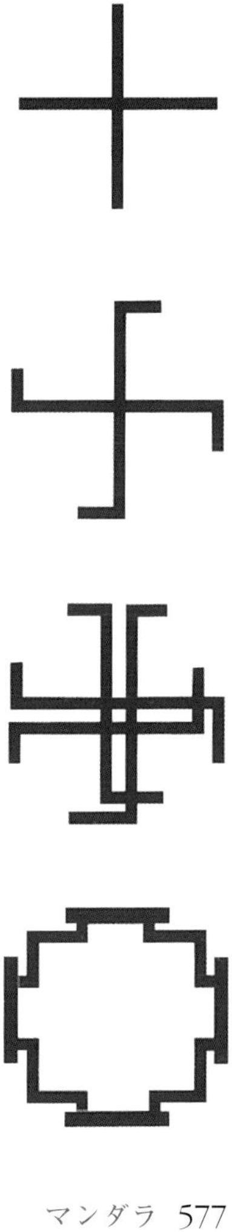

秘教的宇宙

境界の消滅、宇宙それゆえ神との完全なる合一の体験は、世界のすべての偉大な宗教の奥義である。西洋の儀式や礼拝では、そのような体験はあまり重要視されていないが、それは主として、個人と究極の悟りの直観的な体験との間に、教会が介在しているからであろう。それにもかかわらず、西洋文化の中にも、そのような体験を直接指向する人々、教団が存在する。錬金術やカバラ数秘術が有名であるが、彼らもまた元型的なシンボルを含むマンダラ的な図形の中に、そのような至高の体験に対する希求を表現している。

次頁：終わりなき円環は、膨張する宇宙、永劫回帰のシンボルである。そのような銅版画を多く描いたロバート・フラッドの、この1617年の作品では、外側の円環は、神のエネルギーの象徴であるケルビムとセラフィムを包む神秘の炎によって構成されている。自然は裸体の女性で表され、その右手首は鎖によって神（“JHVH”ヤハウェ）と結ばれ、左手首は下位の自然である猿と結ばれている

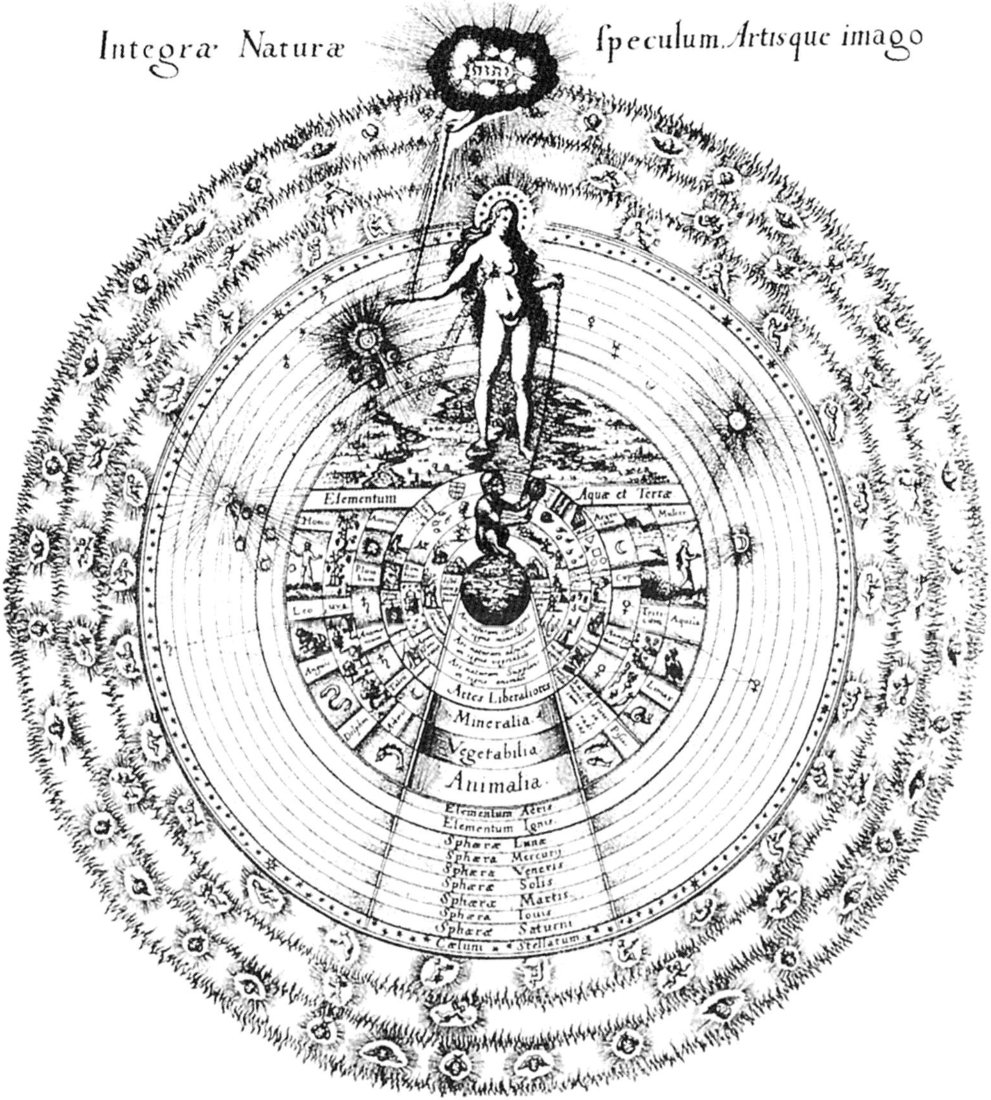
Integræ Naturæ speculum Artisque imago
Elementum
Aquæ et Terræ
Artes Liberaliores
Mineralia
Vegetabilia
Animalia
Elementum Aëris
Elementum Ignis
Sphæra Lunæ
Sphæra Mercurij
Sphæra Veneris
Sphæra Solis
Sphæra Martis
Sphæra Iouis
Sphæra Saturni
Cælum Stellatum

神々へと至る道

マンダラは、霊的エネルギーを凝縮させた神秘の図形である。それは宗教的体験の象徴であり、同時に、視認できる神性の表象でもある。それは最高位の神々が住む場所であり、時に、下位の神々が控えていることもある。仏教曼荼羅においては、大日如来は多くの場合、宇宙の君主という地位を象徴するマントと頭飾りを身に付けて描かれる。タントリズムにおいては、中心に位置する神が、“ヤントラ”(神聖なる幾何学的な組み合わせ図形)で表される場合もある。

これが真理である。良くかき立てられた火から同じ形態の火花が何千となく飛び散るように、不滅なものから種々の事物が生まれ、まさにその中に帰入する。それは外にあるもの、および内にあるものを含み、実にまだ生まれていない。このものから息、思考、および一切の感覚器官が生まれる。虚空、風、光および一切を支えている大地が生まれる。

『ムンダカ・ウパニシャッド』(『ウパニシャッド』:大東出版社、湯田豊翻訳)

この宇宙図の中心にある迷路状のスワスティカは、修行者が至高の存在との合一の感覚を体得するための精神の旅を図式的に表現している（インド、ラージャスターン州、18世紀）

この精緻に描かれたシュリ・ヤントラの外側の三角形は、偉大なる女神シャクティの力を分割した個々の力を象徴する下位の神々が住む場所となっている（ネパール、1700年頃）

シヴァ神―シャクティ神

ヒンズー教のヤントラの中で、最も重要で、また最も多く見られる“シュリ・ヤントラ”は、三角形と蓮の葉の形を複雑に組み合わせた神秘の図形で宇宙全体を動かすエネルギー、そして男の原理と女の原理の精妙なバランスを表現している。5個の下向きの三角形は、活動的で創造的な宇宙に存在するすべてのものを代表する女神シャクティの象徴である。そして4個の上向きの三角形は男神シヴァの象徴であり、男の原理と絶対意識を表す。それらの三角形がどのように組み合わさっているかは、自由な解釈にゆだねられており、修行者はさまざまな形でその意味するところを読み解くことができる。しかしここでは、二元性が現実よりも明確に示されていることは確かである。この“ヤントラ”は、瞑想を通じて個人が合一することのできる宇宙意識の絶対的統一を表現している。

シヴァ神との完全なる合一は、日の出もなく、新月もなく、正午もなく、春分も秋分もなく、日没もなく、満月もなく…

ダヴァラ・ダシマッヤ

水神

個々の神の本質を顕現させるヒンズー教の儀式や瞑想においては、マンダラやヤントラの中央に置く丸い受け鉢が必要である。その鉢の中にはさまざまな物質が入れられており、神は瞑想者の心の中へ入って行く前に、まずここに宿る。右のヤントラは、宇宙の秩序の神であり、水の神でもあるヴァルナ神に捧げられたものである。

我はいま惑星のヤントラについて語る。それはあらゆる種類の平和をもたらす…その惑星を崇拝するとき…8つの方位を支配する神が崇拝されなければならない…(その中の)西にある水の神ヴァルナ、その神の色は白く、神獣マカラにまたがり、輪索を手にしている。

『マハニルヴァーナ・タントラ』のシヴァ神の言葉

現代のヴァルナ神のヤントラ(聖地ベナレス、インド)。外側の囲みは、さまざまな神々や摂政の標章で守られている

上および次頁：無限の慈悲を人格化した菩薩には、それぞれに固有の宇宙的全体像を表すマンダラとヤントラがあり、瞑想や観照に用いられる。これらは、女菩薩の1人である女神タラを表すヤントラである。タラとは、「横切らせる女」という意味で、荒れ狂う現世の川を横切らせ、向こう岸の平安に到達させるということを含意している（紙の上に水彩、インド、ラージャスターン州、18世紀）

数多き人々のうち、彼岸に達するは、まこと数少なし。余の人は、ただこの岸の上に右に左に彷徨うなり。

善く説かれたる法をききて、身はその法にしたがう、かかる人々こそ、超えがたき死の境域《さかい》をこえて、彼の岸に到らん

智あるものは黒法をふりすてた白き法を修むべし。家より家なきに赴き、たのしみすくなくは見ゆれど、孤独に安住すべし。もろもろの欲楽を去り、一物をも持つことなく、多くの煩悩よりおのれを浄くすべきなり。智あるもの、ここに妙楽を味わわん。

『ダンマパダ(法句経)』
講談社学術文庫、友松圓諦訳

ヴィシュヌ神の別名であるマドゥスダン神の宇宙図的ヤントラ(紙の上に水彩と墨、ラージャスターン州、18世紀)

ヴィシュヌ神

ヒンズー教の最高位の神の1人であるヴィシュヌ神は、クリシュナ神、ラーマ神など多くの神に生まれ変わるが、仏陀もその生まれ変わりとされている。ヴィシュヌ神は、タントリズムの主要な宗派であるヴァイシュナヴァ派（他に、シヴァ神を崇拝するシヴァ派、シャクティ神を崇拝するシャクタ派がある）で崇拝されている神である。伝説では、ヴィシュヌ神から切断されたシャクティ神の各部位が地上に落下した場所が、タントリズムの聖地になったとされる。

豊穣の女神

ネパール仏教で毎月行われる重要な儀式に、豊穣の女神であるアモーガ・バーシャ、ヴァスンダラ神への礼拝がある。この女神を篤く崇拝することによって、幸福がもたらされ、貧困を遠ざけることができるといわれている。個々の神に捧げられるマンダラでは、その神は“神殿”と呼ばれる中央に鎮座している。それは、このようなマンダラの形が、元々は、メソポタミア文明に特徴的な、ピラミッド型の基壇の上に神殿がある“ジックラト”に影響を受けて生まれたものであることを示唆している。その“ジックラト”もまた、宇宙の縮図として造られたものである。

次頁：地上と豊饒の女神ヴァスンダラ神に捧げられた彩色マンダラ。(ネパール、16世紀)

仏陀

タントリズム仏教における大宇宙と小宇宙の交感は、力強い具象的な言語で語られることが多い。ヒンズー教の宇宙観と同様に、仏教においても、外部世界の現象と内部世界の経験は、5という数字を基本に語られる。五大（五輪）、五色、五蘊（認識の対象）、そして五感。ヴァジラヤーナ仏教では、至高の始原意識である金剛薩埵（ヴァジュラサットヴァ）は、5体の智慧の仏陀（五智如来）に分かれる。すなわち、ヴァイローチャナ（大日如来）、アクショービヤ（阿閦《あしゅく》如来）、ラトナサムバヴァ（宝生如来）、アミターバ（阿弥陀如来、無量光仏）、アモーガシッディ（不空成就如来）である。各仏陀はそれぞれ固有の、色、人の性格特性、情熱あるいは人間的短所と結びついている。

次頁：このマンダラに描かれている仏陀は、平和を守る仏陀、智慧をつかさどる仏陀、憤怒する仏陀、そして輪廻をつかさどる仏陀など、それぞれ固有の役割を担っている（チベットのタンカ、18世紀）

死者のマンダラ

次頁（およびp.596）のマンダラは、異世界の神々を表したもので、死に直面している信徒に、異世界への旅立ちを準備させ、道案内をするために描かれたものである。『チベット死者の書』によると、死の直後、人間はまだ行方は定まらず、熟考のための準備期間（中有）が与えられる。その時死者は、“転生の6つの場所（輪廻の六道）の光”に向き合わなければならず、その光にどう対応するかによって、死者の運命が決定される。この期間中、死者は、最初の7日間は慈愛に満ちた仏陀たち（寂静尊）に対面するが、その後憤怒の仏陀（忿怒尊）に対面しなければならない。

さとれる人は、すべてに勝ち、ふたたび他に敗らるることなし。この世、誰か彼の勝利に及ばん。彼の心境は広くして涯なし。彼には足跡もなければ、いかなる道によりてか、その人をまよわしえん。

『ダンマパダ（法句経）』

次頁：42体の慈愛に満ちた仏陀と菩薩のマンダラ（チベット、19世紀）

審判

前頁：憤怒の仏陀、忿怒尊（ふんぬそん）を描いたマンダラ（チベット、19世紀）「これらの仏の世界は何か特別のものとして別に存在しているのではない。これらの仏の世界は、汝自身の心臓の四方と中央との、合わせて五方向に存在しているものなのである。これらは、汝自身の意識の自然で自由な働きによって造り上げられたものである。」

『チベット死者の書』

導師は、さまざまな憤怒の仏陀の幻影を見るように死者をいざない、次に14日目の審判の日が来たことを告げる。「この時に、汝が非常に驚き、恐れおののき震えて、《私は悪いことはしていません》と、嘘をついたとする。それに対してヤマ王は《ではお前のカルマを映写する鏡（業鏡）を見てみよう》と言って鏡を見る。汝の生前に行った善い行いと悪い行いのすべてが鏡の面に輝いてはっきりと映し出されるので、汝が嘘をついても無駄である。ヤマ王におびえてはならない。ヤマ王たちは汝の思いが化して現れたものである。汝自身の錯乱によって現れた幻影以外に、ヤマ王等が実際に存在するのではないことを悟るべきである。汝がこのことを悟りさえすれば、四種の仏の身体を得て完全に仏になることは確実である。」

『チベット死者の書』（ちくま学芸文庫、川崎信定訳）

シャムヴァラ神の蓮マンダラ

シャムバラ・マンダラ、別名パラマスカ・チャクラサンバラには、シャムヴァラ神と、その対になる女神ヴァジュラ・ヴァーラーヒー、それにその側近の4体の女神——ダキニ、ラーマ、カンダロヒ、ルピニが描かれている。それぞれの神の間には、頭蓋骨で出来た杯があり、それにはなみなみと血が注がれている。それによって、自然界と人間精神の分裂の終わり、原初の統一の回復が象徴されている。このマンダラの球根状の蓮の蕾は、8枚の花弁に開き、それは8つの要素のうちの3つ（金、水、風）の輪の第1番目、金輪を構成する。

仏の弟子は、つねによく醒め覚る。昼となく夜となく彼らの意《おもい》、つねにたのしむところは、修定《ひたごころ》にあり。

『ダンマパダ（法句経）』

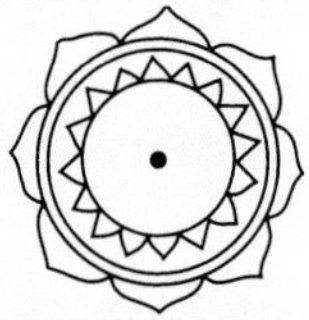

次頁：中国チベット自治区の立体マンダラ（青銅金メッキ、17世紀）。シャムバラ神（勝楽尊）に祈願するためのもの

中国北部の奉納マンダラ（真鍮金メッキ、18世紀）

須弥山—奉納マンダラ

タントリズム・マンダラの内側の平面は、まず2本の主要な線“ブラフマ・ストラ”によって、北と南、東と西に分けられる。その2本の線の交点、マンダラの平面の中心に位置するのが、世界軸《axis mundi》の須弥山である。その交点はまた、人体の脈管の中枢でもある。立体マンダラは、須弥山への奉納の儀式のために練り粉で作られることもあるが、それは、宇宙の中心軸との直接的な交信に役立つものではない。タントリズムの宇宙地図では、須弥山は4つの洲に囲まれている。東にある 半月形の勝身洲、南にある三角形の贍部洲、西にある円形の牛貨洲、そして北にある四角形の倶盧洲である。

暗闇から光明へ

マンダラは、瞑想を外部から支援するものである。それは瞑想者が、心のうちで宇宙との合一を経験することができるように、さまざまな感覚、幻影を喚起する。宇宙の本質との完全なる合一の経験に向けた精神の変容は、たいてい、光線、花、円、正方形、神々の像などの具体的で鮮明な形によって励起され、誘導される。マンダラは最初、瞑想者の心の最奥部にひそむ精神的感覚を呼び覚ますための衝撃を与え、次に人の隠れた実在の発見へと誘導し、最後に完全なる悟りへ到達するのを助ける。

マンダラはその色と形で、瞑想者が最高の意識状態へと到達するのを強力に支援する（19世紀）

瞑想の究極の目標は、自己と、宇宙の静止点“ビンドゥ”との合一を経験することである。このインド、アンドラプラデシュ州の木製の道具は、中心から発し、中心へと回帰する動きを見事に具象化している

ビンドゥ

タントリズムでは、宇宙が最高度に凝集された点であり、個人の意識の究極の到達点でもある点を、ビンドゥとして表す。それは円の中心、それ以上還元できない点であり、そしてそこからすべてのものが発し、展開する点である。ビンドゥはマンダラの2大要素の1つであり、もう1つが極性である。ビンドゥは始まりもなければ終わりもなく、肯定でもなければ否定でもない。それは精神と霊魂の完全性の具現である。それはまた中心からの波動を表し、その形が自由であればある程、全体へと広がっていくことができる。

この絶対的同一性は、まさに二元性が超克された時点で実現されるものである。この統一は菩提心（ビンドゥ）であり、悟りであり、種子的理性であり、そのなかに上知と実践（般若と方便）、あるいは空と慈悲が分かちがたく結ばれている。

『マンダラの理論と実践』
ジュゼッペ・トゥッチ

意《おもい》は寂静《しずか》なり、語《ことば》もまた寂静《しずか》なり。身になす業も寂静《しずか》なり。かかるひとこそ、正しき智慧もて、解脱をえ、安息をえたるなり。

『ダンマパダ（法句経）』

アクショービヤ神のマンダラ

マンダラの小宇宙的構造は、人間存在を構成する5大要素（五蘊）——肉体（物質）、感覚、行為（業）、意志、認識——を反映させたものとなっている。それぞれが、特定の色と結びついており、順に、白、黄、赤、緑、濃紺となっている。これ以外にも、5分法の原理は、マンダラのいたるところにみいだされる。この例（前頁）では、宇宙を構成する五仏の1体であるアクショービヤ（阿閦《あしゅく》仏）が中央に座り、他の四仏がそのまわりを囲んでいる。その円の外側には、多くの菩薩が配されている。

しかし仏教の場合には、大宇宙と小宇宙との照応関係がこの五分法に影響を与えた。五仏は遥かなる天上の縁遠い神格としてとどまるのではなく、われわれの中に降臨する。われわれ自身が宇宙であり、諸仏がわれわれのなかにいる。宇宙の光は迷妄に暗まされながらも、神秘的な形でわれわれのなかに現前している。そして、この五仏は人間存在の五つの構成要素に対応し、われわれのなかにある。

『マンダラの理論と実践』
ジュゼッペ・トゥッチ

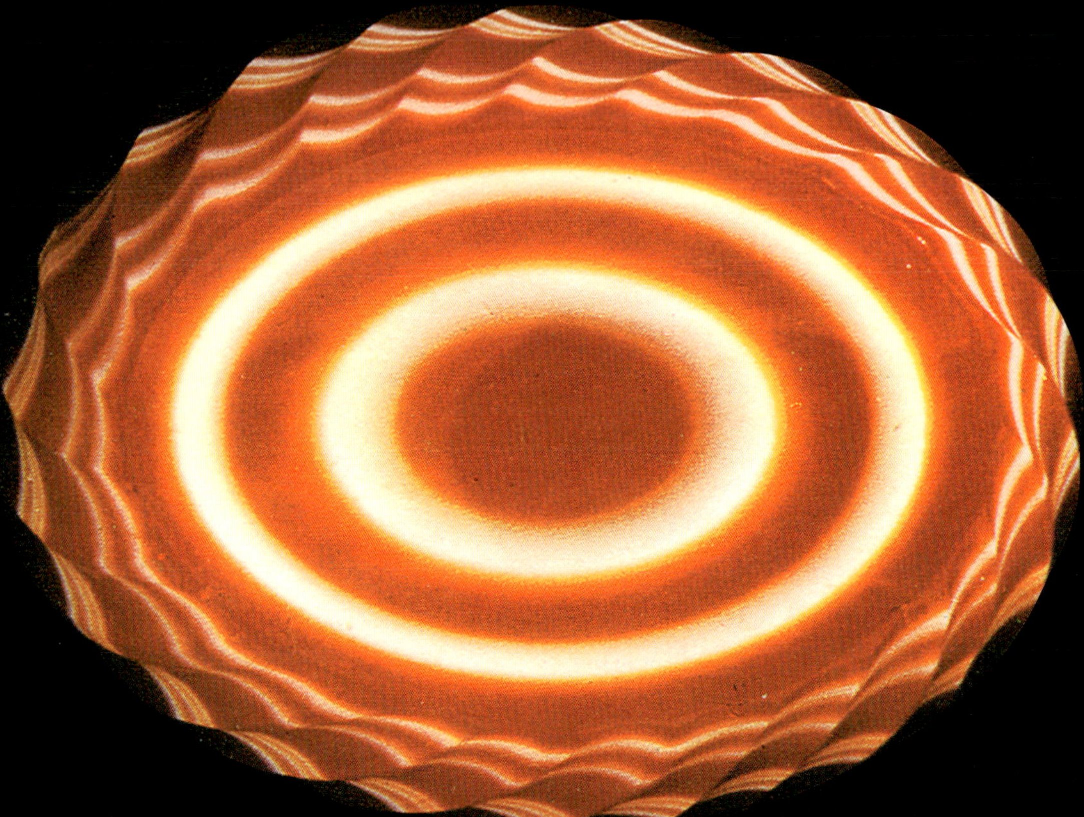

インド、ラージャスターン州から出たこの貴石には、宇宙を象徴する古典的なマンダラにみられる同心円状の天体軌道の模様が浮き出ている

天然のマンダラ

修行者の中には、古典的なマンダラの同心円構造を持つ自然現象を発見し、それを瞑想と精神的自己発見の道具にするものもいる。しかしマンダラの象徴的な意味を理解し、それを通して宇宙の本質との合一を達成するためには、われわれが自己と宇宙の本質へと到達するのを妨げている種々の障碍を取り除くための、長い不断の修行が必要であることは言うまでもない。

この義理《ことわり》を知りて、心あるひとは、ただおのずから戒を守り、涅槃《さとり》にいたるべき道を、げにすみやかに歩むべし。

『ダンマパダ(法句経)』

連続瞑想

マンダラを観照するというのは、1つの連続した行程であり、宇宙図の各部と関連する意識の分野を、段階的に順を追って経験していくプロセスである。修行者は、マンダラの周縁部から各部へ、そして中心部へと意識を動かしていくことによって、自己の存在の外側の縁から徐々に内部の核心へと向かっていくことができる。マンダラごとに、そしてヤントラごとに成就される経験は異なっており、精神の完全なる浄化の中心点は、そこに表されているもの以外にはありえない。そのため、修行者は、ひと続きのマンダラに向かって瞑想することによって、それぞれの異なった図によって表現されているさまざまな真理を認識し、最終的には、常に宇宙と人間存在の中心にある完全なる悟りへと向かっていく。

前頁：連続瞑想のための、9つのヤントラのマンダラのタンカ（紙の上に墨と顔料、ネパール、19世紀）

天文時間を計算するための図だが、瞑想にも使われる（インド、ヒマーチャルプラデシュ州、18世紀）

一時的マンダラ

個人的存在の中心における全体性の達成のためには、適切な瞑想の形式を喚起する現象や図であれば、どのようなものであれ役に立つ。タントリズムにおいては、当初は他の目的のためにあった図像を用いて、瞑想礼拝の創造的過程が促進されることがある。それらの図像は、長い期間使用される半永久的なものもあれば、砂や泥のマンダラのように、瞑想の標章としての役割を終えると破壊される短命なものもある。しかし一般に、長期にわたって使用されてきた力強い図像であればある程、特別な意味と他にない独特の力を発揮すると信じられている。

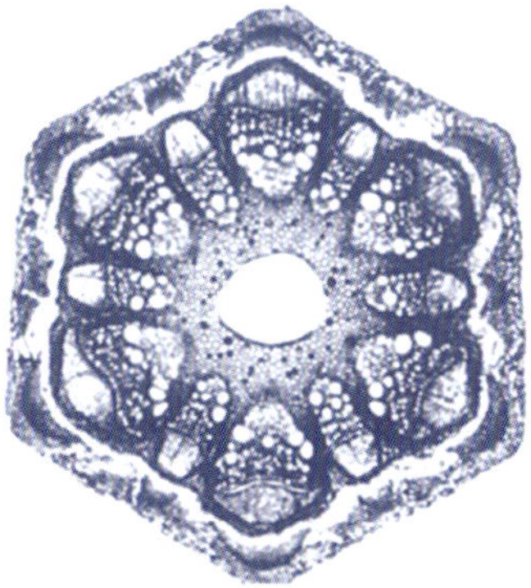

श्री महामुने
मानतुङ्गाचार्य

ヨギと彼のシンボル

前頁：世界とその構造を理解するための補助として修行者が選択することのできる、さまざまな図像を並べた図（インド、ラージャスターン州、18世紀）。全身が、宇宙の五大要素（“パンチャブータ”）である、地、火、空気、水、風と調和し、一体とならなければならない。この図では、初心者はまだ解脱への旅に乗り出すことができていず、その状態が、両手が縛られていることで象徴されている

宇宙と自己の完全なる合一、悟りへと到達するための補助として選ぶことのできる図像は、さまざまな複雑さのマンダラやヤントラから、五芒星形、スワスティカ、梵字まで非常に幅広く存在している。新たな修行者が、精神の浄化を達成し、ひとたび自分自身が、それらの図像によって象徴されている宇宙と合一していることを経験するならば、彼または彼女は、たとえ一瞬であったとしても、全智に到達する入口に立ったということができる。自己の意識が地上の平面を離れ、宇宙の中心へと向かい、絶対者、“金剛薩埵”と一体となったとき、マンダラはその瞑想者自身の身体のなかに転移される。

修行者が、人と宇宙の合一の旅へと飛び立つための補助となるヤントラ（ネパール、18世紀）

梵我一如(人と宇宙の合一)

仏教もヒンズー教も、外部世界のマンダラが自己自身の内部マンダラと合一する点を非常に重視する。外部世界のマンダラのさまざまなシンボルが、同様の形のまま、今度は体内のマンダラへと転移される。その時、修行の目標は、身体のマンダラの中心点を、脊髄に沿って走る中枢脈管の終着点である頭頂の“ブラフマランドラ(梵孔)”に一致させることである。この脈管の柱状構造は、宇宙の中心に存在し、そのまわりをさまざまな天体が運行する須弥山に相当し、それらの天体は、今度は人体では、さまざまな“チャクラ”に相当する。

過ぎしをすて、来らんをもすて、

現在をも棄つべし。

これ存在《まよい》の彼岸にいたれるなり。

一切処に、思い解脱すれば、

生と老とを再び受けざるべし。

『ダンマパダ(法句経)』

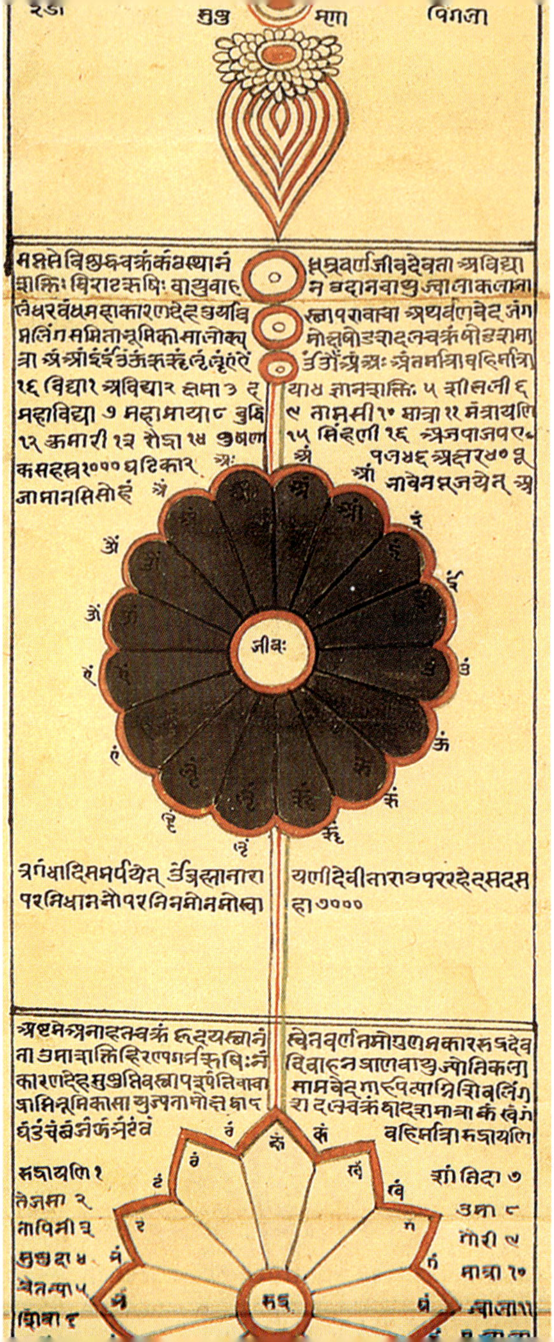

チャクラ

仏教の教えでは、われわれ人間は、“菩提（ボーディ）”であり、“法身（ダルマカヤ）”である。ヒンズー教の信徒は、自分自身を“絶対意識”であるシヴァ神へと向かわせる。われわれの身体を貫き通す力――覚醒の原理――は、会陰部から5つの段階を経て、頭頂部“ブラフマランドラ（梵孔）”

へと向かう光点として認識される。その光は、万物の不滅の始原である原初的光輝に相当する。それは、マンダラの中心が宇宙の第一原理を象徴するように、人の中心で活動する。

前頁と右：チャクラを表した巻物（墨と水彩、インド、ラージャスターン州、17世紀）

チャクラの図。クンダリーニ原理の“千弁の蓮華”が頭頂部に描かれている（インド、ラージャスターン州、19世紀末）

神聖なる肉体

個人と宇宙との融合、時間と空間を持つ世界の反映としての肉体の覚醒、これがクンダリーニ・ヨガの目的である。クンダリーニ・ヨガの瞑想では、螺旋状に巻かれた始原的女性エネルギーであるクンダリーニの覚醒に意識を集中させる。クンダリーニを覚醒させることによって、それは最終的に、全宇宙の純粋意識であるシヴァと統合される。クンダリーニが覚醒されるとき、彼女は蛇のように、身体マンダラとして機能する身体内部の意識の中心であるチャクラを昇り、ついに7番目のチャクラであり、絶対者（シヴァ—シャクティ）の座である“サハスラーラ・チャクラ（千弁の蓮華）”に到達する。

ことばをつつしみ、
意《おもい》をととのえ、
身に不善《あしき》をなさず
この三つの形式によりて、おのれをきよむべし。
かくして大仙《ひじり》の説ける道を得ん。

『ダンマパダ（法句経）』

超越的領域

クンダリーニの力が神聖なる肉体の7つのチャクラを昇っていくとき、修行者は瞑想のなかで、自分自身の力によって、あるいはマンダラやヤントラの力を借りて、それらのエネルギー中枢を観照する。眉間に存在している6番目のチャクラは、アージュニャーと呼ばれており、精神そのものと関係している。それは、2枚の花弁を持つ円と、その円に内接する逆三角形で表される。その標章において最も重要な意味を持つものが､その三角形のなかに梵字で書かれた種子真言、すべての音のなかで最も大きな力を持つ宇宙の原初の震動オームである。

輻がこしき[ハブ]にはめ込まれているように血管が集められているところで、これ[自己]は、さまざまに生まれながら、内部にあって動く。オームといって、お前たちはこのように自己を瞑想せよ！ 暗闇のかなたに渡るために、お前たちに幸せがあるように！

『ムンダカ・ウパニシャッド』

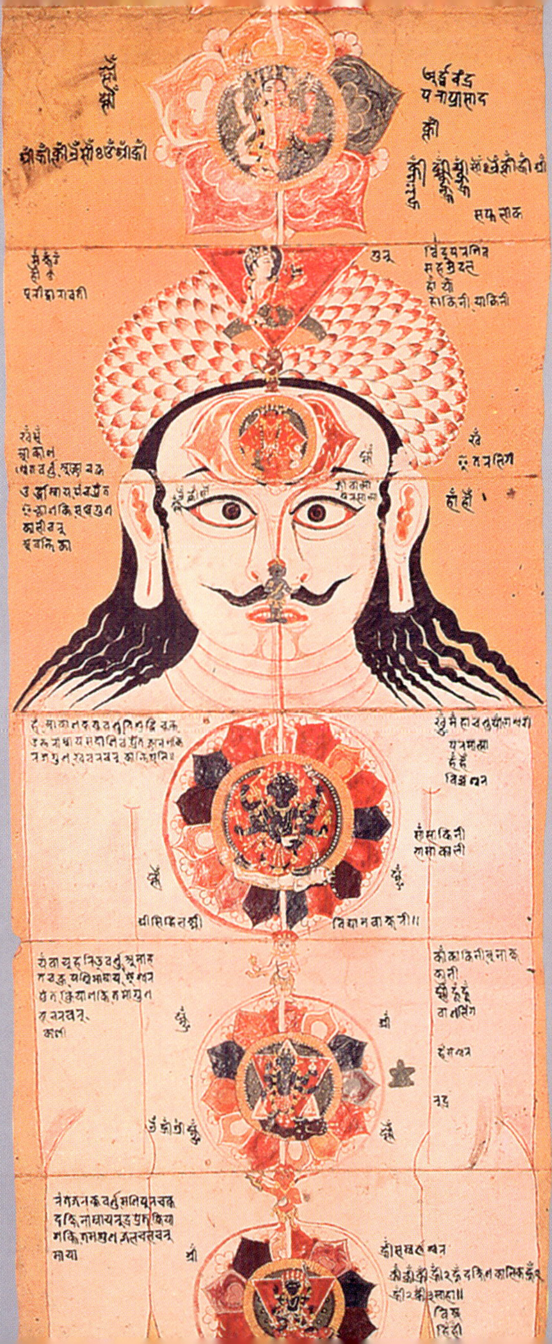

タントリズム仏教の図像体系では、チャクラを表す図は、それ自体が非常に絵画的な身体マンダラである。神聖なる肉体の7つのエネルギー中枢から脈管のネットワークが伸びている(『解脱状態にある修行者の図』ネパール、17世紀)

真言(マントラ)

修行僧(サーダカ)は、マンダラを前に瞑想しながら、音の振動に基づく音節、真言を唱える。それは宇宙の認識の段階、神聖なる肉体のチャクラの覚醒の段階と同時進行的に変異していく。真言のなかで最も大きな力を持つものが、宇宙意識における最初の震動の音、聖音オームである。それは、それぞれが喉と心臓に関係するアーフ(AH)とフーム(HUM)とともに、“金剛の3つの種字”を構成し、聖なる本質を修行僧の身体に招き入れる。それらの真言を唱えるとき、それに対応する身体の部位に手を置けば、自分の身体に起こっている変化を認識することができる。

この一切はオームというこの音節である。それの説明——過去、現在、未来という一切——は、まさにオームである。そして3つの時間を超えている他のものも、まさにオームである。

『マンドゥーキヤ・ウパニシャッド』

次頁:『真言の王』オームの力を表すヤントラ(インド、ラージャスターン州、18世紀)

前方への道

宇宙図として、またわれわれの全体性の、そして、それの宇宙の本質との合一の表象であるマンダラは、ヒンズー教や仏教の儀礼を超越した意義と広がりを有している。文化や歴史を超えて、人類はその誕生当初から、同心円の持つ宇宙的普遍性と、完全性の希求を満足させるその独特の力に魅了されてきた。

禁欲によって純質［サットヴァ］が得られ、純質によって思考が獲得される。思考によって実に自己が得られ、それに到達したときに、人はこの世に帰って来ない。

『マイトリ・ウパニシャッド』

子どもたちに短時間の沈黙の瞑想をさせ、そこで観たも

黄金の華

精神病治療と自己誘導の手段としてのマンダラは、東洋から西洋へともたらされた。有名な分析心理学の創始者であるC.G.ユングは、その形を、集合的無意識の表出としての元型の1つであると述べた。人間の全体性と完全性獲得への希求の表象として、マンダラは、分裂した人格を再統合する強力な治療手段となることができる。マンダラは、個々のシンボルと想念をその図の内部に包摂することによって、瞑想を価値あるものに導くことができ、自己とその外側の世界との関係を統合した新たな自我の確立を助けることができる。

前頁：C.G.ユングの女性患者が描いたマンダラ

宇宙への入り口

マンダラやヤントラの神秘的な東洋の形に魅せられたのは、ただユングとその後継者たちだけではなかった。タントリズム的な瞑想の補助としてそれらの形から導き出されたシンボルや、それらを使って達成される変性意識状態は、古くから多くの西洋の秘教信者を惹きつけてきた。19世紀に設立された西洋の儀式魔術結社『黄金の夜明け団』は、マンダラやヤントラを基にした25枚一組の“タットヴァ・カード”を、幻視体験の補助として大いに活用した。

現代のタットヴァ・カード
（ミランダ・ペイン作）

地球規模のマンダラ

全世界に瞬時に画像を配信することができるコンピュータ網の形成に伴い、電子的にシュリ・ヤントラを作りだす行為が、大きな注目を集めるようになった。自己と世界をシンボル化した形が、瞬時に世界中に配信される時代が到来した。瞑想によって修行者が全宇宙的原理を認識するように、その電子媒体は世界的規模の通信システムを拡大し続けている。

かくして神的開展のさま、一者から他者への過程、非我のなかへの隠蔽が、この九つの三角形のなかで表現されるのである。…したがって、このマンダラが模様や文字といった可視的な範例を必要とするかぎりでは、それは外的な供儀と目される。しかし、マンダラとしてのこの内的風光には、第二の契機として内的な供儀が加上されている。それは、シヴァ——行者自身のなかに玄妙な形で現前している至高意識——と神秘的に一体化した行者の体内に、マンダラが転移されるということを意味するのである。

『マンダラの理論と実践』
ジュゼッペ・トゥッチ

電子振動場内に創造されたシュリ・ヤントラ(ロナルド・ネイムスの映画より)

聖なる性

性的宇宙

ほとんどの創世神話が、世界の始まりを、性の交わりと受精の言葉で始めているが、それは性の交わりが、人間が自分たちの起源を説明するのに最も手近なイメージであったからであろう。旧約聖書は人類の出現を、原初の親、アダムとイヴを通じて語る。ホメロスの叙事詩では、水の神オケアヌスは、妹である水の女神テテュスと交わり、3000人もの息子を生んだ。オルペウス教の経典によると、“夜”は“風”によって懐妊させられ、“オルペウスの卵”または“宇宙卵”と呼ばれる銀色の卵を産む。そしてその卵から、最初の神、愛の神エロスが生まれた。天と地の交合の物語は、世界のいたるところで、多産のための宗教的祭儀や創世神話に見ることができる。古代エジプトの神話では、天空の神ヌトは、兄である大地の神ゲブと交わり、すべての生物を生み出した。

次頁：男根を描いた伝統的なタントリズムの絵。その丸みを帯びた形は、原初の天地創造の卵を暗示している

宇宙卵

交尾と受精の結果としての卵は、天地創造の完全なるシンボルであり、エジプト、ポリネシア、インド、メソアメリカの創世神話の出発点となっている。インドのいくつかの宗派では、原初の卵（ブラフマーンダ、梵卵）が2つに割れ、1つは金の天空、もう1つは銀の地上になり、同時にこの卵から、原初の両性具有の人間、プラジャパティが生まれたとされている。また、主にローマ軍兵士の間で広まったミトラ教では、最高神であるミトラは、武装した姿で卵から現れ、そこから軍を展開させて宇宙を創造した。

上：タントリズムの、侵入し受精させる力の象徴と考えられている男根の模様のある石

前頁：卵から生まれたミトラ神。元々はヴェーダの天地創造の神であったが、ペルシャを経由してローマ帝国に広まっていった。ミトラ神のまわりを黄道十二宮のシンボルが取り囲んでいる（イングランド、ハドリアヌスの長城、ハウステッドフォート、紀元2世紀）

原初の子宮

世界の主要な信仰体系の多くで、宇宙は原初の2つの力の相互作用によって形成されたと考えられ、そこから自然に、宇宙創成が性的結合によって象徴されるようになった。具体的に世界を生み出す段階になると、それはたいてい、女性の原理、それゆえ子宮と結びつけて語られる。ヒンズー教の絶対意識の神である男性神シヴァでさえ、宇宙の女性的力であり、原初の子宮——ラテン語では*matrix*という——であるシャクティの媒介なしには活性化されない。アラビアと西洋の、両方の錬金術においては、すべての物質（*prima materia*）は、原初の子宮*mater*（mother）そして*matrix*の顕現とみなされる。道教では、女性の原理である“陰”は、宇宙の万物が生まれ広がっていく道と考えられている。

次頁：宇宙の起源、原初の子宮のシンボルである須弥山（紙に水彩、インド、ラージャスターン州、18世紀）

下：万物を生み出した宇宙神母。ヨニ（女陰）の上で創造主であるブラフマンを休ませ、頭頂にはシヴァを載せている

性的な均衡

創世神話の多くで、ひとたび原初の混沌から2つの力または2つの原理の合流によって宇宙が出現すると、次に秩序の形成が始まる。それは多くの場合、対立物の結合によって達成される。ヒンズー教における“プルシャ(男)”と“プラクリティ(女)”の2つのエネルギーの不可分性がその良い例である。性行為は、宇宙の均衡への願いの究極のシンボルである。

次頁：人間の形で表された“プルシャ(男)”と“プラクリティ(女)”。彼らの性的結合は、原初の男女の均衡を象徴する(インド、オリッサ州、17世紀)

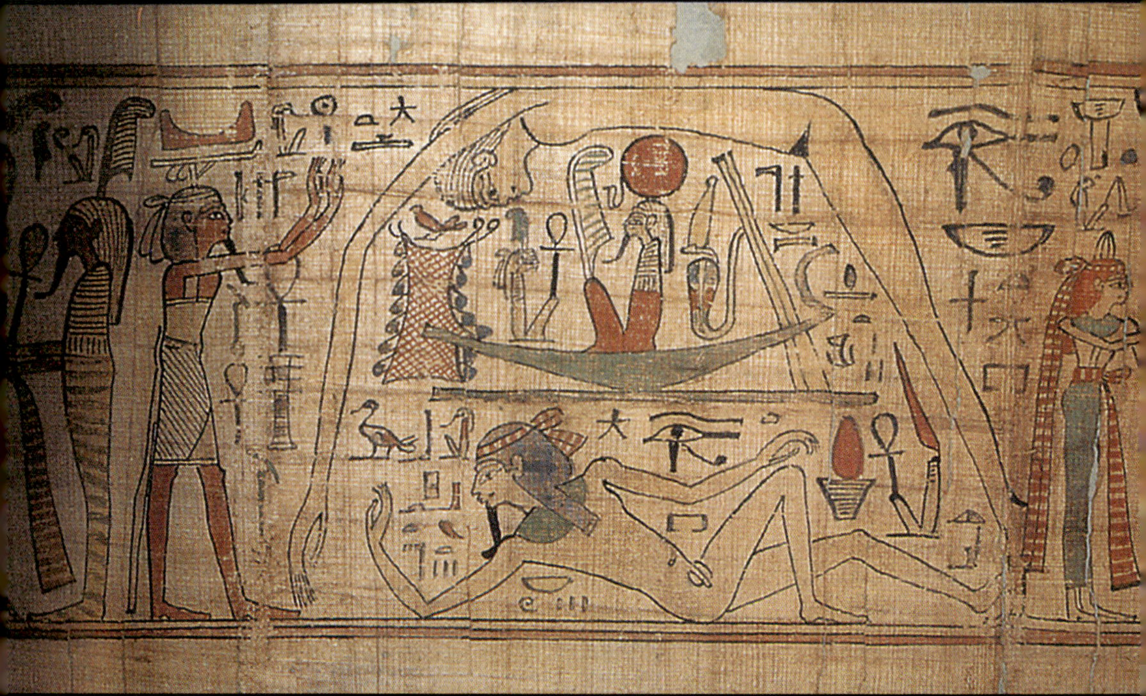

大地と天空

宇宙の創造主を誰または何にするかということは、ほとんどの古代神話や宗教の核心をなすものである。アメリカ南西部のナバホ族は、それを簡潔に、“母なる大地”、“父なる天空”と呼んだ。大地と女神を結びつける信仰は、女神を果実などの大地の恵みで飾ることによって強化される。その他の伝統的な信仰体系でも、その多くが、女性的特質を大地と結びつけている。道教では、地の“陰”の性質は、天の“陽”の力の影響——たとえば降雨など——の侵入を受ける。しかし特異な例として、古代エジプトでは、大地が男性神ゲブによって象徴され、彼はその妹である天空の女神ヌトに、不自然な愛情を抱く。古代の多くの国生み神話で、天空と大地の関係は普遍的な主題である。

前頁：古代エジプト世界の創世者であり、兄妹であるゲブとヌト。両者はラーの小舟で引き離されている（埋葬画、パピルス、紀元前1000年）

蛇

蛇や、それと同種の爬虫類である龍は、文字のないはるか昔から、神話のなかで曲がりくねった道を歩んできた。ひとたび天地創造の条件が整うと、さまざまな力、それも特に性的な力が大きな役割を果たすが、その多くが蛇によって象徴される。キリスト教の聖書では、蛇は悪魔の化身である。しかしタントリズムでは、蛇であるクンダリーニは、人の肉体的および霊的エネルギーの権化であり、身体の神経中枢を覚醒させるために、巣である背骨の基底部から上昇する。

上：ヨガをする女性のヨニ（女陰）から、エネルギーの権化である蛇が飛び出している（木彫、インド南部、1800年頃）
次頁：宇宙エネルギーのシンボルとしての2匹の蛇が、目に見えないリンガ（男根）に巻きついている（タントリズムの絵）

左：アステカのテラコッタ像（1500年頃）。股間の太陽円盤は、多産を象徴している

下：男根の先端に太陽円盤を付けた青銅器時代の洞窟壁画（イタリア、カモニカ渓谷）

太陽…

視認できる天体のなかで最も堂々としている、光、熱、エネルギーの供与者、太陽は、古代の地上の人々にとってどれほど力強いシンボルとして映ったことだろう。メソアメリカの人々にとって、太陽は男性原理のシンボルであり、王権を象徴し、ジャガーや鷲などの動物と深い関係がある。インカ人は、自らを神聖なる太陽の末裔と考え、アステカ人は、自分たちが5番目の太陽の下で生活していると考えていた。ヨーロッパ青銅器時代の洞窟壁画からは、露出した男根に太陽円盤を結びつけた絵が多く発見されている。錬金術では、男性的な太陽“ソル”と女性的な月“ルナ”の結合は、霊魂と肉体、金と銀、王と王妃の合一と考えられた。

上：ヨハネス・ド・サクロボスコの『天球論』（15世紀のイタリア写本）では、太陽は人間の本質的自我の象徴とされた

…そして月

16世紀のインカの歴史家ガルシラーソ・デ・ラ・ベーガが、「太陽の妻」と書いたように、月は古くから女性的なものの代表であった。古代社会の多くで、明るく輝く太陽は優位にある男性の性的象徴であった。しかしエジプト人は特異で、女神ヌトを太陽と結びつけ、月を「夜に輝く太陽」とみなした。中国の神話では、伏羲(太陽)と女媧(月)の交合によって繁殖と再生が象徴された。ローマ神話では、ディアナは月の女神であり、また狩猟の女神でもあった。

上：ヨハネス・ド・サクロボスコの『天球論』(15世紀のイタリア写本)の月の絵
次頁：道教の創世神話を象徴する伏羲(太陽)と女媧(月)

性的風景

次頁：日本の国生みの夫婦、イザナギ、イザナミを象徴する二見浦の夫婦岩

下：木の精霊のレリーフ（ピンク色の砂岩、インド、年代不明）

人間が自然環境にうまく適応できるようになると、人々は自然のなかに、2つの力の相互作用によって世界が創造されるという原理の象徴を見出そうとした。太陽と雨の神々の助けにより生まれた大地の恵みが、人々を養う。創造の原初の行為を連想させる2体が寄り添う形の山々、木々、谷と湖、そして男根や女陰に似た景観や自然物、それらが人と宇宙の関係を象徴する永遠のシンボルとして崇められるようになった。今日でも年間数万人の観光客が訪れる日本の“二見が浦の夫婦岩”は、日本の原初の夫と妻の象徴で、その2人の結合から日本列島の島々が生み出されたと伝承されている。2つの岩の間にかけ渡された聖なる大注連縄は、宇宙統合のシンボルである。

『エデンの園』（フーホー・ヴァン・デル・フース、1467〜8年）

善と悪の園

神に断罪されるアダムとイヴ（ヒルデスハイム大聖堂の青銅の扉の浮き彫り、1015年）

新しく生まれた世界に秩序をもたらす過程は、それにふさわしい性的シンボル体系を生み出した。古代エジプトやペルシャの文化では、中央に池を配した庭園は、自然世界に対する人の支配を象徴した。

キリスト教徒にとってエデンの園は、人間の根底に潜む官能のシンボルである蛇にそそのかされ、アダムとイヴが知恵の木から禁断の木の実を食べるという原罪を犯した場所である。

宇宙双児

古代文明が宇宙の誕生を二元性の産物とみなすように、多くの部族社会には、性的な曖昧さに包まれた双児の神話が残されている。アフリカのある部族には、双児が生まれると、そのうちの1人はすぐに殺さなければならないという因習が残っていたが、それは双児が子宮の内部で性的放蕩に耽っていたとみなされたからである。しかしマリのドゴン族は、双児をもっと肯定的にとらえる。彼らは、人間は、半分人間で半分蛇の数組の双児から生まれたと信じている。黄道十二宮のうちの双児座は、二元性、分離、矛盾、そして類似性の象徴であり、その星座の最も明るい2つの星は、神話上の双児から、カストールとポルックスと名づけられた。

上：宇宙の二元性を表す石像。ある方向から見ると、子供をあやしている母親のように見えるが、別の方向から見ると、勃起した男根を抱えているように見える

前頁：男女の2つの顔を持つ仮面。自然と社会の二元性を表現している（コートジボワール）

女神

宇宙の女性原理は、さまざまな形で表現されてきた。大地母神、処女、誘惑する女、豊穣の女神。しかし時には復讐者として現れることもある。常に変わらぬ豊穣をもたらす原初の宇宙女神が、古代メソポタミア文明からメソアメリカ文明まで、そして現代まで、世界中で崇拝されている。太母神のイメージは、ヒンズー教の宇宙の創造主、女神シャクティから、キリスト教の守護女神、聖母マリアまで人類の歴史を貫いて存在する。創世神話では、女神は世界を創造する大いなる宇宙的愛の行為の片方の担い手であり、地球とそこに住む人々を誕生させ、収穫と多産を約束する恩人である。

次頁左：妊娠した女性の姿のマヤの豊穣の女神
次頁右：肥沃の守護者である大地母神の像（メソポタミア、紀元前4世紀）

女神はまた、潜在的に愛人でもある。ギリシャの愛の女神、アフロディテ（ローマではヴィーナス）が、魔性の女として、塀に囲まれた園の内部から外を見ている。一方男たちは、欲望を胸に彼女を凝視している（『愛の駒遊び』彩色写本、フランス、15世紀）

女陰

天地創造の女性側の半分の力を表現するとき、古代の人々は女陰の形を用いた。古代の道教の信者は、女性器を連想させる自然の断崖、渓谷、窪んだ土地の形状を、“陰”の力の象徴とみなした。タントリズムでは、ヨニ（女陰）は、下向きの三角形で表されたが、それは陰毛の形を示唆している。しかし、この三角形が単独で現れることはほとんどなく、たいていはタントリズムの男根のシンボルといっしょに現れる。それによって、男女の力の永遠の二元性が表現される。男性優位の社会であった古代メソアメリカでも、女陰は偉大な魔法の力の源泉と考えられた。

前頁：女性の人生の4段階を描いた絵。上の段右側の女性は、男性のかっこうをしているが、その女陰から魔法の力が飛び出している（メキシコ、ミステク時代）

下：タントリズムの女陰のシンボル

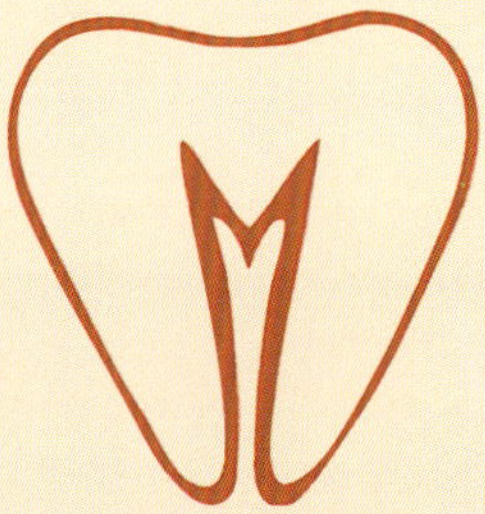

処女

全能の女性守護神である大地母神の対極にあるのが、純粋さと神への敬虔の象徴である処女である。西洋の、処女は神に最も近いところにいるという考え方は、聖書の、キリストは聖処女から生まれてきたという物語によって強固に支えられている。しかし他の文化にも、処女から生まれてきたという伝説を持つ偉人が多く存在している。ギリシャの英雄ペルセウス、アレキサンダー大王、チンギス・カン、老子、そしてアステカの神ケツァルコアトルなど。

多くの文化が、思春期の女性の純粋さを賛美する。タントリズムのある宗派では、彼女等は太母神の若い時の生まれ変わりとして崇拝される。ヒンズー教の祭りドゥルガープージャもこれに似た信仰に基づいており、若い娘たちは新しい衣服で装われ、家族から崇拝される。

裸体に宝石を身にまとった処女の太母神。2羽の白鳥は自由な精神の象徴（インド、18世紀）

女性のイニシエーション(通過儀礼)

イニシエーション(通過儀礼)の起源は、人類社会の誕生と同じくらいに古いが、現在もなお引き継がれている。それは成人になる径路を通じて宇宙の秘密を認識していくきわめて人間的過程である。多くの民族が、初潮を、女性におけるこの人間的変容の始まり、1人の女性を宇宙の偉大なる女性エネルギーの流れと合流させる合図とみなす。タントリズムの宗派には、初潮を、女性を大自然の根源的な流れの中に導き入れるものとみなし、その血を崇拝するものもある。その血を酒と混ぜて飲む儀式を行うものさえいる。アフリカの多くの部族が、部族全体で盛大にイニシエーションの儀式を行うが、その時イニシエーションを受ける若者は、年長者から、部族の歴史や、伝統を教授される。月経の儀式は、月齢に基づき、そして収穫の時期と関連付けて行われることが多い。

上：イニシエーションを終え、女性の仲間入りをした女性の像(シエラレオネ)
前頁：ガーナのイニシエーション儀式

誕生と再生

下：宇宙創成のシンボルとしての出産（インド南部、18世紀）

古代ケルト人から、アジアの諸民族、そしてメソアメリカの諸民族まで、出産という行為は、再生と創造そのもののシンボルとみなされた。新生児が世界に産み落とされる瞬間は、宇宙の女性原理が最高潮に達する時点とみなされた。タントリズムでは、出産という行為は、最高の覚醒、クンダリーニの力の全面的発揚とされ、誕生、死、転生、再生の宇宙サイクルを再始動させるものと考えられた。

次頁：ケツァルコアトルが地下世界の長い旅を終え、再生している瞬間。下部の2体の人物が、再生した神を象徴している（アステカ写本の1葉）

上：雲の上を歩く藍采和
（石鹸石印章、中国、清、
17世紀後半）

次頁：“陰”の要素を集中
させるための護符

翡翠の女仙人

女性特有の性的および霊的力は、すべての文化のシンボリズム体系の最も根源的なところにひそんでいるが、その表現の仕方は文化ごとにかなり異なっている。道教の翡翠の女仙人藍采和は、有機的形態、それゆえ自然界の“陰”の要素を示唆する渦巻くような線のなかに描かれることが多い。彼女と翡翠――龍の精液が固まったものと考えられている――の結びつきは、きわめて強力である。翡翠は、天空の龍と地の要素の交合の鉱物的象徴であり、最も完全な“陰”と“陽”の結合、それゆえ2つの偉大な宇宙的力の相互浸透の象徴である。

スフィンクス

“スフィンクス”といえば、だれでもライオンの身体の上に王の頭部を戴く古代エジプトの大きな石像を思い浮かべるだろう。しかし古代ギリシャには、それとはまったく異なる伝説がある。それは女性の力の邪悪な側面を表現し、たいてい悪魔のような羽をもつ不気味な女性の姿で描かれる。彼女は旅人が前を通るのを待ちうけ、その旅人に謎々を投げかける。彼女の投げかける意味の網のもつれをほどくことができなかった旅人は、彼女に貪り食われてしまう。ただ一人、オイディプス王がこの生死を争うゲームに勝利した。この神話は、宇宙の真理を授かるために誰もが受けなければならない通過儀礼を象徴する。

上：ローマ人墓地から出土したスフィンクスの石像（イングランド、コルチェスター、紀元1世紀）
前頁：『スフィンクスの接吻』（フランツ・フォン・シュトゥック、1895年頃）

カーリー

次頁：カーリーもその一形態である偉大なる女性原理デーヴィー。散乱している頭部は、1つの宇宙サイクルの終わりを表し、シヴァの頭頂部から流れ出た水は、新しい世界の始まりを象徴する

下：シヴァ神の死体の上に座るカーリー神の像（ベンガル、18世紀）

ヒンズー教の女神カーリーを女性の力の擬人化として描いた図像は多い。カーリーはシヴァ神の女性的な部分を表すシヴァのシャクティ（性的力）であり、生命を授ける者である。しかしカーリーが女神ドゥルガに変身するとき、彼女は死の象徴ともなる。至高の女神であるカーリーは生命を授ける者として広く崇拝されているが、同時に潜在的な生命の破壊者としても崇拝されている。善の面が強調されるとき、カーリーは、豊かな胸の神聖な裸体で描かれるが、彼女はまた完全性を持つ存在であるため、畏怖を喚起することもある。その時カーリーはドゥルガの額から飛び出した女神の形を取り、神聖なものと邪悪なものの間の戦いに臨む。彼女は勝利をおさめ、世界の女性的な力の象徴である、"デーヴィー"を確立する。

アクティオンの死を描いた
赤絵式水壺（紀元前375～
350年）

ディアナ

ローマ神話の狩りの女神ディアナ（ギリシャ神話ではアルテミス）は、彼女自身が女性の力のシンボル、寓意像であり、処女性と、男性からの独立を象徴する。彼女に付随するシンボルは、三日月と弓矢である。彼女が男性の好奇の眼差しをどれほど嫌っていたかは、アクティオンとの物語に明らかである。水浴中のディアナをのぞき見たアクティオンは、彼女に鹿の姿に変えられ、彼自身の猟犬に噛み殺されてしまう。女性の象徴としての彼女の秘められた力は、19世紀に彼女が魔術世界の中心的な女神になったことでも証明された。

男性原理

天空と大地が交合することによって世界が生み出されたという創世神話のなかで、天空の象徴として現れることが多い男性神、英雄、そして時にはおどけ者は、豊饒の象徴である女神の対極にあるものとして、シンボル体系のなかで重要な役割を与えられている。

西洋文化の中では、男性の元型の多くが、旺盛な性的欲望を持っている。ギリシャやローマの神々、好色なサテュロス、そしてすべてを征服する英雄など。しかしより高潔なタイプもある。性的誘惑に打ち勝った聖人、至福の時代の到来のために聖杯を探し求め、女性に対しては常に礼儀正しく振舞う聖杯伝説に登場する騎士等々。

前頁：男根をかたどったヨガの水晶の置物。全体の滑らかな曲線は、世界創造の源である宇宙卵を連想させる（18世紀）

男神

レダと白鳥の神話を主題にした2つの作品。ローマ時代に造られたギリシャ彫刻の複製（下）とミケランジェロの作品の模写（次頁、1530年以降）

ハムレットが人と神を対比したとき、彼は、ただの死すべき卑小な存在を、宇宙という最も壮厳で最も強大なものの象徴と比較したのである。古代社会のすべてが、そして現代社会の多くが、それ自身の男神を有しており、それらは男性原理の象徴としての役割を果たしている。ギリシャ神話の神々の王であるゼウス（ローマ神話ではジュピター）は、原初の混沌の象徴である父のクロノス（ローマ神話ではサトゥルヌス）を倒し、宇宙秩序の指導者となった。ゼウスの絶対者的な地位は、さまざまなものに変身して性的放縦の限りを尽くしたことによってさらに強調された。彼は黄金の雨に変身してダナエを妊娠させ、雄牛の姿に変わってエウロパを略奪し、白鳥に姿を変えてレダを誘惑した。

左：男根の英雄をかたどったテラコッタ製の燭台(ポンペイ、紀元1世紀)

次頁：男根をかたどった棍棒を持つヘラクレスの青銅像(ローマ時代、年代不明)

英雄

多くの神話に、完全なる神ではない、たいていは神の息子である半神半人の勇ましい男性英雄が登場する。彼らは天空の力が大地に侵入するという宇宙創世原理を象徴する存在である。“12の功業”で有名な英雄ヘラクレスは、ジュピターと人間の女性アルクメネの間に生まれた子で、最終的には嫉妬深い妻のデイアネイラに毒殺されてしまう。ヘラクレスが忠誠の証しである男根の棍棒を握って死の準備をしていたとき、ジュピターは、ヘラクレスは母からもらい受けた死すべき人間という半分が死ぬだけだと宣言した。こうしてジュピターは、ヘラクレスの残りの神的な半分を天に上げ、彼を神々の座に昇格させた。

サテュロス

神話に登場する生まれながらの半人半獣の悪魔は、男性の性の重要な側面を象徴する。ギリシャ—ローマ時代には、それらの悪魔は牧神パンと関係があり、貪欲な性的欲望の擬人化として描かれた。サテュロスはまた、ワインの神で、妖精ニンフの誘惑者であるギリシャの神ディオニュソス（ローマではバッカス）ともつながりがある。彼らは自然の妖精の男性版であるが、おそらく男性的な力と女性的な力がバランスを取り、世界に秩序がもたらされる以前の、制御できない混沌と関係があるのだろう。

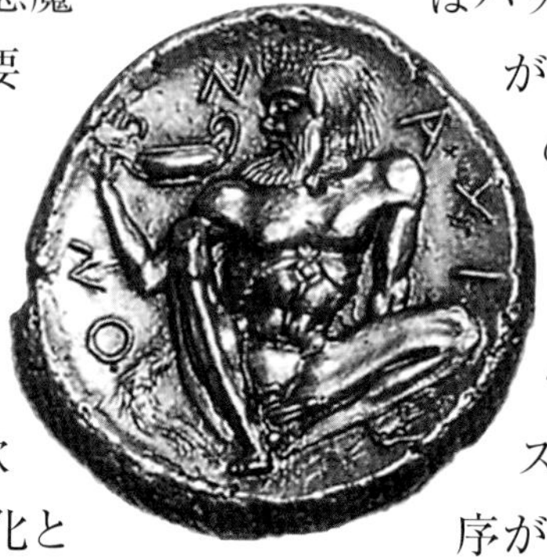

上：ギリシャの硬貨に描かれたサテュロスと思われる人物の像（ギリシャ、ナクソス島）
次頁：欲望にかられヴィーナスの服を脱がせようとするサテュロスを描いた『パルドのヴィーナス』（ティチアーノ、1540年頃）

男根

男性の力の究極のシンボルである男根に対する信仰は、東南アジアから西方のケルトの島々まで、世界中に広く見られ、多くの人々を惹きつけている。インドの宗派の多くが、ヨニ信仰と並行してリンガ信仰を行っている。男性性器の顕現は、かなり形式化され、巨大な柱によって表されるようになり、世界軸《axis mundi》と同一視されるようになった。それは男性的な力の象徴である。古代ギリシャやローマの美術には、男根を描いたものが少なくないが、それらの図像の中に、現世的な享楽を肯定するデュオニソス的な世界観をみることができる。なかでも、たいてい釣り合いのとれないほど大きな男根の姿で描かれるプリアプスは、ギリシャの豊饒の神である。

下：ローマ時代の男根のレリーフのある護符（紀元2世紀）

次頁：セルフ・フェラチオに耽る若きシヴァ神（インド）

男性のイニシエーション(通過儀礼)

シャーマニズム的な要素を色濃く持つ社会や宗教では、イニシエーションの儀式はきわめて重要である。北アメリカ大平原のあるアメリカ先住民部族は、イニシエーションを受ける若者たちを村から遠く離れた苛酷な環境の下に放置し、そこでの生存のための試練によって成人への通過を象徴させる。成人になるための通過儀礼として、伝統的に割礼を行う社会が多く残存している。つまるところ、“イニシエーション(通過儀礼)”という言葉の中には、子供にはけっして知ることができない宇宙の秘密、至高の真実の新たな認識、ある出発点という意味が含まれている。現代の西洋社会の中にも、たとえばフリーメイソンのような友愛会的な組織の中で、イニシエーションの儀式に非常に重要な意味を持たせている組織が多くある。

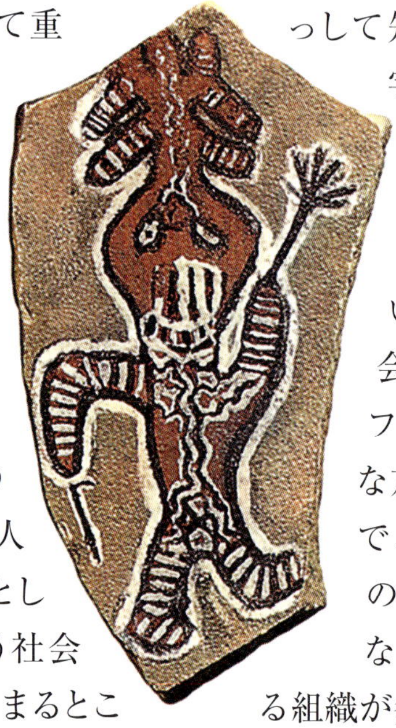

上：割礼の儀式に使う椅子に描かれた絵(マリ、ドゴン族)
次頁：割礼の儀式を描いたエジプトの墓の壁画

左：『聖アントニウスの誘惑』(ヒエロニムス・ボッシュ、1500年頃)トリプティカ(三連祭壇画)の部分

次頁：『誘惑からの逃避』(フランス細密画、13世紀)修道生活を始めるためのイニシエーションを受けている若者

誘惑

男性的な強さは、必ずしも暴力的な力や性的横溢だけによって特徴づけられるわけではない。東洋にも西洋にも、これとは異なるもう1つの男らしさの伝統がある。それは、女性の誘惑に屈せず、禁欲的で孤独な生活をつらぬく意志の強さの証明である。そのような信仰のもとでは、男女の性的交わりは、ほとんど邪悪と同義とみなされ、ユダヤーキリスト教世界では、楽園に蛇が忍び込むことによって象徴された。聖アントニウス（251〜356年）は、人里を離れ、ただ1人荒野で祈りを捧げ瞑想する禁欲的な生活を行った。それを見た悪魔は、そのような生活は悪魔に対する侮辱であるとみなし、彼のもとに、こよなく美しく、官能的な女性たちを次々に送り込んだ。聖アントニウスは、このような悪魔の甘いささやきを退けることによって、肉の悦びに打ち勝つ聖なる禁欲生活のシンボルとなった。こうして彼は、キリスト教修道会の父となった。

去勢

多くの文化で、性的不能に対する恐怖は、男性原理の根源的危機の兆候とみなされた。古代ギリシャの神ウラノスは去勢され、その性器は海に投げ入れられたが、その時生じた白い泡から愛の女神アフロディテが誕生した。アナトリアの羊飼い、美少年のアッティスは、豊穣の女神キュベレに対する狂乱的愛情から、自らを去勢した。彼の死後、彼を崇拝する人々が参集し、半宗教的な教団が創られた。その信者らは自分の睾丸を切除し、それをアッティスをまつった祭壇にささげた。これらの伝説は、自らの狂暴な性的欲望から自由になりたいという男性の願望の一面を象徴しているように見える。

上：踊り狂うアッティスの像（青銅、ローマ時代）

自ら去勢したアッティスの像(紀元2世紀、ローマ)。去勢、死、そして再生した羊飼いの美少年は、もはや性的欲望と衝動に苦しめられることのない自由になった精神を象徴している

性と心の解放

性行為を神の恩寵を象徴するものとして、あるいは神の域に達するための手段として賛美する文化が多く存在する。道教においては、満ち足りた性的交わりは、“陰”と“陽”の力の均衡、それゆえ宇宙の調和を表す中心的なシンボルである。西洋文化の中には、男性と女性の両方の性器を持つ両性具有者を、世界の敵対的状態の解消、全体性の回復の象徴と考える流れもある。楽園もまた、満ち足りた性の交わりによる幸福を象徴する。それは蛇が侵入し、原罪がもたらされる前の幸福な時代の記憶である。ルーカス・クラナッハが『黄金時代』(p.708〜9参照)で描いた、男女が少しも恥ずかしがることなく裸体のまま遊び戯れる光景は、煩瑣な社会的因習に縛られない大らかな性の交わりを聖なる悦びとみなす考えをよく表現している。

次頁：タントリズムの信仰と実践においては、正しい手順に則って行われる肉体的結合は、実践者の心を解放し、精神をより高い段階に導くと考えられている（水彩、1850年頃）

クリシュナ神とゴーピス(乙女たち)

農耕社会においては、男女が集団で踊る儀式は、天の恵みと大地の豊饒に感謝し、この状態が長く続きますようにと祈る重要な意味を持っている。その踊りは存在の統一、宇宙の性的調和、男性の力と女性の力の均衡を祝うものである。ヒンズー教のラス・リラ・ダンスでは、愛の神クリシュナが召使いの牛飼いの乙女たち(ゴーピス)と、次々に性の交わりを行う。踊りが始まる前に乙女たちの衣服はすでに盗まれており、彼女たちは横笛を吹くクリシュナ神の前に裸体をさらす。しかしクリシュナ神があまりに魅力的であるため、乙女たちは自分1人だけがクリシュナ神と踊っていると錯覚してしまう。

上：ゴーピスのサリーは、水浴中にクリシュナによって盗まれてしまう(水彩、インド、カルカッタ、19世紀)

前頁：刺繍されたモスリンの結婚式用の織物。クリシュナ神がゴーピスと踊っている(インド、パンジャブ州、18世紀)

シヴァ

シヴァはまぎれもなく男性的絶対者であるが、彼の顕現がリンガによって象徴されるとき、そこには世界に働く2つの力の合一が暗示されている。屹立するリンガの柱は神性の象徴であり、それを前に瞑想することによって精神が再活性化される。とはいえ、リンガは通常、女性器の形をシンボル化したヨニといっしょに顕現される。それらは一体となって、リンガ・ヨニを構成し、見えるものと見えないもの、神聖なるものと地上的なるものの統一を象徴する。

右：真鍮メッキのリンガ・ヨニ。2匹の蛇がシヴァの亀頭を護り、3匹目がヨニの通り道に横たわっている

次頁：石造のリンガ・ヨニ（インド、アラハバード州）

“陰”と“陽”

簡潔に言えば、道教の“陰”と“陽”は、2つの宇宙原理の対立を表す。“陰”は女性原理であり、受容、湿り気、陰、地によって特徴づけられる。これに対して“陽”は男性原理であり、天、乾燥、突き出した形、皇帝を表す。2つの力の合一、それゆえ調和の達成は、当然にも性の交わりによって象徴される。“陰”と“陽”のシンボルが組み合わされた形は、円によって縁どられているが、それは生命の根源的な完全性を示している。性の交わりと同じように、世界のすべてが、対立物の存在なしには何の意味もない。光と影、善と悪、肯定と否定、汐の干満、そして男と女。

上：“陰”と“陽”の結合を象徴する男女の交合の置物。30ある“天地の体位”の1つ、“2羽の蝶の舞”（中国、清、18世紀半ば）
前頁：雲龍の装飾のある男根型の翡翠の印章（中国、清、18世紀）

クンダリーニ

多くの文化で邪悪な行いの象徴とされる蛇は、ヒンズー教のクンダリーニ信仰によって変容を遂げる。そこでは蛇は、覚醒の、それゆえ精神的肉体的な全面的充溢の使者となる。クンダリーニは、通常1番目のチャクラにとぐろを巻いて横たわっているが、正しい瞑想技法によって目を覚まされると、性器の場所にある2番目のチャクラに昇り、それから次々に上方に向かってチャクラを開き、最後に頭頂部にある7番目のチャクラ、“サハスラーラ・チャクラ”に到達する。エネルギーが7番目のチャクラに到達したとき、純粋意識が獲得されるといわれている。

前頁：精神中枢であるチャクラの図（金メッキ・レリーフ、インド南部、18世紀）

下：満開の花で表されたチャクラ。花弁の数はエネルギーの振動数を表している

密やかなる調和

宇宙の調和と男女の相克の消滅の奥義を究めたいと願うタントリズムの信徒は、しばしばチャクラを昇るクンダリーニの段階を表す震動に基づく音節を用いて、真言を唱える。タントリズム仏教における“ヤブ—ユム”（チベット語で“父—母”）とは、男神とその配偶者の女神が性の交わりを行っている図像のことで、両者は手足をからめて抱擁しあい恍惚の状態になっている。男神は多くの場合、蓮華の上に座禅を組み、片手に、意志の堅固さと男らしさの象徴である小さな武器ドルジェ（金剛杵）を握り、もう一方の手に鈴を握っている。それは交合のときの女性的側面を象徴する。

次頁：至高の叡智の権化である金剛薩埵（ヴァジュラパーニ）が女性の叡智の権化と交合している図。クンダリーニ・エネルギーが、彼を性的二元性を超越した地平に持ち上げている

ロバにまたがる雌雄同体の人物像(マリ)

次頁見開き:『黄金時代』(ルーカス・グラナッハ父、1530年頃)

復活された楽園

男性と女性の原理が均衡し、楽園に蛇が侵入していない原初の無垢の状態へ回帰したいという願望は、その最も完全な性的シンボルとして雌雄同体の両性具有者を見出した。ギリシャの神ヘルマフロディテは、アフロディテとヘルメスの間にできた男神であったが、ある女性のニンフと融合し、乳房を持つ少年になった。

宇宙の性的な均衡と無垢な状態への回帰のもう1つの形が、性の分化は消えないが、分裂はしておらず、原初の性的力の精妙なバランスが保たれている状態の回復であり、ルーカス・グラナッハが『黄金時代』で描いた楽園の復活である。

下：両性具有の神（インド、ベンガル州、12世紀）

I
THE MAGICIAN

タロット

タロットカード

その起源は謎に包まれているが、タロットカードは無限の魅力を秘めたシンボリズムの世界そのものである。最も信憑性の高い説によると、タロットは15世紀の北イタリアで、カードゲームの道具として誕生したらしい。現存する最古のタロットカードは、1450年頃に画家のボニファシオ・ベンボが、ミラノのヴィスコンティ／スフォルッア家のために制作したもので、どのカードにも数字は入っていない。カードを使ったゲーム――使用する枚数はまちまちであったが――は、その後ヨーロッパ全体に広まっていったが、タロットカードについて最初に解説した文書が現れたのは、1659年フランスにおいてであった。タロットカードと秘教や占いの結びつきはそれほど古いことではなく、スイスのプロテスタント牧師で、フリーメイソンの会員であったアントニオ・クール・ド・ジェブランによって始められたと伝えられている。彼の考え――タロットカードは古代の賢者たちの叡智を図像化したものである――は、19世紀に大西洋の両側で神秘主義者によって受け継がれたが、なかでも“黄金の夜明け団”が有名である。その団員の中には、有名な詩人W.B.イエーツや神秘主義者アレイスター・クロウリーなどがいた。

その起源が何であれ、占いに用いられるとき、タロットカードのシンボル体系は、眼前に豊かな意味の世界を展開する。それはおそらく、

11 LA FORZA
10 ROTA DI FORTUNA
9 L'EREMITA
8 LA GIUSTIZIA
7 IL CARRO
6 GLI AMANTI
5 IL PAPA
4 L'IMPERATORE
3 L'IMPERATRICE
2 LA PAPESSA
1 BAGATTO
0 IL MATTO

カードが直接古代の智慧や神話を題材にして創造されたものではないにしろ、ユングが示したように、人間が無意識の中にある元型を繰り返す存在だからであろう。タロットカードが人を惹きつけてやまないのは、それが善と悪、男性の原理と女性の原理の対位、そして4つの要素、空気、水、火、地の相互作用等々、人間の元型を図像化しているからである。

現代のタロットカードは78枚のカードからなり、内訳は、ナンバーが割り当てられている21枚の特別なカードと、ナンバーのない(0が与えられているカードもある)1枚のカード("愚者"または"ジョーカー")、そしてマーク(スートと呼ぶ)の個数で数を表す10枚のカードと4枚の宮廷カードで1スートになったものが4スートである。カードの意味するものを読んでいくとき(リーディングという)、カードが逆さまの位置になって現れる場合があるが、その場合はたいてい、カードの意味が"リバース(逆転)"されたと考え、新たな解釈の可能性が生まれる。タロットカードの多くが、精巧に描かれた美しい霊感を刺激する絵柄で、見る人を独特の世界に誘い込む。そのため本書では、タロット占いの奥深い複雑な世界への美しい案内役として、さまざまな時代の幅広いカードを紹介する。

大アルカナ

強烈で多義的な意味を持った不可思議な図像によって、タロットカードは人々を、神秘的で奥深いシンボリズムの世界へと引き込む。カードは、そこに描かれている宗教的および世俗的経験の元型を通して、人生の重要な側面を語る。カードの1枚1枚が、人間存在の根底に横たわる根本原理を暗示している。1枚目から21枚目までの全体を見るとき、その連続性は、誕生から青年時代を経て、死そして再生へと向かう人間の一生を暗示している。それはまた、無知から最終的な悟りへと到る解脱の旅ともいえる。

1

魔術師

この人物は、タロットカードが数世紀を経るなかで、単なる遊びの道具から占いの道具へと変わっていったことを最もよく物語るものである。魔術師は、テーブルまたは露台の上にいろいろなものを並べて売っており、片手には杖を持っている。その杖は、彼が魔法の力を持ち、並外れた技量の持ち主であることを暗示している。もう一方の手は、目の前にある品物を指差しているが、それは彼が日常的な出来事をよく支配できることを意味している。より新しい版では、彼の前に、剣、杖、カップ、コイン（またはペンタクル）が並べられているが、それは人生を支配する4大要素を表し、タロットカードの4つのスートを表す。それはまた占い者に、重層的な意味の解釈の機会を与える。

正位置の意味

日常生活における自信と手腕。他人との交際や交渉において、説得力があり、相手を魅了する力がある

逆位置の意味

自信の欠如、意思を伝えることができない。効率の悪さ、さらには悪智慧、狡猾さ

2
女教皇

女司祭長と呼ばれることもあるこのカードは、現実にはあり得ない女性の教皇を表している。彼女は、無意識の領域、直観的認識を象徴する。彼女はたいてい、ボアズ(闇)とヤキン(光)、あるいはアルファとオメガと呼ばれる2本の柱の間に座っている。前者は黒い色に塗られ、神秘と直感の女性の原理のシンボルであり、もう一方の白く塗られた柱は、男性的な合理主義のシンボルである。

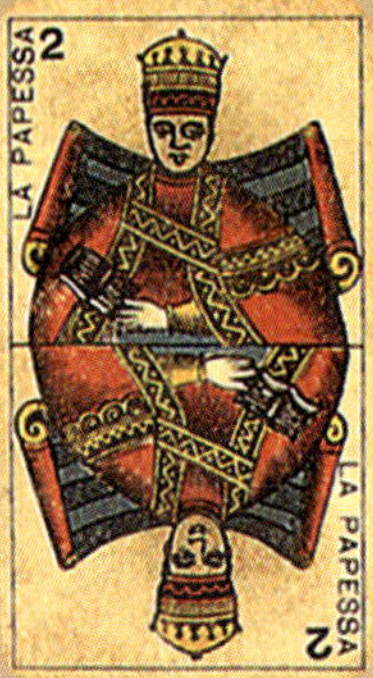

正位置の意味
真実、直観的知恵と知識、男性人格の中の女性的側面

逆位置の意味
表面的、人格的調和の欠如、人格の女性的な面または直感的な面の抑制

III

3
女帝

女性原理の、より実践的な、母親的側面を表しているこの人物は、威厳に満ちているが慈悲深い王妃のような存在で、豊穣のシンボルや、出産、結婚、家事と関係するものに囲まれていることが多い。女帝のカードは、他人に対する実践的で、思いやりのある、寛大な態度を表す。

正位置の意味
行動における堅実さ、幸福と安全の促進

逆位置の意味
行動力と集中力の欠如、家庭内に問題が起きる可能性、出産の困難を表すこともある。

4
皇帝

この全能の人物には、責任感の強さと意志の堅固さがあらゆる面に現れている。彼の姿勢には、権力を握ったものの風格が漂う。彼は横を向いているが、それは自らを、見る者から遠ざけていることを意味する。また物質世界に対する彼の支配は、“4”の字に組まれた彼の足に表されている。それは4大要素を表している。

正位置の意味
責任を負う能力、前進と実行における決断力の強さ

逆位置の意味
権威に対する反抗、未熟、決断力のなさ

5
祭司長または教皇

古いタロットのパックでは、宗教的権威のシンボルとされたが、現在ではむしろ、見識ある専門的なアドバイス、相談を表す。古代ギリシャの神託を告げる人であった祭司長は、たいていカードの前景に双児を伴っているが、彼らは知識と祝福を請い願っているものたちを代表する。彼らは時に、聖人の法服に伸ばした2本の手だけで表されることもある。

正位置の意味
宗教的導き、権威、建設的な相談

逆位置の意味
心もとない助言、誤った指導、不適切な発言

正位置の意味
恋愛に関するものとは限らない難しい決断、重要な約束をする前の熟慮

逆位置の意味
選択の先伸ばし、決断力のなさ、あるいは誤った判断

6
恋人

このカードは時代ごとに、異なった絵柄で描かれたり、さまざまに解釈されたりしてきた。多くある変種の中の古いものは、1人の男性が2人の女性のどちらに求婚するか迷っている場面が描かれており、彼らの上方に浮遊する肥満した天使は、求婚者の心臓めがけて恋の矢を射ようとしている。新しいデッキでは、エデンの園のアダムとイヴが描かれている。とはいえそれらの図柄は、「正しい選択と決断」というこのカードの主要な意味を曖昧にしていると言えなくもない。

7
LA CARROSSA

7
戦車

図の戦車は、2頭の馬（スフィンクスのときもある）に引かれているが、手綱はない。そのため、冠をかぶり武装した騎士は、ただ意思の力だけで馬を操っていることが示唆されている。そこからこのカードは、人間の自我と野望を表す。2頭の馬が白と黒に塗り分けられているカードもあるが、それはそれぞれ男性原理と女性原理を表し、人格内のさまざまな側面の衝突が、個性の強さによって制御されていることを表す。

正位置の意味
不利な状況を克服する能力、目的を達成しようとする野望と決意の強さ

逆位置の意味
制御不能、個人的生活の混沌と他人に対する思いやりのなさ

8
正 義

四枢要徳のうち、タロットカードで表されている3つの徳のうちの1つである正義(他の2つは、剛毅と節制)を表すこのカードは、さまざまな変更を受けてきた。たとえばあるパックでは、“正義”のカード番号は11となり、カード番号8は“剛毅”となっているが、それは黄道十二宮の天秤座と獅子座の順番に合わせるためである。徳を表すカードはすべてそうであるが、“正義”は1人の女性で表されている。彼女は審判者の席に座り、「論理的判断」と「公平」を表す聖剣と天秤を手にしている。

正位置の意味
公平で理にかなった裁き、頑迷な偏見に対する勝利

逆位置の意味
不公平な、あるいは先伸ばしされた裁き、不平等と偏り

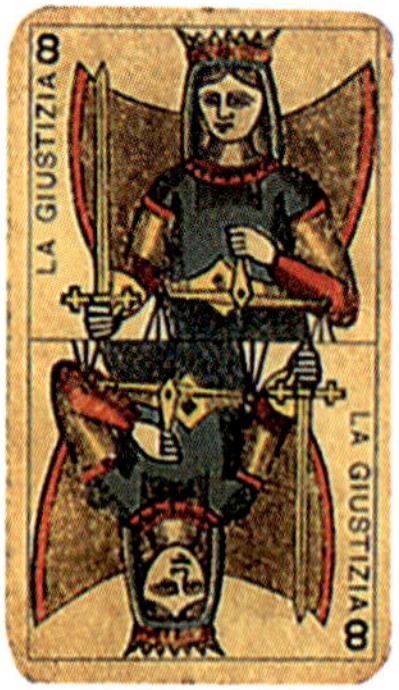

XI

9

隠 者

長い修道衣をはおり、ランタンを提げた1人の年老いた男の姿が描かれている。ランタンが砂時計に変えられているものもあるが、こちらは時間と忍耐とのつながりを示している。隠者は他の人々から孤立している人であるため、独立心と内省的性質、そして魂の探求の必要性を表すとみられている。リーディングの最中にこのカードが出てきたときは、「反省」と「自分で決断する必要」が示唆されていると考えられる。

正位置の意味

熟慮する必要、自分の秘めたる力を引き出す時

逆位置の意味

他人からの孤立、人の支援に対する無益な拒絶

10
運命の車輪

このカードの主題は、車輪そのものである。その車輪には、何匹かの動物が危なげにつかまっている。車輪の上には、回転を取り仕切る人物（動物）が乗っているが、女神フォルトゥナやスフィンクスの場合もある。このカードの主要なテーマは、われわれの人生において偶然の出来事が果たす役割であり、願わくば幸運や予期せぬ利得などの形であらわれてほしいと願うものである。しかし逆位置で現れた場合は、まったく逆の意味を表すことになる。すなわち、不運に見舞われる可能性であり、それは状況を好転させようと必死にもがけばもがくほどますます募ることがある。

正位置の意味

予期しない幸運、努力なしに
得られた成功

逆位置の意味

あらゆる努力も虚しく失敗、
予期しない不運

11
剛 毅

枢要徳を表す3枚のタロットカードのうちの1枚である“剛毅”のカードは、ライオンの両顎をその強い力で開いている1人の女性、あるいはネメアの獅子と闘っているヘラクレスの肖像が描かれている。肯定的な意味では、ライオンは心の強さ、勇気を表すが、それはただ強い感情が正しく導かれ、コントロールされているときに限られる。逆位置の場合は、否定的な意味となり、自己抑制が効かないことを意味する。

正位置の意味
よく制御された力、徳の1つである勇気

逆位置の意味
不十分、力不足の感覚、誤って使われた力

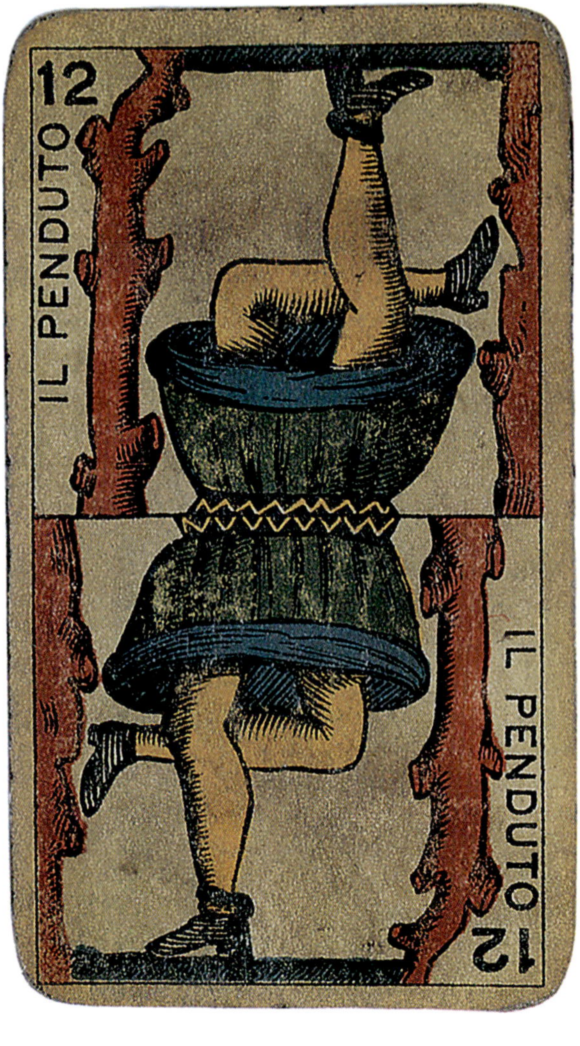

正位置の意味
価値ある目的のための献身、
より大きな善のための犠牲

逆位置の意味
責任感の無さ、目的を達成し
ようという意志の欠如

12

吊るされた男

これはタロットカードの中でも最も不可思議なカードで、その意味を十分に説明しようとする多くの試みに反抗し続けている。中心となる人物は、片足を縄で縛られ、横木から逆さまに吊り下げられているが、不思議なことに、その顔には満足の笑みが浮かんでいる。そのポケットからコインがこぼれおちているデッキもあるが、それは彼が、現世的な物質的利益には目もくれないということを暗示しているようである。そこからこのカードは、犠牲という概念を表していると推察される。

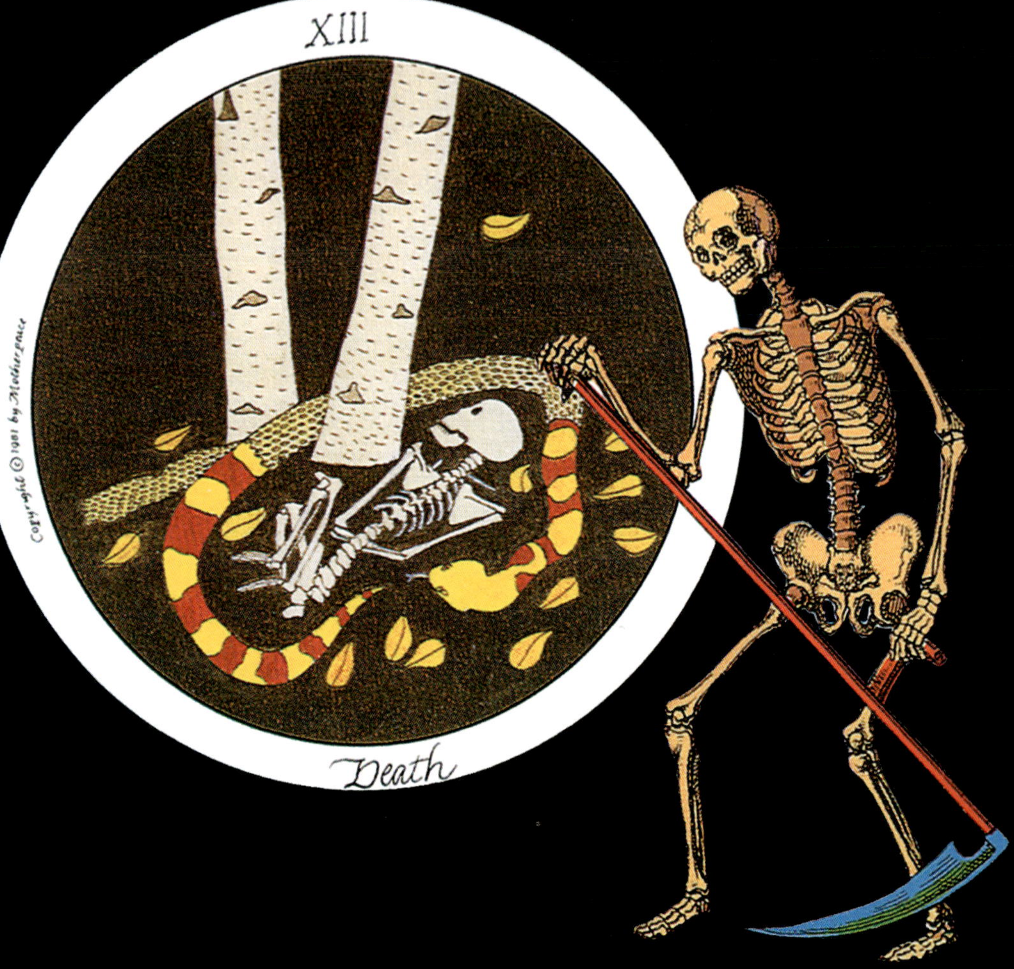
XIII
Copyright © 1981 by Motherpeace
Death

13
死

ほとんどの版に、骸骨の形をした死神が大鎌を操り、そのまわりには、死んだばかりの人の四肢が散乱している図柄が描かれている。恐ろしく凄惨な場面が描かれているが、このカードが実際の「死」を意味することはほとんどない。むしろ、人生のある場面から他の場面への変化を表し、新しい人間関係の始まりなどの、幸せの到来さえ表すことがある。とはいえ、このカードには、変化は肯定的な気持ちで受け止められなければならないという強い意味が含まれている。

正位置の意味
変化、交代、新しい人生の始まり

逆位置の意味
不愉快な悲しむべき変化、遅々とした、ときに苦悶を伴う変化

14
節制

“節制”カードは枢要徳のカードの1枚であり、やはり1人の女性の肖像が描かれている。多くの版でその女性は有翼で、片方の壺から他方の壺へとある液体を移し替えている。背中の翼が強調されていることから、彼女を聖書に出てくる天使の1人とみる説もあるが、古典時代の有翼の女神像から発想されたものとする説の方が有力である。一方の壺から他方の壺への液体の移し替えは、すべての物事をうまく配合することの必要性、そして正しい釣り合いが取れるまでさまざまな要素を勘案することの必要性が示されている。

正位置の意味

釣り合い、特に人格的な面で。困難な状況を操ることができる成熟

逆位置の意味

利害の衝突、決断の際の優柔不断

15
悪魔

このカードのテーマは、いうまでもなく中央の悪魔の肖像である。その悪魔は、コウモリのような翼を持つこともあれば、山羊の形をしていることもある。その下には、2体の、同様に悪魔のような生き物がいるが、それらは明らかに首環で台につながれている。中央の悪魔の頭から2本の角が生えているものもあるが、こちらはケルトの牡鹿の神で、繁殖の象徴であるケルヌンノスから連想されたものだろう。“死”のカードと同様に、このカードの意味も単純ではない。このカードは、すべての物事が真の混乱状態にあることを象徴するというよりは、人生において避けられない不都合、不快な日常的瑣事を表す。

正位置の意味

欲求不満と憂鬱の感覚、人生の物質的な側面の過大な負担

逆位置の意味

上の状態がさらに過激になったもの、完全なる邪悪

正位置の意味

騒乱、壊滅、突然の
暴力的喪失

逆位置の意味

上のより穏やかな状態

16
稲妻に打たれた塔

このカードは、一見したところ壊滅状態を表しているように見えるが、警告を発するタロットカードの多くがそうであるように、何かしら明るい側面も看取できる。確かに直接的な印象は、災厄そのものである。王冠を戴く塔は稲妻に打たれ、住人は窓から放り出され死へと向かっている。激しい衝撃によって王冠が引き剥がされているように見えるが、それは自我に対する打撃を表しているのだろう。このカードは確かに非常に破滅的で暴力的な様相を帯びているが、同時に、どんな災難からでも何らかの有益なことを学ぶことができるということを示していると見ることもできる。このカードでは、逆位置の方が正位置よりも状況が穏やかである。

17
星

1人の裸の女性が2個の壺から水を地面に注いでいる。彼女は、死んだ恋人を蘇らせようとして生命の水を探す、バビロニアの女神イシュタルだという説もある。背景の空には、ひときわ大きな八芒星が輝き、それを7つの小さな星が囲んでいるが（マルセイユ版の場合）、その星はおそらくプレイアデスであろう。このカードの主要な意味は、健康と命の回復であり、特に苦難と抑圧の時期を乗り越えた後のそれである。

正位置の意味

新生と新たな望み、達成の見込み

逆位置の意味

減衰する生命力、幸福へのなんらかの障害、しかしそれはなお達成可能

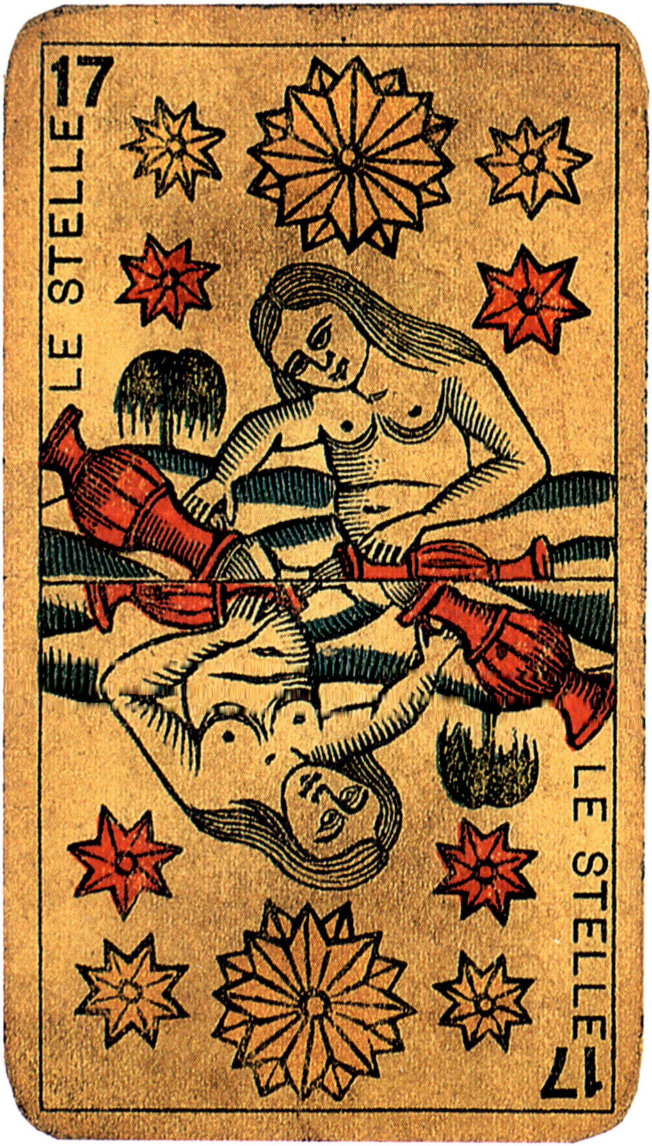

18
月

これは非常に否定的なカードである。カードの上部の月いっぱいに、1人の老女の顔が描かれており、それは月とともに女性原理を表すが、ここでは老いと孤独を象徴している。月に向かって犬と狼が遠吠えし、前景の沼からは邪悪な顔をしたザリガニがはい出してきている。それはまるで魂の暗闇から抜け出てきたようである。カード全体が、方向性の無さ、混乱に強く覆われており、個人的な過誤の網にからみとられた感覚が漂う。

正位置の意味

抑うつ状態、物事を明確に把握しきれないことから生ずる混乱

逆位置の意味

上のさらに酷くなった状態、絶望と助けを求める悲痛な叫び

19
太陽

タロットカードの中で最も楽観的な印象を与える1枚である。太陽は達成と均衡、幸福の最も高い理想を意味する。伝統的な形状の太陽には人の顔が描かれ、それは壁に囲まれた楽園に立つ双児に慈悲深い光線を降り注いでいる。時に双児の代わりに、1人の少年が馬にまたがる姿が描かれていることもあるが、馬は伝統的に太陽神ジュピターとつながりの深いシンボルである。

正位置の意味
成功を達成した後の幸福感と満足

逆位置の意味
上の幸福感が衰退した状態

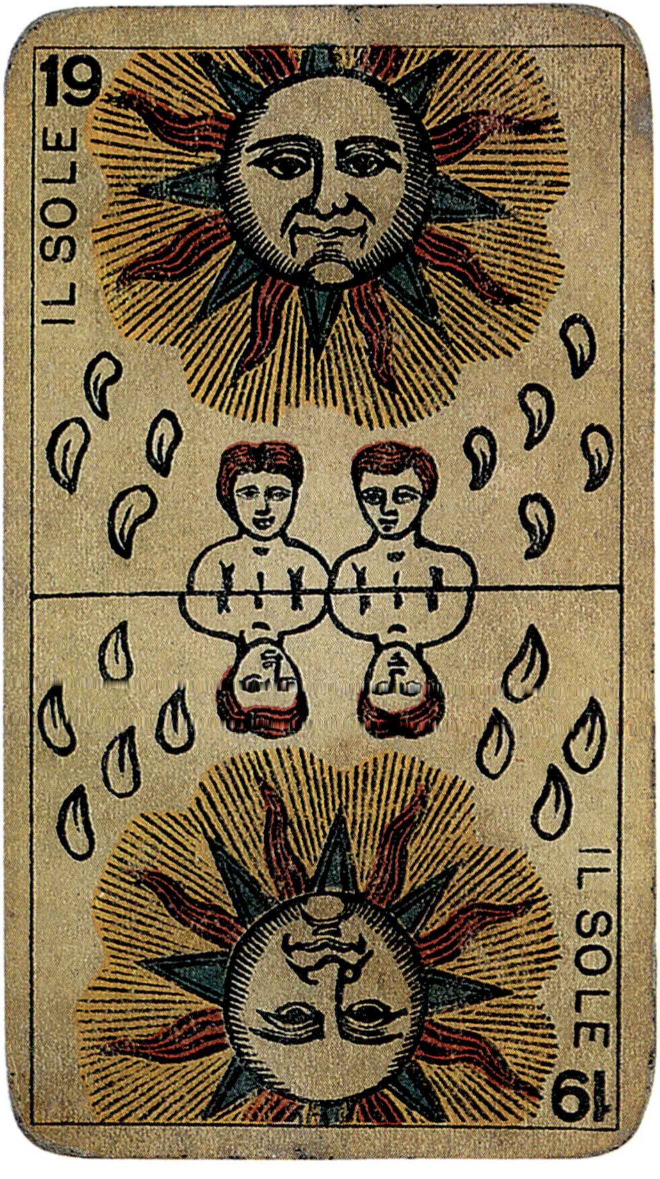
19
IL SOLE
IL SOLE
19

XX
The Aeon
L ANGELO
20

20

最後の審判

最後の審判を主題にしていることから、このカードの意味するものは、生起したことの総括、評価である。カード前景には、墓から蘇った死者が見え、その人物はカード上半分を支配する天使のトランペットによって呼び出されたようである。このカードの場合は、正位置の意味と逆位置の意味の違いは明確である。正位置のとき、それはいま完結したばかりの人生のある段階の満足を表し、逆位置にあるとき、当然後悔と呵責の念を表す。

正位置の意味
人生のある段階、または特別な出来事における満足のいく結果

逆位置の意味
最近起こった出来事に対する後悔、一連の行動の決着が遅れる可能性

21
世 界

タロットカードの中でも、このカードほど豊かなシンボリズムの世界を見せてくれるものはない。月桂樹で出来た輪の中で裸の女性が踊り、カードの四隅には、預言者エゼキエルの書に出てくる4つの生き物が陣取っている。それらは物質の4大要素を表しているとも、黄道十二宮の4つの固定星座（水瓶座、獅子座、蠍座、牡牛座）を表しているともいわれている。キリスト教的な解釈では、それらは4人の福音伝道者を表しているとされている。このカードは特に肯定的なカードで、人生のある段階を成功のうちに終えたこと、そして次の新たな人生の始まりが約束されていることを示す。

正位置の意味
成功裡の完結、満足感

逆位置の意味
欲求不満、満足のいく結果が得られないこと

小アルカナ

小アルカナの4つのスートは、それぞれ2種類のカードによって構成されている。すなわち、宮廷(コート)カード(普通のトランプと違い、ナイトが加わり全部で4枚)とそれ以外の“ピップ”カードである。“ピップ”というのは各スートのシンボルのことで、それだけが描かれたカードであることからこう呼ばれる。ただしエースだけは特別で、各スートの中心となるイメージが図案化され、美しく装飾されている。どのスートもそ

れぞれ独自の性質を表す。たとえば、セプター（杖、ワンドという場合もある）とソード（剣）は男性のスートであり、カップ（杯）とペンタクル（護符）/コイン（金貨）は、女性の原理を表す。またセプターは火、カップは水、ソードは空気、ペンタクル/コインは地の要素をそれぞれ表す。概して、小アルカナは日常生活に関係した事柄を表し、大アルカナは、宇宙と世界の根本原理を表す。

セプターのキング

このキングは、責任感と前向きな考え方の擬人化であり、父親の役割を連想させる。正位置の場合、彼は堂々としており、寛大で、他人に対して思いやりがあり、裁きにおいて公正である。しかし個性が非常に強く、時として不寛容に一変することもある。逆位置の場合、彼は他人の考えを受け入れることのできない偏狭さを示し、特に他人が自分よりも低い道徳基準しかもっていないと思ったときはなおさらである。

セプターのクイーン

19世紀に活躍した有名な魔術師S.L.マグレガー・メイザースは、このクイーンを、田園地方に住む荘園の女主人と説明した。キングと同様に有能であるが、彼女は正直であり、他人に対する接し方が公平である。このように、宮廷カードは性格的特徴を表すことが多く、またセプター・スートは、達成されたものの意味を明らかにするというよりは、何かを達成しようとするときの人の行動や性質を表す。逆位置の場合、このクイーンが本来持っている良い性質は後退し、支配しようという願望や辛辣さが表面に出てくる。

セプターのナイト

宮廷カードの中にあって、ナイトのカードは行動とエネルギーに関係する。セプターのナイトの場合、彼の行動は善意から出たものではあるが、まだ目的を達成していないように見える。それは、彼のダブレット(上着)を飾るトカゲの模様の、頭としっぽの間の隙間に象徴されている(このカードでは不明)。このナイトには、否定的な側面もあり、特に逆位置のときに強く現れる。それは彼が自己狂信的であり、激しやすい性格の持ち主であることで、そのため彼は、周囲の人と不調和になる傾向があり、人間関係の不和、破断につながるおそれがある。

セプターのネイヴ

ペイジとも呼ばれるネイヴは、彼より年上の宮廷カードにくらべ、気分的に明るくなるような方法で、各スートの良い面を表現する。そのため、セプターに特有の肯定的で外向的な性質は、このネイヴでは、若さの強調、まわりの人々を明るく楽しませたいという願望という形で表現されている。もちろんこのような愛想のよい性格は、裏目に出ることが多い。状況がそれほど良くないとき、ネイヴの単純で正直すぎる性格は、不機嫌や弱さに代わり、厄介な問題を引き起こすことがある。

セプターの10から6

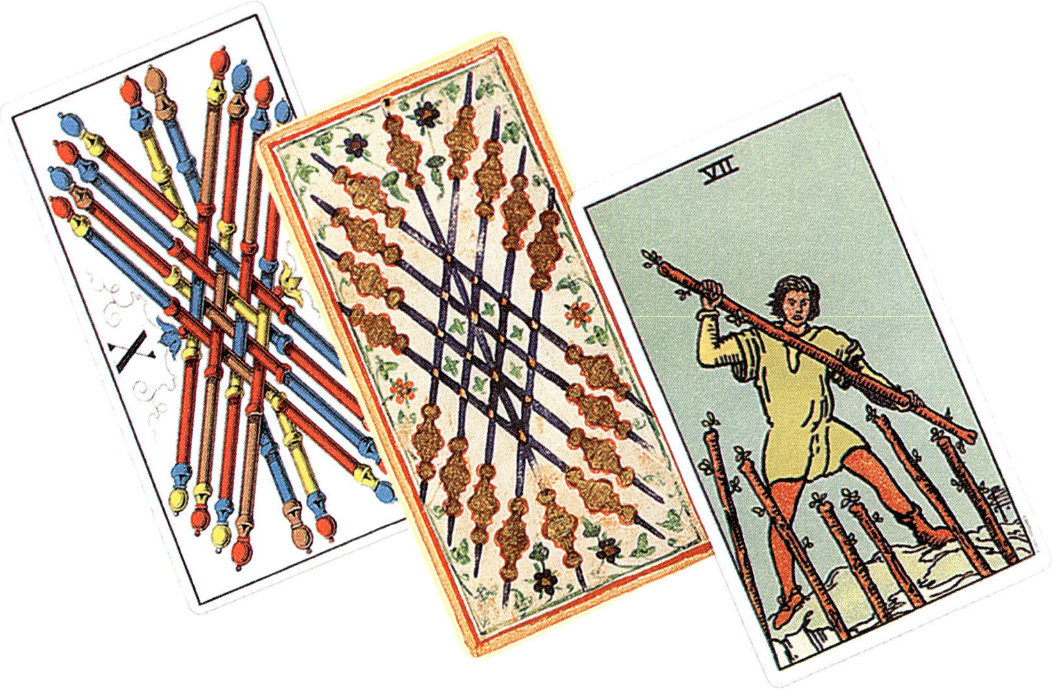

	正位置の意味	逆位置の意味
10	名誉ある行為	裏切り行為
9	原理と秩序	無秩序と遅延
8	調和と理解	不和といさかい
7	好調に前進	後退と逡巡
6	希望	優柔不断

セプターの5から2

	正位置の意味	逆位置の意味
5	物質的な良運	損失と滅亡
4	堅固	不正な手段による幸福と繁栄
3	商売の積極性	反省と懐古
2	物質的な成功	変化、未知の領域への進入

セプターのエース

エースは単体で存在することから、そのスートの特徴を最も強く凝縮させて表現する。セプターの場合、それは火である。ここには、強さ、力、創造的霊感、横溢した性的エネルギーがあり、すべてが杖（セプター）に絡みつく木の枝の繁殖力に表されている。このカードは、まさにエネルギーと希望が噴出している。しかしこのカードに表された全面的な肯定は、逆位置になった場合は当然、全面的な否定、混沌と破滅を表す。それはおそらく、セプターの持つ大いなる責任感と創造力が、誤った方向に向けられるからであろう。

カップのキング

杯(カップ)は水と関係しており、その要素はセプターの表す火よりも優雅で、心の豊かさを感じさせる。カップは内面的生活の力の象徴であり、それゆえカップのキングは、思慮深い人物で、おそらく裁判官か医者であろう。彼が有能であることは疑いない。それは彼が、まるで王位の象徴を示すかのようにカップを掲げていることを見ればわかる。しかし彼は冷たい性格の持ち主のように見え、何か内面に問題を抱えているようにも見える。逆位置になった場合、彼のたしかな創造力は、彼を不誠実や崩壊に巻きこむかもしれない。

カップのクイーン

このカードは調和とバランスを示し、とりわけ“幸せな”カードである。このカードのカップ（杯）は、常にこのスートの中で一番精巧に作られており、それはあたかも、正しく想像力を用いれば、高い成果を達成することができるということを象徴しているかのようである。クイーンはこの杯をほとんど愛人を見るような眼差しで眺めているが、それは、象徴化された力はまっすぐ価値ある目的に向けられなければならないと言っているようだ。親切で、思慮深く、時に神秘的なこのクイーンは、まぎれもなく善の象徴である。しかし、逆位置になった場合、彼女の精神性は、不安定、移り気として現れることがある。

カップのナイト

このスートのキングやクイーンと同じく、このナイトも人生における創造的力の強さを表現する。しかし彼は、2人の年長者にくらべ、それほど集中しておらず、力強くもない。善意の持ち主であるが、彼は彼の想像力を、人生の深い真実を突きとめるために使うのではなく、空想に耽るために費やす傾向がある。彼の登場は、変化と新たな興奮の前触れ——それも恋愛関係の——となるかもしれないが、逆位置で出た場合、信頼性の無さ、無鉄砲さとして現れる場合がある。

Prince of Cups

カップのネイヴ

カップの宮廷カードの中で最も無邪気なこのネイヴには、彼よりも年上の者たちに見られる内面的葛藤のかけらも見当たらない。彼は何の屈託もなく左手に持ったカップを眺めているが、その中には時に、想像力のシンボルである魚が入れられていることもある。自分の知識に自信を持っているようにみえるネイヴは、まだ開拓されていない才能を表しているのかもしれない。また彼の表情からは、静かな内省の時が到来したこともうかがわせる。この思慮深そうな若き青年が逆位置で現れた場合、怠惰、技能を磨くことに対するあきらめ、意義ある仕事に就くことの失敗、他人の迷惑を顧みない自分勝手な行動を表す。

カップの10から6

	正位置の意味	逆位置の意味
10	良い評判、名誉	口論、いさかい
9	困難の克服	過失への落下
8	安全と担保	空想と危機
7	想像力	妄想と逡巡
6	昔の教え	誇張された郷愁

カップの5から2

	正位置の意味	逆位置の意味
5	支持と団結	希望
4	虚無感、過去の出来事にくよくよ悩む	新しいものへの目覚め
3	驚きと喜び	幸せの喪失
2	恋人や家族への愛情	崩壊、終末

カップのエース

非常に凝縮された1枚であるこのエースは、愛と、無意識の心が持つ肯定的力のすべてが結晶したカードである。中心となるのは、形はさまざまであるが、1個の精巧に作られた大きな杯で、それは聖霊を象徴する白鳩を受けとめようとしており、世界の統一された力を象徴する。しかしこのカードはまた、アーサー王の国からの聖杯の消失、それによってもたらされたキャメロット城の没落と分裂をも表している。同様にこのカードが逆位置で現れた場合、それは崩壊と、物事が悪い方へ変化する時期の到来を表す。

ソードのキング

ソードのスートは、最も直接的に空気の要素と関係しており、それゆえ、魂の問題を表す。しかし剣は明らかに危険な武器であり、痛みや傷をもたらす。また、剣は欺瞞や言い逃れを切り裂き、最後の真実を暴き出す。このキングは絶対的な裁き手、立法者、何事にも左右されない判断の人であり、何をしようとそれが達成されたものとなる人である。このカードの逆位置の意味は、警告である。それはおそらく、大いなる破滅、権力の乱用、弱者に対する侮蔑への警告である。

ソードのクイーン

勇気ある女性であるこのクイーンは、また深い悲しみと喪失感に苦しむ女性でもある。しかし剣の助けを借りることによって、彼女はなんとか後退を食い止め、真実を認識する力と内面的英知を獲得する。剣は天に向かって直立されているが(右の版は異なる)、それは彼女の道徳的清廉さを表している。その剣はまた、男たちの手によってもたらされる試練をくぐり抜け、神の恩寵を得る高みに昇ることができる女性全般の能力をも象徴している。しかしまた、クイーンが逆の位置で現れた場合、彼女は悲しみのための悲しみ、不利な状況に立たされた時の悪意や犯罪を表すことに警戒する必要がある。

ソードのナイト

明らかにこのナイトは、剣を振りかざすように斜めに構え、空を切り裂いているようにも見える。彼は確かに勇ましく、剣も馬も上手に操れるかもしれないが、あるいは職業軍人かもしれないが、性格的に野蛮な側面を持っていることも看取できる。それはこのカードが逆位置で現れた場合、特に強調される。勇敢さは性急さに変わり、武芸が巧みなことは不必要な力の使用につながり、大きな力の行使は、単純な自己欺瞞に陥らせるかもしれない。

ソードのネイヴ

カードというものは、他人の行動の謎を探り、詮索する側面を持っている。しかしこのネイヴのカードは、どう見ても、いま何かに悩んでいる様子ではない。というよりも、超然としているというのがこのネイヴの特徴である。しかし何らかの差し迫った事件に巻き込まれた場合、彼は有利な点と不利な点を非常に冷静に秤りにかける。とはいえこのネイヴには、不利な状況に立たされたときに問題を直視し、前向きに対処する力に欠けるという側面も見て取れる。それはシェイクスピアのハムレットの致命的な欠点でもあった。

ソードの10から6

	正位置の意味	逆位置の意味
10	逆境と悲しみ	一時的な幸運
9	平静な意識、善い行い	不信と疑惑
8	抑うつ、病気	変化、自己、解放
7	衝動、突然の欲望	具体的な助言、相談
6	大きな変化、旅行	期待していなかった発展

ソードの5から2

	正位置の意味	逆位置の意味
5	損失と敗北	正位置の意味がさらに増大
4	後退、撤収	引き返し
3	極度の痛み・悲しみ	精神的・霊的混乱
2	逆境と勇気の微妙な均衡	暴力と背信

ソードのエース

ソードのスートはきわめて男性的なスートであり、合理的に行動する能力を表すが、同時に損失、痛み、破壊とも関係がある。そしてその純粋な形であるエースは、強固に構築された権威、究極の真実を突きとめるためにまっすぐ進む能力を表す。しかしこのカードが逆位置で現れるとき、その明快さはすでになく、思考、感情、行動における混乱が蔓延する。

ペンタクルのキング

ペンタクル・スートの宮廷人たちは、他のスートの宮廷人にくらべ、ずいぶんと身近な存在である。それは空気や火、水などの根源的な要素と違い、われわれを取り巻く日常的な魔法の印章であるペンタクルの性質に由来するものである。別の版では、コイン（金貨）のスートになっているものもあり、こちらはより色濃く物質的な世界に焦点を絞っている。そのため、このスートのキングは、国家の最高位に立つ人物というよりは、成功した商人という風貌をしている。彼は事業において大きな成功を収めているが、同時に家庭生活も円満で、庭いじりの趣味もあるようである。彼が逆位置で現れるとき、それは失敗と弱さを表す。

ペンタクルのクイーン

クイーンが、日常生活の鼓動ときわめて近い立場にいることは、ペンタクルを見つめる彼女の真剣なまなざしから明らかである。その印象は彼女が繁殖のシンボル――バラが咲きウサギが遊ぶ豊かな庭――に囲まれた中に腰かけていることでさらに強められている。ペンタクルの持ち主は、熱情的でしかも実践的でもある大アルカナの女帝である。そしてこのクイーンは、疑いもなくこのつながりから、いくつかの特徴を身に付けている。まず目につくのが魂の寛大さであるが、それは実生活に対する大きな関心によって調和がとられている。逆位置で現れた場合、彼女は自信喪失と自己不信にとらわれているように見える。

ペンタクルのナイト

他のスートのナイトにくらべ、冒険心に乏しく見えるペンタクルのナイトは、人生に対する態度はまじめであるが、あまり面白みのない若者のようである。彼の生活は波乱に富んだものではないが、彼は信頼できる人物であり、目的を達成するためには全時間を費やすこともいとわない。とはいえ、彼の乗馬姿勢と彼の馬の格好からして、彼にはほとんど浮かれたところが見られず、恋愛沙汰もありそうにない。冒険、活気、華麗さなどに欠けるこのカードの特徴は、逆位置になった場合さらに強められる。実生活における常識は、時として平凡につながることもある。

ペンタクルのネイヴ

学生のようにも、また、新たな人生に旅立とうとしている者のようにも見えるこの若者は、たいてい彼のペンタクルをじっと凝視する姿で現れる。それはあたかも、自分が選んだ原理に完全にとりつかれ、それ以外のことには目もくれないといった風である。仕事への献身と、それをする時の真剣さは、このカードが逆位置に出たとき、このネイヴを非常に否定的な人物にする。慎重で責任ある態度は、裏返すと、機転の利かない愚鈍な態度となる。

ペンタクルの10から6

	正位置の意味	逆位置の意味
10	暖炉、家族の団結	無謀、損失
9	忍耐、注意	欺瞞、不健全な習慣
8	謙虚さのある魅力	表面的、偽善的
7	金銭ずく、唯物主義	金銭的苦労
6	捧げ物、満足	不合理で傲慢な野心

ペンタクルの5から2

	正位置の意味	逆位置の意味
5	協力、純粋な愛	好色、放縦
4	真の喜び	拒絶、妨害
3	高位、高官	駆け出し、見返りのない仕事
2	微妙な釣り合い、おぜん立てされた喜び	無責任、強制された陽気さ

ペンタクルのエース

ペンタクルのスートが、全体としてわれわれの日常生活のさまざまな幸せを表現するものだとすれば、そのエースは当然、幸せと満足感の絶頂を表現する。正位置にある時、このカードは、日常生活の喜び、豊かな自然の恵みをこの上なく謳歌しているように見え、それは特に庭の様子に如実に示されている。しかしそのような富と豊かさは、驕慢が募り、物質的な享楽に溺れるとき、すぐに崩壊していくように見える。

図版・引用出典

記号は次の通り。
a=上、b=下、bg=背景、c=中央、l=左、r=右

Title Pages

(from left to right)
Cairo Museum. British Museum London. Photo © British Museum, London. Copyright Merle Greene Robertson, 1976. The Victoria & Albert Museum, London (Photo Eileen Tweedy). Photo Wellcome Institute Library, London. © Christina Gascoigne. Private collection. Ajit Mookerjee Collection. With kind authorization of Frances
Cartes BP 49–45130 Sain Max– France.

古代エジプト

The Walters Art Gallery, Baltimore 64. Staatliche Museen Berlin, Bildarchiv Preussischer Kulturbesitz 32. Brooklyn Museum (49.48 Charles Edwin Wilbour Fund) 72. Cairo Museum 3, 14, 46, 76–77; (photo Gallimard, l'Univers des Formes, Paris) 57, 78; (photo Kodansha Ltd, Tokyo) 50; (photo Albert Shoucair)
36, 68, 69, 70, 74. Photo Peter Clayton 87. Ny Carlsberg Glyptotek, Copenhagen 52. Photo André Held 56. Roemer-und Pelizaeus-Museum,
Hildesheim 83. Photo Max Hirmer 35. Photo Kodansha Ltd, Tokyo 55, 59, 82. British Museum, London 15, 24–25, 27, 28, 29, 31, 33, 37, 44, 45, 63,
65, 66, 72, 75, 89. Photo Kazimierz Michalowski 16–17, 42. Musée du Louvre, Paris, © Photo RMN 60. Photo James Putnam 80–81. Photo John Ross 48–49. Photo Scala 39. Photo Chris Scarre 84.

Quotations from The Ancient Egyptian Book of the Dead are taken from the translation by Raymond O. Faulkner, revised edition, published by British Museum Press.

ケルト

Photo Aerofilms 101. National Museum, Budapest 130. Musée de Chatillon-sur-Seine (photo Jean Roubier) 115. Nationalmuseet, Copenhagen 127, 139, 146, 147, 157. National Museum of Ireland, Dublin 145, 161, 162. Courtesy Board of Trinity College Dublin 133, 158–159, 165, 166, 167. Photo Werner Forman Archive 98. British Museum, London 135, 150, 152, 154, 156. Musée Borély, Marseilles 108–109. Photo George Mott 102. Prähistorische Staatssammlung, Munich 134. Museum of Antiquities, Newcastle 105. Bibliothèque Nationale de France, Paris 121; (Cabinet des Médailles) 111a, 140. National Museum, Prague 118. Landesmuseum für Vor-und Frühgeschichte, Saarbrücken 124, 142–143. Musée des Antiquités Nationales, St-Germain-en-Laye (photo © RMN) 90, 112. Historisches Museum der Pfalz, Speyer 136. Württembergisches Landesmuseum, Stuttgart 122. Photo Homer Sykes 96–97. Photo Telegraph Colour Library 128–129. Naturhistorisches Museum, Vienna 131. All drawings, unless detailed above, are reproduced by kind permission of Aidan Meehan
(© Aidan Meehan).

アメリカ先住民

Courtesy the Anschutz Collection 179. Tony Campbell 227. E. C. Curtis 170, 205. Werner Forman Archive 174, 190, 191, 200, 216, 219, 224, 228, 233, 237; (Alaska Gallery of Eskimo Art) 234; (Maxwell Museum of Anthropology, Albuquerque) 184; (Anchorage Museum of History and Art) 232; (Ethnologisches Museum, Berlin) 193, 240; (Field Museum of Natural History, Chicago) 177; (Plains Indians Museum, Buffalo Bill Historical Center, Cody, Wyoming) 168, 172, 176; (British Museum, London) 199; (National Museum of the American Indian, Smithsonian Institution, New York) 189, 206, 210, 213; (Private Collection, New York) 241; (National Museum of Man, Ottawa, Ontario) 214, 231, 236; (University of Pennsylvania Museum, Philadelphia) 203; (Haffenreffer Museum of Anthropology, Brown University, Providence)
182; (Arizona State Museum, Tucson) 79;

(University of British Columbia, Vancouver) 238; (Provincial Museum, Victoria, British Columbia) 198, 209, 230, 235. Copyright British Museum, London 244. National Museum of the American Indian, Smithsonian Institution, New York 186.
Franc J. Newcomb Sandpaintings of the Navajo Shooting Chant, 1938, 204–205. Sally Nicholls 222–223. Private collection 197. The Wheelwright Museum of the American Indian, Santa Fe 179, 221, 242. Museum für Volkerkunde, Vienna 194. Eva Wilson North American Indian Designs, 1984, 168, 175, 178, 201, 202, 207, 211, 212, 229.

マヤ

The Baltimore Museum of Art, Gift of Alan Wurtzburger 314. Drawing by C. P. Beetz, after originals by J. A. Fox 305. Museum of Fine Arts, Boston, Gift of Landon T. Clay 247, 263, 278. Copyright British Museum 286, 297. Drawing by Michael Coe 271l, 290–291. T. Patrick Culbert Maya Civilization, 1993, 249. Dallas Museum of Art, The Eugene and Margaret McDermott Fund in honor of Mrs Alex Spence 322. Copyright © 1985 Founders Society Detroit Institute of Arts, Founders Society purchase, Katherine Margaret Kay Bequest Fund and New Endowment Fund 308l. Duke University Museum of Art, Durham, Museum Purchase 280–81. From a copy by Felipe Dávalos, courtesy of the Florida State Museum, Gainesville 246. J. G. Fuller/The Hutchinson Library, UK 306. Museo Popol Vuh, Universidad Francisco Marroquín, Guatemala City 289. F. H. A. von Humboldt Nouvelle Espagne Atlas, 1810, 255, 273. Photo © Justin Kerr 247, 257, 261, 263, 265, 266, 270, 278, 280–81, 283, 284, 289, 293, 294, 295, 309, 314, 320–321, 323. Viscount Edward Kingsborough Antiquities of Mexico Volume III, 1830, 276. Finn Lewis/The Hutchinson Library, UK: 251. A. P. Maudslay Biologia Centrali Americana Volume II, 1889–1902, 296. Instituto de Cultura de Tabasco, Dirección de Patrimonio Cultural, Museo Regional de Antropologia "Carlos Pellicer Cámara", Villahermosa 268. Museo Nacional de Antropologia, Mexico 299, 301. Drawing by Mary Miller 308r. New Orleans Museum of Art, Ella West Freeman Foundation Matching Fund 293; Women's Volunteer Committee Fund 295. American Museum of Natural History, New York 307.
J. Pate/The Hutchinson Library, UK 313. Courtesy Peabody Museum, Harvard University, Cambridge 302–303, 310–311, 317. Edwin Pearlman, M.D., Norfolk, Virginia 270. Drawing by Diane Griffiths Peck 275. Princeton University Art Museum, Gift of the Hans and Dorothy Widenmann Foundation 323. Private collection 257, 265, 266. Copyright Merle Greene Robertson, 1976, 258, 304. Saint Louis Art Museum, Gift of Morton D. May 320–321. Drawing by Linda Schele 259, 267, 271r, 277, 280a, 288, 289, 292, 300, 316r. Paul Schellhas Representation of Deities of Mayan Manuscripts, 1904, 298. Robert J. Sharer The Ancient Maya, 1994, 282. Drawing by Karl Taube 252, 260, 262, 264, 285, 315. Antonio Tejeda 310–311. After J. E. S. Thompson The Rise and Fall of Maya Civilization, 1956, 253. Wilson G. Turner Maya Designs, 1980, 318. Utah Museum of Fine Arts, Salt Lake City, Permanent Collection 284.

仏教

Martin Brauen 368. Indian Museum, Calcutta 334. University Library, Cambridge 392–93. Ananda K. Coomaraswamy, Elements of Buddhist Iconography, 1935, 328, 333, 337, 348, 377. After A. van Gabain, Das Uigurische Königreich, 1960, 401. Bernard P. Groslier Hinterindien, 1962, 391. Graham Harrison 326, 354, 374, 382, 398–99, 402. Martin Hürlimann 370, 390. The Nelson-Atkins Museum of Art (Nelson Fund), Kansas City 373. Kozan-ji, Kyoto 380. Toji, Kyoto 379. By permission of the British Library, London 327, 342–43, 371, 389. Copyright British Museum, London 336, 340, 345, 353, 356–57, 358, 364, 367, 372, 375, 388, 400. By courtesy of the Board of Trustees of the Victoria & Albert Museum, London 329, 351, 359. Los Angeles County Museum of Art, Mr and Mrs Harry Lenart 350. Lu K'uan Yü Taoist Yoga, 1970, 403. John Lundquist 385. Staatliches Museum für Völkerkunde, Munich 332, 347, 376. Collection of the Newark Museum, Newark, Gift of Herman and Paul Jaehne, 1941 (Photo John Bigelow Taylor) 349; Purchase 1920, Shelton Collection (Photo John Bigelow Taylor) 395. Musée Guimet, Paris 363, 386; (Giraudon) 339; (© PHOTO R.M.N.) 335, 338. The State Hermitage, St Petersburg (Photo John Bigelow Taylor) 326; Prince Ukhtomsky Collection (Photo John Bigelow Taylor) 361. Asian Art Museum of San Francisco, The Avery Brundage

Collection (Photo John Bigelow Taylor) 344. Archaeological Museum, Sarnath (Photo Martin Hürlimann) 300. Seattle Art Museum 331. Taisho-shinshu-daizokyo 384, 394. Toyo Bunko Library, Tokyo 381, 397. Smithsonian Institution, Washington D.C. 396.

道教

Bowes Museum, Barnard Castle, Durham 453r. Palace Museum, Beijing 442, 476–7. The Oriental Museum, Durham University 409, 414, 418, 422, 423, 429bg, 438l, 439, 443, 446, 449, 450, 451, 461. Feng Yun-p'eng & Feng Yun-yuan, Chin Shih So, 1906, 117, 437br. After J. J. M. de Groot The Religious System of China, 1892–1910, 408. Hui Ming Ching 467. The Nelson-Atkins Museum of Art (Nelson Fund), Kansas City 436. John Lagerwey, member of the École française d'Extrême-Orient (EFEO) 415, 416, 426a, 459. Lin Ling-su, Tao-tsang, early 12th century, 405. Copyright British Museum, London, 407, 420, 453l, 470. Percival David Foundation of Chinese Art, School of Oriental and African Studies, University of London 456. The Hutchinson Library, London, © Melanie Friend 472. Spink & Son Ltd, London 404, 410–11, 430, 434–5, 454. By Courtesy of the Board of Trustees of the Victoria & Albert Museum, London 413, 432, 448, 478–9. Wellcome Institute Library, London 425. New York Public Library, Spencer Collection, Astor, Lennon and Tilden Foundation 445. © Photo Bibliothèque Nationale de France, Paris 419. Private collection 463, 468. R. C. Rudolph and Wen Yu Han Tomb Art of West China, 1951, 452. San-tsai-t'u-hui, c. 1609, 433. Museum of Art and History, Shanghai 474l. Shojuraigo Temple, Shiga 438b. Shu Ching T'u Shuo 428. National Palace Museum, Taipei 440, 460, 462, 471. Tao-tsang 426b, 441, 444, 464a, 466, 469. C. Trever Excavations in Northern Mongolia (1924–5), 1932, 455a. Christopher Ward 464b. Yu Yen Chou I Tshan Thung Chhi Fa Hui, 1284, 429.

キリスト教

Text by James Bentley.
Musées Royaux des Beaux-Arts, Antwerp 6. Barbier de Montault Iconographie Chrétienne, 1890, 530. W. E. C. Baynes St. Joseph of Arimathaea, 1929, 548. Rheinisches Landesmuseum, Bonn 524. Museo Civico, Sansepolcro 536. Musée d'Unterlinden, Colmar 498, 515. Kölnisches Stadtsmuseum, Cologne 510. Nationalmuseet, Copenhagen 508. Office of Public Works in Ireland, Dublin 509. Galleria dell'Accademia, Florence 488. St Marien Cathedral, Havelberg 514. Hirmer Fotoarchiv 513, 516. Museo de Escultura, Lérida 483. By permission of The British Library, London 485, 491, 500, 506, 507, 544, 554, 555. Copyright British Museum, London 481, 551. Reproduced by courtesy of the Trustees, The National Gallery, London 495, 517, 518, 521, 527, 531, 532, 535, 553. By courtesy of the Board of Trustees of the Victoria & Albert Museum, London 545, 552. Santa Maria, Loretto Aprutino 541. Biblioteca Nacional, Madrid 504. Museo Nacional de Antropologia, Mexico City 519. Bayerische Staatsbibliothek, Munich 511. Copyright The Frick Collection, New York 496. Germanisches Nationalmuseum, Nuremberg 499. © Photo Bibliothèque Nationale de France, Paris 492, 501, 512, 525, 556–57. Musée National du Moyen-Age, Thermes de Cluny, Paris 537. Private collection 549. Museum of Art, Rhode Island School of Design, Providence 523. Museo delle Terme, Rome 484. Photo Scala 486–87, 488, 498, 515, 522, 533, 536, 541. Schoeffer Hortus Sanitatis, 1485, 490. Senlis Cathedral 534. Torcello Cathedral 542. San Pietro, Vatican City 533. Vatican Museums 493, 494, 502–3, 522, 538. San Marco, Venice 480. Kunsthistorisches Museum, Vienna 528, 550. P. Vignon The Shroud of Christ, 1902, 546. Santa Marta de Terra, Zamora (Jean Dieuzaide) 542l. Extracts from the New English Bible are reproduced by permission of the Delegates of the Oxford University Press and the Syndics of the Cambridge University Press.

マンダラ

Prince of Wales Museum of Western India, Bombay 580. Indian Museum, Calcutta 592. Gerd-Wolfgang Essen 595, 596. Robert Fludd Tomus Primus De Macrocosmi Historia, 1617, 579. From the collection of Joan Halifax 573. Carl G. Jung Archetypes and the Collective Unconscious, Collected Works, 1959, 628, 629. Stanislaus Klossowski de

Rola 620. Copyright British Museum, London 576, 591, 599. By courtesy of the Board of Trustees of the Victoria & Albert Museum, London 560. Ajit Mookerjee Collection 569, 570, 585, 586, 587, 588, 593, 604, 608, 612, 614, 616, 618, 619, 623, 625, 627. Ronald Nameth 633. Musée Guimet, Paris 600. Miranda Payne 630, 631. Private collection 561, 563, 565, 566, 575, 581, 582, 603, 610. Museum für Völkerkunde, Zürich 606.
Extracts on the pages listed have come from the following sources: The Theory and Practice of the Mandala, Rider, 1961, © Giuseppe Tucci 571, 605, 607, 632; The Upanishads, Penguin, 1965, trans. © Juan Mascaró 580, 622, 624, 626; The Dhammapada, Penguin, 1973, trans. © Juan Mascaró 587, 594, 598, 605, 609, 615; Buddhist Scriptures, Penguin, 1959, trans. © Edward Conze 594, 597; Speaking of Siva, Penguin, 1973, trans. © A. K. Ramanujan 583.

聖なる性

Boltin Picture Library 656. Szépmüvészeti Muzeum, Budapest 672. Indian Museum, Calcutta 707. The Oriental Institute, The University of Chicago 689. © Photo Peter Clayton 644. Colchester Museums 673. Photo Lance Dane 637, 687. The Oriental Museum, Durham University 670r, 671, 700, 701. Robert Fludd Utriusque Cosmi, 1619, 643. Werner Forman Archive 653, 657, 662. Hildesheim Cathedral 655. Photo Madhu Khanna 665, 695. Paul Jenkins after Anati 648r. By permission of The British Library, London 691. Copyright British Museum, London 698. Reproduced by courtesy of the Trustees, The National Gallery, London 681. By courtesy of the Board of Trustees of the Victoria & Albert Museum, London 652, 678, 696. Museo Nacional del Prado, Madrid (Photo Scala, Florence) 690. Museo Nacional de Antropologia, Mexico City (photo Michel Zabé) 648l, 659l. Biblioteca Estense Universitaria, Modena 649, 650. Ajit Mookerjee Collection 634, 635, 639, 641, 642, 644, 645, 668, 674, 705. Museo Nazionale, Naples 682. Museum of Antiquities, Newcastle 638. Courtesy Royal-Athena Galleries, New York 676.
© Janie Hampton/Panos Pictures 666.
© Bibliothèque Nationale de France, Paris 660–61. Musée de l'Homme, Paris 688, 706. Musée du Louvre, Paris 659r; (© Photo RMN) 685, 692. Private collection 640, 675, 697, 702. Palazzo dei Conservatori, Rome (Photo DAI Rome) 683. Museum voor Volkenkunde, Rotterdam 667. National Museum of Korea, Seoul 651. Museum of Art and History, Shanghai 670l. Photo Alistair Shearer 699. Biblioteca Apostolica, Vatican City 669. Museo Laterano, Vatican City 693. Museo Archeologico, Venice 680. Kunsthistorisches Museum, Vienna 654, 708–09.

タロット

Naipes Heraclio Fournier S. A. 765l, 779l, 783, 786l. B. P. GRIMAUD 1981, With the kind authorization of FRANCE CARTES BP 49 - 54130 SAINT MAX - FRANCE 724, 736, 739, 747, 756, 761, 777, 781. Heron 726, 737, 741, 742, 748, 754c, 758, 759, 762, 765r, 768, 771r, 772r, 779r, 784, 785l. Aleister Crowley and Freida Harris Thoth Tarot Deck, © 1970 Ordo Templi Orientis and AG Müller & Cie, reproduced by permission and by courtesy of Samuel Weiser Inc., and U.S. Games Systems, Inc. 717, 723, 746, 754l, 765c, 769, 771l, 778l, 786r. © Photo Bibliothèque Nationale, Paris 722, 734, 744. Illustrations from tarot decks listed below and published by U.S. Games Systems, Inc., Stamford, CT 06902 USA, reproduced by permission, further reproduction prohibited: Aquarian Tarot Deck, © 1970 U.S. Games Systems, Inc. 720, 750, 774; Barbara Walker Tarot Deck, © 1986 U.S. Games Systems, Inc. 775; Motherpeace Round Tarot Deck, © 1981, 1983 by Motherpeace, Inc. 32l; The Rider-Waite Tarot Deck ®, © 1971 by U.S. Games Systems, Inc. Copyright ©1993 Rider on behalf of the estate of A. E. Waite. All Rights Reserved 731, 745, 755, 760, 764r, 772c, 776, 778c, 782, 787; 1JJ Swiss Tarot Deck, © 1974 U.S. Games Systems, Inc. 711, 727, 732, 735, 752, 763, 764l, 767, 772l, 778r, 780, 786c; Pierpont Morgan-Bergamo Visconti-Sforza Tarocchi Deck © 1975, 1984 by U.S. Games Systems, Inc. 715, 720r, 743, 764c, 766, 771c, 785r; Charles Walker Collection & Images Colour Library Limited 713, 716, 718, 719, 725, 728, 730, 738, 749, 751, 753, 754r, 757, 770. Robert Wang 720l, 729, 733, 773, 779c, 785c.

ガイアブックスは
地球《ガイア》の自然環境を守ると同時に
心と体内の自然を保つべく
“ナチュラルライフ”を提唱していきます。

編　集：ロバート・アドキンソン（Robert Adkinson）
パリとロンドンで活躍するライター、編集者であり、
翻訳も手掛ける。

翻　訳：乙須 敏紀（おとす としのり）
九州大学文学部哲学科卒業。訳書に『世界の建築様式』
『シンボルの謎バイブル』（いずれも産調出版）など。

Sacred Symbols
シンボル of 聖なる秘儀

発　　行　2011年2月1日
発 行 者　平野　陽三
発 行 元　ガイアブックス
〒169-0074 東京都新宿区北新宿3-14-8
TEL.03(3366)1411　FAX.03(3366)3503
http://www.gaiajapan.co.jp
発 売 元　産調出版株式会社

ISBN978-4-88282-773-3 C0014

Printed and bound in China by Everbest Printing Co., Ltd